La Destrucción de la Atlántida

CONVINCENTE EVIDENCIA DE LA REPENTINA CAÍDA DE LA LEGENDARIA CIVILIZACIÓN

FRANK JOSEPH

Inner Traditions en Español
Rochester, Vermont

Inner Traditions en Español
One Park Street
Rochester, Vermont 05767 USA
www.InnerTraditions.com

Inner Traditions en Español es una división de Inner Traditions International

ISBN-13: 978-0-89281-141-0
ISBN-10: 0-89281-141-2

Impreso y encuadernado en los Estados Unidos
Printed and bound in the United States of America by Lake Book Manufacturing

10 9 8 7 6 5 4 3 2 1

Diseño de texto y arreglos por Priscilla Baker
Este libro fue tipografiado en Sabon, con Agenda como un tipo de exhibición

A Kenneth Caroli, extraordinario Atlantólogo

Contenido

La locura de la Atlántida

La lectura convirtió a Don Quijote en un caballero.
Creer lo que leyó lo enloqueció.
George Bernard Shaw

El entrecano árabe en su largo y negro *galabiya* refunfuñó y se movió impacientemente por mi cantimplora. Dudé. En África del Norte el agua fresca y la vida son una y la misma, y yo estaba solo, un americano ateo en una abandonada esquina del Marruecos islámico, que viene en busca de las desoladas ruinas de una ciudad por largo tiempo muerta, para seguir la huella de una civilización aún más antigua. Mi amigo, que parecía apenas menos anciano, no hablaba inglés. Yo no sabía árabe. A pesar de eso, él se había designado a sí mismo, como mi guía no solicitado para ir a Lixus.

Su expresión casi desdentada cambió en la mueca de una tortuosa sonrisa y de mala gana renuncié al contenedor de desecho militar. Él lo vació a nuestros pies, el invaluable líquido salpicó el árido suelo, luego se puso en cuclillas sobre el pavimento romano. Hablando entre dientes en voz baja, como si cantara un mantra, presionó la palma de su mano derecha en las piedras llenas de polvo y frotó en un movimiento circular. Gradualmente, los deslucidos contornos de un mosaico empezaron a materializarse desde la deslustrada superficie.

Mientras el viejo seguía frotando, murmurando todo el tiempo, de la piedra porosa empezaron a emerger colores: rojos cornalinos, amarillos dorados como el maíz, azules agua, verdes mar —el indicio de una cara tomó forma. Primero, grandes y dominantes ojos azules, a continuación, cejas pobladas. Luego, una poderosa frente seguida por largos mechones de cabello dorado, una prominente nariz, una boca abierta como si estuviera llamando. El retrato se agrandó para convertirse en una vibrante escena con océanos llenos de delfines, detrás de la descubierta cabeza. La figura empezó a completarse en sombras y luces, revelando el cuello de un toro, grandes hombros y un fuerte tridente. Aquí estaba la cara viviente del dios del océano, Neptuno de Roma, el Poseidón griego, en una obra maestra de mosaico, preservada por dos milenios en todas sus piezas originales y vívidos colores. El viejo que invocó esta aparición dejó de frotar lapidras, y casi al instante, la visión empezó a desvanecerse. Los brillantes matices perdieron su brillo. La cara se fue haciendo borrosa, como si la cubriera un velo de neblina, luego se oscureció. Un momento más y ya no se reconocía. Conforme mi agua derramada se evaporaba rápidamente con el sol de África del Norte, el mosaico desaparecía por completo, perdiendo intensidad y regresando al indistinguible pavimento gris marrón. Los preciosos contenidos de mi cantimplora habían sido una libación, un pequeño sacrificio al dios de las aguas, que revelaba su intemporal cara sólo mientras la ofrenda durara.

Mi encuentro con Neptuno parecía personalizar la cruzada que me trajo desde mi casa en Colfax, Wisconsin. Como el mosaico, el objeto de esa búsqueda permanece escondido, pero el método apropiado puede todavía volverlo a la vida. Llegué al litoral de Marruecos especialmente para estudiar, fotografiar y más que todo, experimentar un lugar llamado Lixus, la "Ciudad de Luz", como los romanos la dejaron. Las ruinas no están lejos de la destruida cuidad de Larache, desafiando al azul oscuro océano Atlántico. Sólo las ruinas superiores y las más recientes de la zona arqueológica eran romanas.

Las identificables columnas y arcos romanos descansan en un trabajo de piedra, de antiguos y desconocidos arquitectos. Con la palma de la mano seguí la huella de uno de estos grandes y perfectamente cuadrados monolitos, y emocionado con un sentimiento de que ya había estado allí antes: la artesanía fue un extraño recordatorio de otras pesadas antiguas piedras que habia tocado en lo alto de los Andes en Sud America y en el fondo del mar cerca de la isla de Bimini, cincuenta y cinco millas al este de Florida. Antes de que los romanos hicieron una colonia en el noroeste de Africa, era el independiente reino de Mauretania. Los Fenicianos de Cartago precedieron a los blancos Mauretanianos. Pero quien estaba construyendo ciudades antes de que *ellos* legaron?

UN ASUNTO DE VIDA O MUERTE

Marruecos era el punto medio de mi decidida búsqueda de las raíces de una obsesión. Semanas antes, estaba sentado en la roja silla de montar de piel roja, montando a horcajadas un caballo negro, cabalgando por las arenas del desierto a la sombra de la Gran Pirámide. En el Valle Superior del Nilo, escuché el eco de mis pasos a través del enorme Templo de la Victoria, de Ramsés III. En Turquía, me paré sobre los basamentos de Ilios y miré hacia abajo en la gran llanura, donde los griegos y troyanos lucharon hasta la muerte. Por todos lados recogí piezas de un perdido rompecabezas pre-histórico, mucho más grande que todos los lugares que había visitado.

Desde la más antigua tumba conocida, en Irlanda, y el templo etrusco subterráneo de Italia, más allá de Atenas, donde por primera vez el filósofo Platón narró la historia que me puso a vagabundear veinticuatro siglos más tarde, yo era un hombre manejado. Allí donde viajara, me sentía protegido de los hombres y eventos que en ocasiones amenazaban mi vida y guiado hacia las respuestas que buscaba. Pero nunca hubieron suficientes. Estaban esparcidas como migajas ante un hambriento pájaro, siempre atrayéndome a seguir al siguiente sitio sagrado y a uno más lejano de ese.

Escalé el Monte Ida, en Creta, para visitar la cueva donde nació Zeus, rey de los dioses del Olimpo. Era necesario visitar otras islas: en el Egeo, Santorini, su forma de hoz, todo lo que quedaba de la explosión volcánica que vaporizó una montaña y Delos, lugar de nacimiento de Apolo, dios de la luz y de la iluminación. En el amplio Atlántico, Tenerife, su siniestra montaña aún tiembla con furia sísmica; Lanzarote, sus altas pirámides cónicas siguen marcando el trayecto del sol después de un desconocido milenio; y Gran Canaria, donde encontré la propia firma de Atlas. Mis investigaciones fueron más allá del Viejo Mundo, a través del mar, hacia los colosales geoglifos de fantásticos animales y gigantes hombres dibujados en el desierto peruano y la más enigmática ciudad de Bolivia, en lo alto de las montañas. En México habían pirámides para escalar y no lejos de casa, busqué los montículos de efigies de aves y serpientes, de Wisconsin a Louisiana.

El precio pagado por estos y muchos viajes que cambiaron mi vida, algunas veces fue más allá del dinero. En Lanzarote casi me ahogo cuando se elevó la marea y me atrapó en el lado de la cueva que da al mar. Más tarde, ese mismo día, mi bastón me salvó de caer en la boca de un volcán. En Tangiers, escapé de una banda de asesinos. Tuve menos suerte en Perú, cuando tres hombres me estrangularon hasta quedar inconsciente y me dejaron moribundo en las calles de Cuzco.

Aunque este libro ha ido a prensa, no está terminado y nunca debe estarlo, porque mis continuos viajes permanentemente despliegan nuevas dimensiones, en una búsqueda interminable de la historia que nunca puede conocerse por completo. Todas estas aventuras estuvieron y están dirigidas a un principal propósito: *volver a conectarse con eso que estaba perdido.* El motivo por lo cual deseo hacer esto, podría explicarse por medio de sensatos razonamientos —descubrir las raíces de la civilización, la alquímica emoción de transformar la dramática leyenda en realidad histórica— o alguna razonada justificación para incurrir en prodigiosas cantidades de tiempo, energía, dinero y riesgo para mi existencia física. Pero sólo serían explicaciones parciales. Existe una causa visceral más allá del poder de las palabras, para describir lo que se ha convertido en la placentera obsesión de mi vida; sobrepasa la mera curiosidad intelectual.

Esta *idea fija* no es de ninguna manera sólo mía. De igual manera, otros investigadores han estado y aún están encantados. Mi más profunda esperanza es que los lectores de este libro, al menos en algún grado, se contagien mucho —¡por su propio bien naturalmente! La fiebre me dio de una forma más suave. En la primavera de 1980, mientras estaba curioseando en una librería de Chicago, tomé una copia de *Lost Continents* (Continentes Perdidos) de L. Sprague de Camp, el primer libro que leí sobre la Atlántida.[1] No sabía casi nada sobre el tema y lo consideré como algo un poco más que una leyenda, sobre un aspecto colateral de secundario interés. De Camp escribió convencida y entretenidamente en contra de los argumentos que conducen a la Atlántida como un hecho, desenmascarando las demandas con una sonada geología y una accesible historia. Me agradó su acercamiento sin sentido. Hasta me provocó más preguntas que él contestó, y me dejó con el sentimiento de que había algo más para la historia, que su destitución indiferente de este mito, que ha resistido por lo menos veinticuatro siglos. Volví a leer *Lost Continents* (Continentes Perdidos) y busqué todos los libros de su bibliografía. Algunos eran ridículos, otros creíbles, pero todos ofrecían algo que hacía pensar. A pesar de que aún considero a la Atlántida como una fantasía, no podría resistir la posibilidad de que algún tipo de realidad yace detrás del mito.

DESCUBRIR EL PASADO ES ENCONTRARNOS A NOSOTROS MISMOS

Es posible que se pudiera hallar una respuesta en los escritos de Platón, el filósofo del siglo IV a.C. Sus *Diálogos* abarcan el temprano conocimiento de la Atlántida. Examinando el *Timeo* y el *Critias* encontré difícil resistir, como les pasa a muchos lectores, la impresión de que el suyo fue un honesto recuento de los hechos verídicos de un verdadero lugar, con personajes de carne y hueso. Él escribió sobre un imperio oceánico, sobre una maravillosa isla habitada por gente brillante, que se revela en sus destellantes templos y palacios, repentinamente exterminados por sucesos geológicos en la escala de una catástrofe nuclear. Eruditos más modernos desechan la narrativa de Platón como una alegoría.

Pero como muchos lectores de las palabras de los grandes pensadores, percibí que había algo más en ello que eso. Examiné detenidamente los *Diálogos* de Platón punto por punto, todo el tiempo construyendo una biblioteca en expansión, de fuentes que casi siguen el ritmo con mis voluminosos apuntes. Investigué las maravillas de las placas tectónicas, la vulcanología, la arqueología subacuática, la mitología comparativa, la arqueo biología, la arqueoastronomía y la historia, en particular esta última. Me sumergí en el estudio del pasado, desde el surgimiento del *Homo erectus* y la Era Paleolítica hasta el Egipto predinástico y la Mesopotamia Temprana, más allá hacia las culturas americanas en el Valle de México y los Andes. Entre más aprendía, más deseaba saber. La búsqueda de la Atlántida fue frustrante y difícil de encontrar, pero enriquecedora, porque la respuesta a una pregunta, casi invariablemente plantea muchas más.

Después de años de búsqueda, lejos de disminuir mi investigación, se había agrandado. Me sentí retado y más determinado que nunca a resolver el enigma a mi propia satisfacción. Antes del final de la década de 1980, la información que había acumulado estaba formando un fuerte caso para la sumergida ciudad de Platón. Sin embargo, es imposible determinar con precisión en qué punto me di cuenta con certeza de que, sí, la Atlántida fue una realidad histórica. Ni una sola pieza de decisiva evidencia me convenció. Sólo mientras reviso el grueso de material recogido y organizado, detectando temas comunes, así como patrones recurrentes, empezó a aparecer una objetiva visión general de toda la civilización.

Como las diversas piezas en el mosaico de la cabeza de Neptuno que el viejo marroquí volvió a la vida, poco a poco la Atlántida surgió en una completa pintura que sólo podría apreciarse desde la correcta perspectiva. Esa que se formó al interrelacionar apropiadamente los diversos fragmentos de información. No forcé los hechos para que encajaran en alguna noción preconcebida. Por el contrario, mis conclusiones crecieron completamente, partiendo de los datos disponibles. Yo no había partido para probar o no la existencia de la Atlántida, sino para encontrar la razón por la cual la imaginación humana la ha conservado. Fue impresionante llegar finalmente a la realización de que, después de todo, el lugar había existido. Cierto, la prueba física de su desplome es escasa y equívoca. Pero habría yo estado argumentando un caso habeas corpus* en cualquier corte de justicia, supe que poseía más que suficiente evidencia para introducir un veredicto de culpabilidad. No pude imaginar que

---

*N.T. Procedimiento destinado a la protección del derecho a la libertad personal.

con el tiempo, mi curiosidad conduciría a un proyecto tan enorme. Al principio, me sentí cohibido por escribir un libro sobre la Atlántida. No soy un arqueólogo profesional y el tema parece sumamente amplio para un especialista en el campo de cada uno. La única persona que podría escribir *el* libro sobre la Atlántida, tendría que ser un competente genio en una docena de diferentes ciencias.

Mi dilema fue el mismo al que se enfrentaron los astrónomos Clube y Napier en su narrada investigación *The Cosmic Serpent* (La Serpiente Cósmica): "Ningún individuo tiene el extenso conocimiento para analizar, en una completa y profunda erudición, más que una fracción de la evidencia que se puede traer para influir en el tema. Por otro lado, el continuo crecimiento de especialización del conocimiento es una receta para la infecundidad y el error: la primera, porque el comprensivo esbozo puede irse sin reconocerse, aunque no lo sea; el segundo, porque el especialista tendrá la tendencia de sobre-enfatizar el significado de este o aquel dato, en su propio campo. El especialista tiene razón de atribuir importancia a los detalles, pero uno no juzga la teoría de la evolución simplemente por como se aplica a las ardillas voladoras de Asia Oriental". A ningún arqueólogo asalariado que viva en este momento, se le permitiría tocar el tema de la Atlántida, salvo para desenmascararlo o disminuirlo. Necesitan de un triste libro escrito por ellos mismos, para explicar a los lectores que no están familiarizados con la actual y de alguna manera deplorable, condición de la moderna arqueología norteamericana, las causas de su extrema resistencia en relación a todas las cosas de la Atlántida. De hecho, ya se ha escrito ese libro —*The Hidden History of the Human Race* (La Escondida Historia de la Raza Humana).[2] Baste con decir que un poderoso dogma que demanda que nadie considere seriamente ciertos objetos tabúes, gobierna los santos pasillos de la academia de hoy.

CUALQUIER LUGAR MENOS LA ATLÁNTIDA

Existen legítimas razones para los investigadores serios, profesionistas o no, para evitar mencionar la palabra A. Se les ha dicho que la Atlántida fue fundada por hombres del espacio, que su mágico rayo aún está hundiendo barcos y derribando aeroplanos en el Triángulo de las Bermudas, que sus habitantes extraterrestres están vivos en la actualidad y que viven debajo del Polo Norte, y muchas otras fantasías, suficientes para hacer que cualquier investigador cuerdo deseche un serio análisis de la ciudad hundida, como demasiada alucinación. La Atlántida ha sido ligada con la antigua Troya, las Bahamas, las Hébridas, el norte de Alemania, hasta con otro planeta. Científicos de la clase dirigente que han investigado el cuento, sugieren que se encontraba en Creta, mientras que la más reciente interpretación de los "difusionistas" postula que en la Antártida. Esta confusión sobre el paradero de la Atlántida no es nueva. Hace tanto como en 1841, un contrariado T.H. Martin escribió en *Etudes sur le Timee de Platon* (Estudios sobre el *Timeo* de Platón), "Muchos eruditos embarcados en la búsqueda con una más o menos pesada carga de erudición, pero sin más brújula que su imaginación y capricho, han viajado al azar. Y ¿a dónde llegaron? Ellos dicen que a África, América, Spitzbergen, Suecia, Sardinia, Palestina, Atenas, Persia y Ceilán".[3] Mi investigación sugiere que los atlantes impactaron todos estos lugares y más, así que no debería ser sorprendente que esos investigadores se encontraran revelando pistas para la civilización perdida, en lugares sumamente separados. Mientras que algunos de estos sitios pueden haber sido colonias de la Atlántida o zonas de refugio para sus supervivientes, la ciudad en sí no puede identificarse con alguna de ellas. Uno de los atlantólogos más cuerdos de este siglo, James Bramwell, declaró concisamente, "se debe entender que el único lugar de la Atlántida es el Océano Atlántico, si no es ella".[4]

En vista de las amplias discusiones hechas para el "continente perdido", no es de asombrarse que la mayoría de los profesionales desechen con desprecio la sola noción de la Atlántida. Los montones de especulativa basura que rodea el debate de la historia de Platón, abarcan un limitante camino de obstáculos que cada investigador honesto debe cercar con vallas para alcanzar la verdad. Por lo tanto, alguien diferente a un arqueólogo o un ocultista debe de estar dispuesto a solucionar esa verdad, enterrada bajo décadas de hostilidad oficial y defensa del sector más radical.

Es posible que mis antecedentes como estudiante de la Escuela de Periodismo de la Universidad de Illinois del Sur y, más tarde como reportero investigador en el *Winnetka Paper*, me prepararon para tamizar los hechos de la fantasía y dar sentido al antiguo misterio. Sentí que si trataba a la Atlántida como una detectivesca historia arqueológica, posiblemente se podría determinar la verdad. Después de todo, la tarea de un reportero es integrar tantas piezas de evidencia como le sea posible, luego arreglarlas en una coherente imagen para el público en general. Por otro lado, los arqueólogos objetan la popularización de su trabajo, el cual por su misma naturaleza, subjetivamente concentra el todo en piezas individuales. Han abandonado el tema de la Atlántida en conjunto, salvo sus esfuerzos para encontrar una explicación convincente, ya sea como una completa ficción o una interpretación equívoca de antiguos eventos en el Mar Egeo. Al hacer esto, ellos dejan abierto el campo de la investigación para los buscadores científicos que no tienen referencias académicas.

¡LA ATLÁNTIDA VIVE!

Entonces fue como reportero que publiqué *The Destruction of Atlantis* (La Destrucción de la Atlántida) en 1987. Las ganancias que generó financiaron los siguientes ocho años de mi investigación en el extranjero. Durante aquellos extensos viajes, la evidencia que acumulé al ir alrededor del mundo, no sólo confirmó la mayoría de mis conclusiones originales, sino que las expandió mucho más allá de los capítulos de la primera edición. Cuando se me presentó la oportunidad de volver a publicarlo, estuve determinado a usar el texto original como el cimiento en el cual agregué estos últimos materiales. El resultado es una presentación substancialmente acrecentada, cinco veces más grande que la primera. Demasiados libros sobre la Atlántida sólo contienen información recalentada que ha sido usada varias veces con anterioridad. *La Destrucción de la Atlántida* es único, porque ofrece evidencia fresca, la mayoría de ella nunca antes disponible a los lectores en general y nueva hasta para los que han estudiado la sumergida civilización por mucho tiempo. Aquí se le presenta dentro de un creíble contexto de la Edad de Bronce del Cercano Oriente, sin despojarla, como es la costumbre, de la reconocible historia de seis mil quinientos años. Esas piezas de evidencia que aparecieron en publicaciones anteriores, se mantienen en una nueva luz. Algunas se desechan porque la investigación moderna ha probado que no son válidas; algunas se reacomodan en una nueva forma de ver a la Atlántida.

Áridos relatos de documentadas teorías, no resucitarán a la Reina de las Leyendas de su tumba acuática. Se necesita un definitivo cambio en la consciencia y ya está en camino. Los dogmas del pasado ya no descansan en la firme base de la que dependieron por tanto tiempo, conforme más y más investigadores, algunos con sobresalientes referencias científicas, públicamente expresan sus serias dudas en relación a las obsoletas teorías, predicadas como las sagradas escrituras de la Academia. La posición de la clase dirigente, en relación con la supuesta primera civilización de la raza humana en Mesopotamia y el Valle del Nilo; la imposibilidad de los antiguos marinos de cruzar los océanos desde Europa, el Cercano Oriente, África o Asia con dirección a las Américas, la falta de cualquier contacto entre los antiguos pobladores de México y Perú —estos y las atrincheradas posiciones similares se erosionan en un acelerado índice, bajo las duras preguntas presentadas por una nueva generación de investigadores. El conocimiento de la Atlántida es lo que sigue en la lista de los asuntos aún demasiado radicales para tomarse en consideración. Pero es el único y más explosivo punto de todos, porque su descubrimiento podría hacer estallar por los aires a la doctrina oficial de la Torre de Marfil. Posiblemente esta es la razón por la cual los defensores de la Atlántida como un mito, sean tan inquebrantables. Después de tantas décadas de negación, ellos tienen demasiado qué perder.

Mi principal propósito al escribir este libro ha sido que a la perdida civilización reviva en la imaginación del lector. No es suficiente sólo discutir los hechos, sin importar qué tan convincentemente se haga. Hacer que la Atlántida tome vida en la mente, requiere de una persuasiva y verdadera base sobre la cual presentar una teoría explicativa, dramatizada por una creíble recreación. Los hechos en sí mismos necesitan desarrollarse de tal manera, que parezcan más bien, pistas de un fascinante misterio en lugar de desangrados componentes de simples conjeturas. A su vez, el misterio es examinado por una teoría que unifica toda la evidencia en una solución integral. Usando los elementos basados en hechos de esta unificadora teoría, incluí una recreación de lo que habría sido caminar en las calles de la Atlántida, visitar sus templos y palacios, y ser testigo de sus últimos días, a través de los ojos de los atlantes mismos. Se espera que una recreación como esa revivificará un tema, que por mucho tiempo ha sido atacado salvajemente por los desacreditadores profesionales, historiadores a medio cocinar y supuestos síquicos.

La verdadera Atlántida es bastante fantástica. Como tal, esta investigación no argumenta ni emprende ninguna especulación sin apoyo de la actual compresión del pasado. Evita las teorías ocultas y extraterrestres que desacreditan a la histórica Atlántida, entre los profesionales y el público a la par. Sólo confía en exclusiva en la información mejor establecida y en conclusiones razonablemente inferidas de ciencia moderna, historia reconocible y mito comparativo. Si no se puede de forma convincente, transportar la leyenda de la Atlántida a una accesible y racional teoría, descansando en buena parte en criterios documentados, entonces, después de todo, sólo es un cuento que no vale nuestra curiosidad. Pero una vez que se han hecho a un lado las especulaciones paranormales, permitámonos, por lo menos, la suficiente honestidad para seguir los hechos, a dónde quiera que nos puedan llevar.

Esto no sugiere que la Atlántida carezca de una dimensión genuinamente mítica. En verdad, estaba impregnada en misticismo. Toda la orientación de la cultura atlante estaba dirigida a obtener un fortalecimiento espiritual, a través del arte místico. No fue por nada que su primera figura mística, Atlas, fuera venerado como el instaurador de la astrología. Para estar seguros, ni siquiera un razonable examen puede evadir los aspectos de ultramundo en la historia de la Atlántida. Despojar a esta investigación de ellos, sería como perder la razón de ser de la Atlántida —y el motivo para su aniquilación. Pero el misticismo que se encuentra en estas páginas no está "canalizado", ni conjurado mediante algún cristal favorito. Yo permito que cualquier magia ahí, esté para elevar su propia armonía. La verdadera sensación de admiración no se obtiene a través de las incertidumbres paranormales, sino al darse cuenta de la certeza histórica de que la Atlántida en realidad sí existió.

¿Por qué lo anterior debería ser interesante o importante? Al margen de su lugar como la verdadera cuna de la civilización, la Atlántida representa un aviso que necesitamos para llegar a comprender el fondo de nuestra alma. Desde que los atlantes elevaron su sociedad a su cumbre, el mundo no ha conseguido una civilización internacional similar. Pero ellos abusaron tanto de los principios fundamentales de su grandeza, a través de la arrogancia y ambición, que su entera sociedad se estrelló contra un horrible olvido. La muerte de una civilización (y cientos han caído antes que la nuestra) siempre es dolorosa.

Los norteamericanos no tienen derecho a asumir que su civilización continuará indefinidamente, en especial cuando ellos permiten que proliferen fuerzas desfavorables a la supervivencia básica de su sociedad. Necesitamos analizar nuestro propio comportamiento, no sólo como una nación, sino como una especie, para apreciar qué tan vital para la llamada "plana mayor" puede ser una comparación de la Atlántida, antes de que ellos y el resto de nosotros seamos manipulados por las consecuencias de nuestras propias fechorías. La Atlántida es el supremo propósito de la tarea. Lo ignoramos por nuestra cuenta y riesgo.

EN LA SOMBRA DE LA ATLÁNTIDA

La Atlántida se puede reintegrar a la vida a través de la recopilación y comparación de evidencia en huellas. Ya que la destrucción de la capital fue de una naturaleza tan catastrófica, en gran parte es, a través de la evidencia literaria, histórica y mitológica de aquellos pueblos y personas hasta quienes llegaron los atlantes, que podemos seguir la historia. Si, por comparación, Roma hubiera desaparecido repentinamente en la cumbre de su grandeza imperial, sin dejar evidencia material de la existencia de la ciudad, aún así nosotros sabríamos mucho sobre ella, por el testimonio que permaneció de las sociedades a las cuales influyó directamente. El testimonio sobreviviente de los pueblos que la Atlántida tocó durante el apogeo de su imperio no es menos relevante. Hasta que sea la Atlántida misma descubierta, su ausencia física no invalida la posibilidad de su historia.

El descubrimiento del planeta Plutón es un ejemplo parecido: en realidad no se había visto sino hasta 1930, cuando la invención de telescopios más potentes hizo posible su observación. Sin embargo, contundentemente se había sospechado su existencia desde el cambio del siglo XX, porque los astrónomos ya sabían que los movimientos de sus vecinos, Urano y Neptuno, revelaban perturbaciones gravitacionales que no se podían atribuir a los otros planetas. En otras palabras, aun sin ser visto por años, se creía en la existencia de Plutón, debido a su observable efecto sobre estos aquellos planetas. Las leyes físicas de causa y efecto no son menos aplicables que aquellas de la historia humana. Aunque todavía está por ser encontrada la evidencia material de la Atlántida, aún así podemos aprender la verdad sobre su existencia, al observar su efecto en las otras sociedades que influenció. Al hacer esto, dirigimos nuestras investigaciones en esa dirección, hasta el probable descubrimiento y verificación de los artefactos de la Atlántida.

Pero la Atlántida es mucho más que algún problema arqueológico. De hecho, es más de lo que enteramente podemos expresar en palabras, porque es el trauma colectivo de nuestra especie: el lugar de nacimiento de la civilización terrestre, detonada en un grado de terror y culpa que marchitó la memoria de la raza humana desde aquellos tiempos hasta ahora. A partir entonces, su momento supremo de horrorosa extinción en masa, resuena a través de todas las generaciones, en las persistentes pesadillas de nuestra inconsciencia colectiva, como se expresa universalmente en los mitos de toda sociedad humana. Es tiempo de que despertemos de la pesadilla. Permitámonos sanar ese ausente recuerdo de nuestros orígenes, al recordar la gran gloria que logramos, pero descuidadamente perdimos, antes de que repitamos el proceso de la autodestrucción, al cometer los mismos terribles errores.

UNO

"En sólo un día y una noche"

Una recreación

Y cuando, entre ningún lamento terrestre, abajo, abajo esa ciudad se asentará aquí, Infierno, surgiendo de mil tronos, le harán una reverencia.
De "The City in the Sea" (La ciudad en el mar) de Edgar Allan Poe

Una blanca y solitaria vela blasonada con la imagen de un negro búho de rapiña, desplegada en un ruidoso agitar de las olas, para inhalar el primer aliento del amanecer en el mar. Detrás de la alta y curva roda, del barco Elasippos —una antigua ciudad- puerto sobre la costa continental, se desvaneció en la rosada mañana. Un ojo femenino pintado en índigo, justo sobre la línea de flotación de ambos lados de la proa, miraba serenamente a través de la calmada extensión de agua, agitándose suavemente como el oscuro pecho de un titán. El barco era un carguero, de un solo mástil y plataforma cuadrada, un cargamento de bronces empacados entre ramas y atados con cáñamo en el interior del casco del barco.

Habían cálices de libaciones sagradas, trípodes llenos hasta el tope demotivos serpentinos, calderos de moda, como coronas, estatuillas de dioses y monstruos. La tripulación de treinta y dos hombres estaba tan bronceada como la carga que llevaban. Habían cruzado muchas veces con anterioridad este trecho de ochenta leguas del mar de Cronos. Sabían que el clima de cielo claro se mantendría, porque en el embarcadero su capitán había sacrificado un toro joven para Poseidón. Los sacerdotes oficiantes tomaban casi toda la carne. A la compañía del barco se les permitían unos cuantos bocados. El resto, arrojado al agua, era para el dios. Conforme el sol subía a su mediodía, un centinela en la alta proa gritaba, "¡Barco a la vista!". Todos los ojos no ocupados con obligaciones inmediatas, buscaban el horizonte occidental. En poco tiempo, el capitán descubría una pequeña armada de barcos de guerra, virando en un amplio zigzag contra el mismo viento, que suavemente soplaba, llevando a su carguero en su curso.

Pronto se observaron los atemorizantes diseños de sus velas, —sonrientes calaveras, codiciosos cuervos, el mismo tridente carmesí del dios del mar, un dorado relámpago— temibles presagios de los enemigos del distante Oeste. Los barcos de guerra se acercaban en largos y arrogantes avances. Como el carguero, los ojos pintados estaban tallados arriba de la línea de flotación, pero igual que el narval, puntiagudos y dentados arietes sobresalían justo debajo de las reverentes olas extendidas. Los postes de la popa y la proa, curvados hacia arriba para terminar en estilizadas cabezas de serpientes o de aves de rapiña. Antes de que el capitán pudiera ordenar un cambio de dirección, para evitar a la crecida flotilla, al mismo tiempo los mismos barcos de guerra se dispersaron hacia el norte y al sur, en una maniobra ordenadamente coordinada por señales de bandera y llamadas de trompeta, que sonaban más musicales que militares, sobre la cambiante caja de resonancia del mar. Momentos después, los navíos pasaron a babor y a estribor silbando a través del agua, tan cerca, que la atemorizada tripulación pudo apreciar la prodigiosa longitud y el tendido del grueso de los veloces barcos de guerra.

Las tropas de guerreros se amontonaron en las altas bordas, aclamando un saludo a través del pequeño espacio de agua y agitando sus rojos cascos de pelo de caballo. Escudos con figura de 8 destellaban con el sol de la tarde, mientras que el protegido carguero se deslizaba entre la media docena de cruceros de batalla. La pequeña flota retrocedió rápidamente y, con el tiempo, desapareció detrás del horizonte del oriente. A todos les dieron frascos de agua dulce y se distribuyeron raciones de naranjas, dátiles y granadas entre los oficiales y los marineros comunes por igual. Un ruidoso cuervo fue liberado de su pequeña jaula de madera y todos observaron al pájaro de Apolo elevarse rápidamente en sus brillantes alas negras, mientras hacia círculos, siempre más alto por encima de la cabeza. Después de un momento de aparente indecisión, se fue rápidamente derecho hacia el oeste. "¡A sus remos!" gritó el capitán, con la mirada aún en el liberado cuervo, ahora sólo un oscuro punto reduciéndose contra el cielo, al confundirse con las nubes. No mucho después de que se había perdido hasta para la vista de águila del capitán, el vigía de proa gritó, "¡Atlas!".

LLEGANDO A LA ATLÁNTIDA

El capitán ordenó un ligero cambio de curso y el timonel se apoyó en su timón a popa. Los siempre lánguidos ojos del barco miraron directamente hacia adelante, a la oscura silueta sobre el horizonte. En menos de una hora, ésta tomó la forma de un escudo tendido en la superficie reflectora del mar, su tachón medio se levantaba abruptamente desde el centro. Poco después, la imagen cambió de nuevo, esta vez a la de una colosal columna casi antropomórfica en forma, sugiriendo vagamente la figura de un gigante hincado en una rodilla soportando el techo del cielo, para un nublado parcial suspendido sobre la isla. La cumbre de la gran montaña se perdía en las nubes, sus hombros de grandes piedras empujaban contra el cielo. Atlas, "él que defiende", fue bien nombrado. A los hombres se les liberó temporalmente de su turno en los remos, conforme la brisa refrescante, como la mano inadvertida de la propia diosa Alkyone, aceleraba la embarcación hacia puerto. El carguero se deslizó pasando varios farallones de rocas medio hundidas, un extrañamente modelado por los incesantes dedos del viento y las olas, para parecerse mucho a un barco sin mástil, no diferente al suyo propio —una circunstancial creación en piedra bañada con las leyendas de las gorgonas* de Medusa. Para los marineros, fue un aviso para estar al pendiente de estas peligrosas aguas.

Al acercarse a la isla-capital desde el oriente, el carguero cayó en la enorme sombra de la Montaña Atlas, fundido en la lejanía sobre el mar por un sol amenazador que diseminó la opresiva cubierta de nubes. Esta vista de la isla desde el mar nunca dejó de impactar a los observadores. Al mismo tiempo magnífico y temible, los recién llegados, aún de civilizaciones de gran esplendor, invariablemente se sentían amedrentados por el poder político, arquitectónico y geológico, que irradiaba desde este más bien extraño lugar. En especial para los gobernados, sus conquistadores atlantes parecían ser extensiones humanas de su patria, más largas que la vida: culturalmente sofisticados, pero no sin una innata capacidad de impactante violencia.

El barco de Elasippos llegó dentro de la acogedora distancia de la playa, rodeando la línea de la costa por el sur. La ocupada tripulación, algunas veces relevada de sus obligaciones para ver a un granjero y su familia trabajando en sus campos de trigo. Eran espaciosas villas de blancas, lavadas paredes y grandiosas casas privadas con techos cubiertos de tejas rojas y naranjas, algunas encaramadas a la mitad del camino hacia arriba de la ladera, en superficies en acres con vistas, desde lo alto, al océano del oeste. Los senderos costeros se hacían visibles y el tráfico de caballos y carretas se unía por la ocasional carroza de un rico terrateniente u oficial de palacio.

Pronto, el gran puerto estaba a la derecha y el sol, suspendido enorme y cornalina, como un brillante escudo de titán se levantó sobre la orilla del mundo, delineó la quebrada neblina en audaces rayos de escarlata, tiñendo de color vino oscuro las aguas a través de las cuales el carguero bordeó la costa. El capitán ordenó aferrar las velas y que los remeros

---

*N.T. En la mitología griega, monstruos alados con cuerpo de mujer.

regresaran a sus puestos. Los remos se levantaban y caían rítmicamente, siguiendo los medidos golpes del tambor del *hortator**, conforme el barco ejecutaba su pesado giro hacia la costa. El capitán, parado en su lugar en la proa alta, se maravilló ante la imponente pared al otro lado del puerto. Siempre que la veía, nunca dejaba de impresionarse al ver una fortificación tan colosal como esa. Desde la perspectiva de una embarcación que llega, sólo la Montaña Atlas era más prominente. La vasta extensión de las almenas era suficiente para hacer única a la capital, pero los atlantes hacían cosas en una escala tan grande, que nadie más podría permitirse o duplicar.

Completando un circuito ininterrumpido alrededor de toda la ciudad interna, estas almenadas murallas se ladeaban suavemente hacia arriba desde su base contigua, haciendo que todo el trabajo pareciera aún más alto de sus 12 metros. El efecto era mayor debido a la disposición de varias piedras colocadas en bandas de colores, que se estrechaban conforme alcanzaban lo más alto de la pared. Negras piedras de lava se levantaban desde la base de la pared hacia arriba, un poco más de la mitad del frente. La siguiente hilada, de cerca de 3 metros de altura, estaba hecha de piedra pómez blanca debajo de una banda superior, la más estrecha, de toba† roja. Cuando se veían más de cerca, las murallas parecían alcanzar el cielo. La extensa y negra hilada se había hecho para contrastar dramáticamente con las centelleantes láminas de bronce altamente pulidas, colocadas en las paredes. Grandes torres grabadas, manejadas por especiales regimientos de arqueros y lanzadores, colindaban con la pared y estaban a una distancia de tiro de flecha unas de otras, rodeando a toda la capital, si fuera necesario, con impenetrable fuego cruzado. Los techos de la torre eran lo suficientemente espaciosos para acomodar catapultas que pudieran lanzar sobre la cubierta de un enemigo que se acercara, una piedra de un cuarto de tonelada, una pesada esponja de aceite encendido o una gran canasta llena de víboras letales, mucho antes de que el barco

---

*N.T. Jefe de remeros.

†N.T. Piedra caliza muy porosa y ligera.

pudiera tocar tierra. Si alguno lograba llegar a la playa, su tripulación sería batida a golpes, hasta caer en el olvido, por un concentrado ataque.

Los inalterables ojos del carguero miraron hacia el puerto de crecimiento descontrolado, sus gigantescos muelles abarrotados de delgados trirremes del septentrional reino de Mestor, famoso aún entonces por su círculo de enormes piedras que contaban el curso del sol; barcos comerciantes con forma de olla, de tierras del Mar Interior, casi cerrado en el occidente por las Columnas de Hércules; un lujoso yate de brillante cedro blanco y accesorios de bronce, como emisario de la recientemente conquistada Etruria; marcados cargueros crujían en sus embarcaderos, fatigados por largos viajes al extranjero de aquí para allá desde las minas de cobre del Continente Exterior; hermosos en barcos de guerra, pero de apariencia peligrosa, de la confederación, como los aparejos encontrados por el camino, en el proceso de reparación; un barco completo lleno de músicos y sus extraños instrumentos, de la aliada Libia; un mercante de Azaes con un fuertemente resguardado cargamento de costosos lienzos teñidos, raros perfumes y enormes plumas que destellaban a la luz del sol, como azulado metal.

LA CIUDAD DE LOS DELEITES MUNDANOS

Con los remos listos a la orden, el pequeño carguero de Elasippos bordeó con pericia la costa en el muelle. Manos expertas agarraron las líneas tiradas y los finales de las vigas que crujían en los pilotajes de madera; la popa y la proa estaban aseguradas. La licenciada tripulación saltó a tierra por la promesa de buenos tiempos, pero su capitán y primer oficial permanecieron a la retaguardia para supervisar el desembarque de los preciados bronces, con el recién llegado magistrado del palacio, que en la mano llevaba un libro mayor encerado y un punzón con tapa de plata. Inmediatamente detrás del trabajo del puerto, se encontraba una amplia y extensa avenida que servía de fachada, y rodeaba parcialmente las elevadas paredes que protegían la ciudad, con sus valientes centinelas, a intervalos regulares. Aquí era donde, por esta elaborada avenida, se mostraban, intercambiaban, compraban y vendían las mercancías de toda la isla-capital y mucha de la riqueza del mundo, civilizado o no. Era el propio mercado de Atlas, el corazón de la economía de su imperio que latía día y noche; donde virtualmente todo y casi cualquiera estaba en venta; donde los ricos de tres docenas de culturas discurrían en una excitante desarmonía de voces, espectáculos y olores internacionales, lleno de colores e intoxicante, al mismo tiempo.

Los tripulantes del carguero de Elasippos se arrojaron dentro de está vorágine mercantil, seguidos, poco después, por el capitán y el primer oficial. La variedad de caras y cuerpos, a menudo absolutamente diferentes, que llenaban este eterno bazar, eran no menos variados que el confuso bullicio de las brillantes mercancías y el gran número de servicios que infestaban la propia avenida del mercado. Había gigantes que parecían dioses, con dorado cabello metálico atado apretadamente detrás de sus llamativas y fuertes cabezas. Tenían fríos ojos color azul y sus voces se parecían a la de Atlas, cuando rugía desde las profundidades de su montaña. Había atemorizantes, pequeñas gentes de piel café oscuro, adornadas con tantas plumas que uno se podía imaginar que volaban a través del océano desde su bosque-reino en Maia. Había toscos hombres de grandes huesos de Euaemon del norte, con cabello como el fuego y temperamentos ardientes. De más altura eran los hombres negros-azulados del Continente Oriental, cuyo incomprensible balbuceo era acentuado por el ruido constante de enormes collares de marfil que colgaban de sus largos cuellos.

Estos y más eran los forasteros, algunos de ellos formaban parte de la Confederación, pero la mayoría venían a la Atlántida por la profusión de mercancías y artículos, que ella esparcía alrededor del mundo. Los nativos atlantes a los que no se les veía con frecuencia entre los empujones de la muchedumbre, eran los aparentemente sabios astrólogos, con vestiduras y barbas largas. Ellos pasaban sin prestar atención e inadvertidos, a través del alegre gentío. Graciosas cortesanas de ojos pintados de color púrpura, salían como diáfanas apariciones entre las filas de vociferantes mercaderes callejeros. Era un espectáculo común ver a los guerreros de las fuerzas armadas de la Atlántida —infantes, arqueros y marinos— con su altos cascos de pelo de caballo color carmesí, moverse por encima del gentío. Había mercaderes, algunos nativos pero la mayoría extranjeros, vendiendo de todo; desde pequeños y gruesos tanques de especias aromáticas hasta botellas de vino y grandes toneles de cerveza, desde frutas y abanicos hasta estatuillas votivas y perfumes. A través de la muchedumbre se empujaban granjeros y ayudantes, carteristas y prostitutas, músicos callejeros y limosneros.

Más allá del alboroto del mercado y de la inmensa pared que la oprimía junto al muelle, la capital yacía en una resplandeciente y monumental organización, como la corona de piedras preciosas de una emperatriz, en constante exhibición. La ciudad sagrada fue diseñada de forma extraña, a diferencia de otras en el mundo conocido. Estaba trazada en círculos concéntricos, anillos alternantes de tierra y agua, cada uno equidistante del otro. Los anillos de agua se unían por un sistema de canales que dividía en dos la capital en todas direcciones, con entradas y salidas hacia los tres espaciosos puertos en la costa sur. Dos anillos de tierra circundaban una isla central. Cada anillo estaba completamente rodeado por una alta pared, el interior chapeado en un brillante exceso de *oricalco*. La exhibición de este costoso metal era una deliberada extravagancia, cuyo objetivo era impresionar a los visitantes extranjeros con la casi bárbara opulencia de la Atlántida.

Oricalco era el nombre que los atlantes daban al más fino grado de cobre sobre la tierra y ellos mismos eran los mineros, exportadores y comerciantes. Gracias a sus habilidades como marineros, hacía mucho tiempo que habían descubierto ricos depósitos de mena* en el congelado norte del Continente Opuesto. A partir de ese descubrimiento, los hombres de la Atlántida nunca renunciaron a mantener su fuente en secreto, lo que simultáneamente hizo posible la Edad de Bronce del Cercano Oriente y la prosperidad sin precedentes de la Atlántida. Ostentosamente mostraban

---

*N.T. Mineral a partir del cual se extrae un metal, tal como se encuentra en el yacimiento.

los componentes metalúrgicos que generaban su gran riqueza, decorando la pared interna con oricalco, la media con estaño y la exterior con bronce. Todo reino en el Viejo Mundo tenía que comprar a los atlantes el cobre que necesitaban para hacer bronce, ellos celosamente guardaban sus fuentes de ultramar, como el más alto secreto de estado. Y el bronce fue el más impotante componente en la fabricación contemporánea de armas. Sin él, los conquistadores de nuevas tierra o los defensores de la propia no podían tener la esperanza de triunfar.

EN LA CIUDADELA

El anillo de tierra directamente atrás de la pared tricolor que circundaba la ciudad, comprimía los cuarteles generales del imperio atlante. Aquí, su marina y marinos establecieron grandes oficinas, instalaciones de entrenamiento y barracas para todos los grados de oficiales, marineros y soldados rasos. Los almirantes y los generales planeabas las estrategias; los capitanes entrenaban a sus subcomandantes y marineros en la excelencia marítima; los tenientes capacitaban a los rangos de arqueros, lanzadores y tiradores, y a los guerreros más fuertemente armados con espadas y escudos; los soldados de a caballo y los cocheros competían en movilidad táctica con las organizadas brigadas de elefantes; los enormes animales, feroces en armaduras con puntas, levantaban cimitarras de 2 metros de largo con sus trompas.

Fuentes naturales de agua caliente y fría fueron convertidas en lujosos baños ornamentales para hombres y animales por igual. Desde este circular cuartel general, el poder imperial de conquista atlante se esparció por todo el mundo. A pesar de esto, el anillo de tierra contaba con templos, (en su mayoría para los dioses de la guerra) y enormes jardines que proporcionaban alimento y numerosos lugares de entretenimiento. El primero de estos era la más grande pista de carreras jamás construida. Hacía un completo circuito alrededor de la mitad del anillo de tierra. Todas las instalaciones estaban agrupadas a ambos lados de la pista. Mientras que regularmente no se le permitía el paso a esta muy importante zona militar al público en general, estaba abierta cuando se llevaban a cabo carreras y otros eventos deportivos para celebrar una ocasión especial, como el día de Poseidón, creador del caballo; una importante victoria o para entretener a un invitado de particular mérito. Este anillo militar de tierra estaba conectado con puentes de piedra con el siguiente, y cada uno de ellos era lo suficientemente amplio como para acomodar dos carrozas de guerra, una al lado de la otra.

Torres y puertas resguardaban ambos lados de los puentes, las que estaban espléndidamente adornadas con estatuas de dioses y héroes. Se cavaron prodigiosos canales a través de los anillos y se techaron, volviéndolos subterráneos y permitiendo un veloz y directo pasaje de hasta los más grandes barcos, a cada lugar de la Atlántida de un momento a otro. En la externa costa sudoeste del anillo de tierra se hallaban bajo tierra, dos gigantescos embarcaderos separados, construidos para servir a varios barcos de guerra grandes al mismo tiempo, pero completamente invisibles para todos excepto para los iniciados. Las observaciones militares y civiles inspiraron estas enormes proezas de ingeniería; sus creadores temían la revancha de cualquiera de la docena de tierras enemigas conquistadas.

El interno y más pequeño anillo de tierra estaba ocupado por los espléndidos templos, casas privadas y oficinas de los altos sacerdotes del imperio, científicos, artistas, ingenieros y la elite guerrera. Sus edificios estaban entre lo mejor del imperio, sólo en segundo lugar a aquellos de la familia imperial. Algunos se construyeron con piedra de un solo color; otros de colores combinados con buen gusto, ya que toda la isla era rica en una variedad de materiales naturales de construcción. La elite espiritual e intelectual vivía en monumentales estructuras, tanto lujosas como confortables, con agua corriente, fría y caliente, patios iluminados por el sol y floridos balcones. Todo edificio estaba lleno de estatuas grandes y pequeñas; murales que representaban escenas míticas alegraban las paredes y mosaicos de múltiples colores cubrían los pisos. A diferencia del tumulto del anillo militar de tierra, este refugio interno detrás de la centelleante pared de oricalco, tenía los sonidos de los artesanos, cantos corales y música de todo tipo, desde solitarios flautistas hasta grupos de arpistas. En las sagradas arboledas y los oscuros y solemnes templos, el anillo interno era el hogar de numerosas religiones, cultos blancos y negros, donde se había iniciado una callada lucha entre sacerdotes y hechiceros.

EL TEMPLO DE POSEIDÓN

Puentes más pequeños y canales idénticos a aquellos que abarcaban los anillos exteriores, conectaban el interior con una isla central, el hogar del emperador y su familia, un guardián de la casa, séquitos de sirvientes y con la más extraordinaria característica arquitectónica y espiritual de la Atlántida, el Templo de Poseidón. Titánicamente amplias y de apropiada altura, las superficies exteriores del inmenso edificio de piedra blanca estaban completamente cubiertas de moldeadas hojas de plata, que contrastaban con brillantes figuras esculpidas en oro y sus divinos asistentes montados en la base rocosa del templo.

Durante el día, se permitía la entrada de la luz al cavernoso interior, a través de unas cuantas ventanas pequeñas, un poco más grandes que una rendija, cerca del techo, en sí mismo un milagro de mármol tallado, resaltado con geométricos diseños de oro, plata y oricalco. En el tenue silencio, fuerte con una presencia inadvertida, se alzaba el coloso de alabastro de Poseidón, una estatua tan monumental que su autoritaria cabeza prácticamente rozaba el techo del edificio, muy alto arriba. Estaba representado de pie en su monstruoso carruaje de caparazón de nautilo, deslumbrante por el trabajo de madre perla con relucientes hojas de oricalco y láminas de oro. El carruaje estaba tirado por un grupo de caballos alados esculpidos en piedra blanca; representaban las espumosas olas que se enrollaban ante el paso del dios.

Rodeando a Poseidón por completo se encontraban cien pequeñas estatuas, enyesadas en piedra gris, de niños dorados montados en los arqueados lomos de delfines. Eran los Nereidos, acólitos de una escuela de misterio especialmente consagrada al dios del mar. Todo el monumento descansaba sobre una elevada plataforma circular, rodeada por un estanque de agua clara, que la convertía en otra isla, la más pequeña, la más santa y más céntrica en la Atlántida. Ante Poseidón, dando hacia el estanque circular, se encontraba un gran altar que representaba, en relieve esculpido, su divino carácter y hazañas. Privilegiados adivinos vinieron aquí para predecir el futuro.

El templo era un auténtico almacén de estatuaria sagrada. Monumentales representaciones de las reinas y reyes originales recubrían el interior circular, pero el edificio era por mucho, demasiado grande para estar desordenado.

La primera de esas estatuas, era Atlas, que daba su nombre a la colosal montaña sagrada y a la isla en sí. También, la capital derivaba su nombre de él: Atlántida, "Hija de Atlas". Además, había muchas otras estatuas dedicadas por personas privadas, de gran riqueza, tanto originarias de la Atlántida como aquellas venidas de lejanas orillas del imperio. El templo resplandecía con una profusión de oricalco moldeado que cubría las paredes, subía por los pilares y hasta esparciéndose por el piso. Para las ceremonias de medianoche, esto brillaba en las flamas de los trípodes encendidos, como sueños de Otro Mundo.

Inmediatamente detrás del templo, se encontraba un bosquecillo sagrado con grandes y verdeantes pastos. Aquí, los asistentes sacerdotales dejaban que los toros reinaran y se nutrieran con libertad, hasta que eran escogidos para el sacrificio, en las más importantes ceremonias de la isla. Aunque cerca, el Templo de Poseidón no se encontraba en el centro absoluto de la isla. Esa posición se reservaba para un santuario mucho más pequeño, uno de particular santidad para los habitantes de la isla. En este lugar, Poseidón se acostaba con una nativa mortal, Kleito, para engendrar el linaje real del imperio. El santo precinto estaba cercado por una pared de oro y la entrada era totalmente prohibida para todos, excepto para los altos sacerdotes, que colocaban ofrendas estacionales de los diez reinos extranjeros, en un altar de sacrificio que semejaba un gran huevo. Este era el Centro original, el "Ombligo del Mundo", el núcleo de la más antigua y misteriosa religión sobre la isla, si no sobre la Tierra, con raíces que retrocedían hasta desconocidos milenios, a los días cuando el hombre vivía en cuevas. Originalmente, el altar de piedra era de roca derretida expulsada de la boca de la Montaña de Atlas. Después de que se enfriaba, la piedra era recuperada y venerada por sus poderes y significación especiales.

EL PALACIO IMPERIAL

El palacio del emperador se encontraba no lejos de la acrópolis. Aunque ciertamente magnífico, no se extendía en un llamativo esplendor, pero era una elegante síntesis de monumental simplicidad. El palacio no servía únicamente como casa del emperador, sino también como su imperial base de operaciones y sala de recepción, para invitados importantes de otras partes del imperio y de más lejos. Estaba rodeado por un gran patio que se extendía hacia sus portones, con decorados cercos de protección que corrían hacia ambos lados. Contenía un huerto de cuatro acres de árboles de peras, manzanas, naranjas, limones, granadas e higos.

En el otro extremo del frondoso refugio se hallaba un viñedo, perfecto con anaqueles de madera para los cientos de uvas que se ponían a secar a un tiempo, tinajas para pisarlas y toda clase de instalaciones que el más habilidoso vinatero pudiera necesitar. Cerca de allí se encontraba un extenso jardín de vegetales conformado en largas filas, regadas por dos manantiales naturales. La esposa y las hijas del emperador cultivaban sus propios jardines. Muchas variedades de flores crecían en la extraordinariamente fértil tierra volcánica de la isla. Cerca de las esquinas de los matorrales, bullían varias pequeñas fuentes y ocasionales estatuas de dioses y diosas de la naturaleza, daban una discreta santidad al cuadrángulo. Aves fantásticamente emplumadas de tornasolados naranjas y amarillos, e increíbles largas colas, entonaban extrañas canciones mientras volaban entre las copas de los árboles y las abejas zigzagueaban entre las camas de flores. Este acogedor patio que estaba lleno de vida y color creaba un sereno lugar para la residencia real.

Las altas paredes de láminas de bronce del palacio, estaban coronadas con una línea de losetas azules que corrían bajo un techo rojo ligeramente inclinado. La entrada principal era un alto y adornado objeto de grandeza esculpido en plata, que cubría un par de enormes puertas incrustadas con placas de grabados en oro. En ambos lados del umbral se encontraban las estatuas de tamaño natural de dos perros, uno de oro y el otro de plata. Más que simbólicos guardianes, ellos representaban, respectivamente, el solar, principio masculino y el lunar, principio femenino de un antiguo culto canino asociado con los primeros reyes de la isla. Esta gran entrada se abría en un espacioso pasillo. En su centro se hallaba una larga mesa de oscura y dura madera, espléndidamente tallada, con varias docenas de sillas de respaldos altos del mismo material y tapizadas con cubiertas de tela, hermosamente tejidas por las mujeres de la casa real.

Por toda la sala de recepción se encontraban estatuas de oro de tamaño natural, de heroicos jóvenes en la gloria de su desnudez que portaban antorchas. Ahí se llevaban a cabo fiestas, pasatiempos, reuniones consulares y otras conferencias seculares. Más allá, estaba el salón del trono, donde el emperador, en todo el poder y gloria de su suprema oficina, ejercía dominio sobre una empresa imperial inigualable en amplitud e influencia, a lo hecho por cualquier imperio anterior y algunos posteriores. Atlántida fue la reina de un océano al que, por ser lo suficientemente poderosa, le dio su propio nombre después. Se sentaba en el centro de una red imperial que se esparcía desde Asia Menor en el Este, donde su armada luchó en la Guerra de Troya, cruzando el mar en el distante Oeste hacia las costas del Continente Opuesto.

LA ISLA DEL BENDITO

Más allá de la magnificencia de la capital de triple muralla, comunidade de industriosos y prósperos agricultores, regaban una extensa llanura rectangular, llena de fruta y perpetuamente verde, por medio de un ingenioso y largo sistema de agua. Toda la isla estaba tachonada por empinadas montañas que abrazaban la Atlántida por todos lados hasta el mar, cobijando a la capital con una inexpugnable defensa contra los fuertes vientos que a menudo se estrellaban contra sus costados. Habían agradables campiñas y muchos lagos de agua dulce y pequeñas villas bordeaban a algunos de los más grandes. La campiña era de una moderada belleza de valles poblados de árboles y altas montañas, cuyos picos hacían bajar serpenteantes ríos de agua dulce hacia los pueblos y las propiedades privadas.

En la tierra de la Atlántida abundaba la vida animal. Ciertas cosas, como las grandes manadas de caballos criados para el campo de batalla, el arado, las carrozas de los hombres ricos y la pista de carreras, se importaban del continente europeo. Otras eran de la isla, curiosamente lo eran. Entre los más importantes estaban los elefantes, evolucionados descendientes de los extintos mastodontes, que cruzaron antes por puentes de tierra, por mucho tiempo sumergida, que iba desde el norte de África sin duda alguna un milenio antes. La isla era un paraíso para las aves, que se agrupaban en fabulosas variedades desde ambos lados del océano. Los apiarios zumbaban con la producción de miel y toda la isla era un cuerno de la abundancia de diversas frutas, nueces, maíz, trigo, cebada, uvas, carne y leche. Calentada por un sol casi tropical, pero eternamente refrescada por las brisas del océano, no era de admirarse que hasta posteriores generaciones de extranjeros recordarían este lugar como la Isla del Bendito.

Grandes y espesos bosques proporcionaban a la isla un floreciente comercio de madera, una importante parte de los agresivos programas navales del imperio. Siempre se requería de madera buena y fuerte para mantener a flote a los marineros y a la marina del imperio. Sin embargo,había un árbol al que ningún leñador se atrevería a amenazar con su hacha. Éste era el Árbol de la Vida, viejo y vivo, cuando los cazadores primitivos llegaron a la isla por primera vez desde el Continente Oriental, siguiendo a las manadas de animales, a través de los puentes de tierra, por mucho tiempo colapsados. Debajo de sus enormes y nudosas ramas, los sacerdotes y seguidores de la primitiva religión, se reunían para realizar sus ritos de primavera con una hoz dorada, y cortar el muérdago y golpear ligeramente su bendita Sangre de Dragón con propósitos sanadores. En sus ramas inferiores se colgaban tintineantes imágenes, la más notable era la figura recortable, de oricalco, de una serpiente de siete jorobas que vomitaba de sus mandíbulas un oval, el Huevo Cósmico. El primitivo culto de misterio de la Atlántida, aún contaba con seguidores mucho después del surgimiento de las religiones rivales, hasta en los últimos días del periodo imperial de la Atlántida.

Manantiales naturales de agua caliente, tibia y fría se convertían en numerosos baños. Los había dentro del palacio para la familia real, enormes lugares de fino mármol, refulgente marfil y brillante bronce. Los baños privados de la aristocracia eran casi tan opulentos, mientras que los públicos podrían haber adornado las habitaciones privadas de un rey en cualquier otra tierra. Hasta habían elaborados baños para caballos, decorados con motivos de Leukippe, la primitiva Reina de la Atlántida. Para los elefantes de trabajo y los toros sagrados se instalaron enormes baños, más bien estanques. El maravilloso resultado de estas extensas abluciones fue un alto nivel de higiene nacional, con una paralela elevación en la salud general de la población.

Y sobre esta afortunada isla se asomaba el pilar del mundo de la Montaña Atlas, su arrugada cima a menudo se obscurecía por nubes. De vez en cuando habrían habido estruendos desde el fondo, dentro de sus entrañas. En ocasiones, su oscurecido rostro miraba con ira, lanzando una escalofriante luz rosada sobre toda la ciudad y mucho de la isla. Y algunas veces las torres de su capital se cimbraban precariamente, mientras que la misma tierra se estremecía bajo los inquietos pies de los atlantes. Pero estas cosas no eran más que la forma en que el dios le recordaba su gente que aún estaba vivo.

Para los sabios sacerdotes que se reunían debajo de las cansadas —por el tiempo— ramas del Árbol de la Vida, el Árbol Dragón, ellos significaban mucho más. Eran *ostenta* —presagios y admoniciones. Habilidosos observadores de los cielos supieron del inminente destino e intentaron compartir su conocimiento con el emperador. Su observación de una amenaza celestial parecía estar confirmada por numerosos presagios diferentes, que se reportaban por todo el imperio. ¿Se habría dado cuenta el Emperador de la inusual quietud en su arboleda? Eso era porque las aves se habían ido. Semanas atrás, ellas empezaron a volar lejos en todas direcciones, para nunca regresar. Ante la ausencia de sus cantos, un siniestro silencio descendió sobre toda la isla. También, otros animales se estaban comportando de forma extraña. Algunos elefantes se había vuelto incontrolables y huyeron de sus cuidadores. Los caballos se paraban en sus patas traseras y se negaban a correr en la pista de carreras; las cabras ya no daban leche. La misma gente parecía poseída por un horrible letargo, una mezcla de miedo y resignación a algunos terribles eventos en gestación.

El emperador escuchó con respeto a sus sacerdotes, pero les dijo que ya antes se habían equivocado con cosas parecidas y que sería destructivo alarmar a sus buenos súbditos, en especial durante este tiempo de guerra incierta. Además, ¿qué se suponía que debían hacer? ¿Abandonar la Atlántida, el reino más poderoso que el mundo jamás había conocido, sólo por unos cuantos eventos anormales? Si la amenaza de la que hablaban era tan grande, ninguna precaución serviría, así que, ¡buenas noches! Pero al mismo tiempo en que los disgustados sacerdotes arrastrando los pies, caminaban de su real presencia en el palaciego salón de recepción, el emperador, distraídamente, tocó con el dedo un pendiente de cristal que colgaba de la delgada cadena de oro que llevaba alrededor de su cuello. Se estaba acordando de la expedición a la Tierra Delta del Este, emprendida por sus antepasados, quienes salvaron al mundo de la catástrofe, al instalar un artefacto con la ayuda de los trabajadores nativos. Pero eso había sido hacía muchos siglos. El artefacto se había arruinado y aunque se les hubiera permitido trabajar en él —lo que no sucedió— los científicos atlantes, que habían ofrecido su genio a lo material y al militarismo, porque estaban más interesados en las riquezas, no podrían repararlo. Trágicamente, los egipcios que cooperaron en la creación del gran instrumento, ahora eran enemigos de los atlantes.

Con aire meditabundo, el emperador se sentó en su trono. Estaba cubierto por su púrpura túnica de estado, que estaba bordada con oro. Se preguntaba si en realidad había una relación casual entre la moralidad de una persona y el universo físico. Los dioses eran los mediadores entre el hombre y el caos. Si él los disgustaba al no poder mantener sus leyes,

¿permitirían, en realidad, que la naturaleza cayera sobre su civilización? Una vez la Tierra fue adorada como la viviente madre de toda la vida. Ahora, las operaciones de extracción de minerales en una escala verdaderamente atlante, se estaban haciendo en su piel para extraer cantidades de oricalco tan grandes, que se necesitaban flotillas completas de cargueros para llevárselas. Las ambiciosas manos de varias docenas de reinos, se extendían por el cobre de alto grado que ansiosamente forjarían en las terribles armas de guerra. Parecía un ciclo blasfemo dentro del cual, él y sus predecesores habían conducido al mundo, pero el preocupado monarca no sabía como escapar a eso.

También, cavilaba sobre el carácter de su propia gente, que cada vez se volvía más materialista y descuidada en su respeto a las fuerzas que la crearon. Hasta el tributo a los inmortales estaba decayendo, a diferencia de los anteriores tiempos cuando los padres y abuelos de los isleños, huyendo de la conflagración troyana, rogaron al cielo por su rescate. Desde entonces, no contentos con su incuestionable autoridad sobre todo el océano y más del mundo que otros hombres ni siquiera sabían que existía, los atlantes pensaban demasiado en la revancha contra el lejano Egipto, por pasadas derrotas a manos del astuto y viejo faraón Meremptah.

ATERRADOR AUGURIO

Muy temprano en la mañana del día posterior a su llegada, el capitán del carguero de Elasippos, junto con sus oficiales, fue un invitado del emperador en su palacio. Los acompañaron unos cuantos oficiales de la corte y soldados de la guardia de la casa. Su público no era el de una ocasión particularmente memorable, porque la realeza de la Atlántida conservaba una vieja tradición de, en ocasiones, permitir el acceso personal de la gente común. Además, el primer hombre del imperio tenía curiosidad. Los bronces se mostraban sobre una larga mesa en el gran salón y el emperador, en un expansivo humor, declaró que los artesanos de Elasippos eran los mejores del mundo.

Al ver esto, su perro de caza favorito, que durante toda la presentación dormitaba sin ser visto en una esquina del salón, se incorporó con un aterrorizado aullido y escapó por una puerta abierta. El emperador intentó hacer una torpe broma sobre su perro como crítico de arte, y el capitán y la corte respondieron con obediente hilaridad. Pero afuera, por toda la isla de la Atlántida, había otros animales cuyos presagios los sacerdotes observaban sin ligereza. Se quedaron boquiabiertos cuando leyeron los proféticos hígados de las cabras sagradas, en el gran altar de Poseidón. El horror de los expertos en *auspicio**, no fue menor: no quedó ni siquiera un ave enjaulada en la isla. Todas volaron lejos. Y a aquellas que quedaron como mascotas, ahora las poseía el pánico. Hubo signos de que hasta la gente común, cuyos pensamientos por lo general eran sobre la ganancia personal, estaban desconcertados y desalentados para ver.

Miles de peces muertos sofocaban los canales, mientras que el atemorizado barritar de los elefantes empezó a poner nerviosos a los atlantes. Inexplicablemente, una pesada depresión se había posado sobre la clase baja por días, mientras que un extraño clima de calma prevalecía por toda la isla. El más alarmado de todos era el sacerdote que estaba en especial comisionado para observar, el comportamiento de la Montaña Atlas desde un santuario fuera de la ciudad. Las aparentemente sobrenaturales apariciones en la cima de la montaña, apenas veladas en la densa nube y atribuladas por las incesantes exhibiciones de relámpagos azules extrañamente sin truenos, lo asustaron desde su puesto de observación.

No, los presagios no eran buenos. El jefe de los astrólogos los había predicho muchos meses antes. Este alto prelado había zarpado varias semanas después de que sus pronósticos fueran recibidos con indiferencia oficial. Ahora se estaban convirtiendo en realidad en los bronces de Elasippos, que aún estaban expuestos ante el emperador. Las copas y las estatuillas hacían ruido y tintineaban a su propio acorde, mientras que un gran candelabro de translúcidas conchas marinas se balanceaba como un péndulo en su dorada cadena, extinguiendo algunas de sus parpadeantes

---

*N.T. Del latín auspiciu "ave" y spicere "observar": adivinación basada en la observación del vuelo, movimiento, apetito y canto de las aves.

flamas y alternadamente, extendiendo y acortando sombras proyectadas por el grupo que estaba parado debajo. "Terremoto", el emperador explicó lo obvio sin preocupación. Pero sus invitados se encontraban sin aliento y en silencio. "Los tenemos muy a menudo. Sólo son los dioses celosos de nuestra atención". En esta ocasión el grupo de sus subordinados no pudo sonreír. El piso se arqueaba notablemente subiendo y bajando, debajo de sus pies, y hasta la compostura real del emperador empezó a derrumbarse. Un bronce, luego el otro, cayeron tintineando de su lugar y sonaron con estrépito junto con el tambaleante piso. Nadie se detuvo a recogerlos.

EMPIEZA

"¡Su Majestad!" El sacerdote encargado de la observación de la Montaña Atlas, se lanzó sin ser anunciado ante la presencia imperial. "¡La montaña está deformada con una espantosa protuberancia en su ladera sudoriental! ¡Esta embarazada con un horrible peligro, Señor! ¡Debemos abandonar este palacio de inmediato!".

"¡Levántense!" el emperador ordenó con voz ronca. Nerviosamente tocó con sus dedos el talismán de cristal que colgaba de su cuello, pero cualquier discurso se le quedó atorado en su garganta. Ahora, por todos lados del palacio había gritos de hombres y mujeres, repentinamente seguidos por un fuerte sonido de la mampostería que caía. Su esposa e hijas, alarmadas pero controlándose, se reunieron con el emperador.

"Por aquí!", ordenó al final y la compañía lo siguió fuera del salón, a través de la arboleda sagrada, cuyas fuentes se habían secado abruptamente. La tierra se movía debajo de ellos, haciendo difícil el paso, pero nadie tropezó. Oyeron el sonido de un trueno. A diferencia del de una tormenta, no se desvaneció, pero se sostuvo en una terrible monotonía. El emperador condujo al pequeño grupo a un par de barcos de tamaño moderado, sus yates, atracados en el pequeño canal que conducía al Templo de Poseidón; el reflejo de su elevado techo se distorsionaba en el agua que ondulaba con las energías subterráneas. "Capitán, tome el mando", el emperador ordenó, mientras que frenéticamente todos se amontonaban en los largos y estrechos barcos, y él asignaba quiénes serían la tripulación de qué barco. "Yo tomaré el timón", se ofreció como voluntario. Su delgado y descascarado yate blanco con sus detalles dorados de gran categoría, no era amplio. "¡Tiren todo esto fuera de borda!" gritó, mientras se reunía con los demás, al arrancar de cuajo la costosa marquesina color púrpura de en medio del navío, con rapidez. Sin una palabra, pero muy consciente de su significado, tiró el asiento parecido a un trono al agua, ya azotada por las olas.

El capitán de Elasippos llamó a a todos sus hombres a los remos y a las órdenes de su emperador, apoyándose con todas sus fuerzas al timón de popa. La desesperación azotó a los remeros voluntarios para hacer esfuerzos físicos más grandes de los que cualquier jefe de galera pudiera haberles arrancado, y el yate imperial consiguió una velocidad jamás lograda durante todos los cruceros recreativos de días mejores, su embarcación hermana que llevaba a la familia del emperador se encontraba cerca por la parte de atrás. Los barcos se alejaban rápidamente como flechas desde la isla central de palacio y templo, entonces paralelos al anillo de tierra interior, sus espléndidas casas y fabulosos templos temblaron hasta quedar reducidos a escombros, ante sus ojos.

La luz del día se alteraba por momentos, mientras una enorme nube de ceniza negra como carbón, se esparcía rápida y monstruosamente por el cielo. La emperatriz se puso sobre los hombros un chal de color púrpura, bordado de conchas, para protegerse contra el repentino frío. Una sombra que lo oscurecía todo, acompañada de los sonidos sacudidores de un ruido, más que un trueno, estaba cayendo sobre su patria. Se dio cuenta que había varias embarcaciones flotando a su alrededor y por lo menos, por las velas pudo identificar a algunos de sus dueños.

De repente, hubo un horrible trueno como si un rayo hubiera tocado el mástil. Luego, un vacilante silencio, seguido unos minutos después, por una gruesa tormenta de fuego que descendía por todos lados, con un ensordecedor rugido. Miles de piedras encendidas, algunas tan grandes como rocas, cayeron en una salpicante y ruidosa descarga. "Tomen por el canal", el emperador gritó una vez a los remeros, luego volteó para repetir la orden al capitán de la cercana embarcación trasera. El techado canal que cortaba por en medio del anillo de tierra, estaba a sólo unos cuantos golpes, y los dos barcos se deslizaron por el subterráneo escape, antes de que la artillería volcánica los alcanzara. Pero su largo paso por lo oscuro era atemorizante. Numerosas lámparas de aceite diseñadas para estar encendidas perpetuamente se habían extinguido y los dos capitanes tuvieron que conducir sólo con las adecuadas lámparas de proa y popa de sus yates. También eran desconcertantes los monstruosos e incomprensibles sonidos que se hacían eco a través del túnel. Pero por lo menos, el camino de los barcos estaba libre de otras embarcaciones.

VENGANZA DE LOS DIOSES

Cuando finalmente alcanzaron el final del canal, el capitán de Elasippos llevó el yate a un paradero. Se estiró para ver hacia fuera. El bombardeo celestial parecía haberse detenido. Otra actividad sísmica también se había tranquilizado. "¡Vamos"! Su voz con fuerza se hizo eco por todo el túnel y los remeros se inclinaron a sus remos. El espectáculo que les daba la bienvenida era espantoso y casi destroza su autocontrol. Las aguas estaban atiborradas de docenas de barcos y embarcaciones rotos e incendiados. Ninguno había escapado ileso. Los pocos que quedaban a flote se estaban quemando fuera de control, sus velas se evaporaban en flamas, como las hojas doradas en el fuego de un jardinero.

Por todos lados había escombros carbonizados, incluyendo cuerpos horriblemente mutilados y la azotada desesperación de los temerosos sobrevivientes heridos. Ellos pedían ayuda conforme pasaban los ya repletos yates, sin ninguna intención de rescatarlos. La emperatriz y sus hijas lloraban, pero los desalentados hombres en los remos, trabajaban en silencio. Al momento en que su esposo, con la cara llena de ceniza, volteaba a verla, lo distrajeron algunos movimientos sobre la costa del anillo de tierra exterior, que velozmente caían hacía atrás. Los alguna vez altamente entrenados caballos, abandonados por sus cuidadores, corrían sin rumbo en aterrorizadas manadas. Sus relinchos de terror eran casi tan horribles como los llantos de los hombres que se estaban ahogando.

Ahora, una nueva dimensión al horror se estaba desenrollando. Una gruesa nube se esparcía rápidamente desde la Montaña Atlas, como si remplazara al cielo azul con uno tan oscuro como el carbón, de avalancha de ceniza. La oscuridad estaba sobrepasando la mañana. Con habilidad, el capitán de Elasippo manejó su barco rodeando un carruaje que flotaba boca arriba en el agua. Los dos yates siguieron derecho por el secreto canal. Todos los demás estaban perdidamente atorados en el tráfico. El canal real, excavado muchos años antes como una contingencia contra una emergencia como ésta, conducía al emperador y su improvisada tripulación fuera del último anillo de agua. De repente, otra vez su superficie producía espuma con la agitación sísmica.

Los hombres tomaban turnos cortos en los remos, descansando sólo lo suficiente para recuperar el aliento. Pero aún su frenético remar no podía oscurecer el continuo tronar que parecía resonar en la tierra y en el cielo. El trabajo se había vuelto más laborioso para todos, debido a la ceniza que empezaba a descender como un pesado y gris vapor. Tosían, escupían y se embadurnaban los ojos con sus antebrazos, pero manejaban sus remos sin perder un golpe. Mientras se deslizaban por la pared exterior, el emperador observó una peculiar raya blanca que los perseguía por la parte trasera de su yate. Por un momento, se quedó perplejo. Luego se dio cuenta de que el agua del canal estaba quemando la pintura de sus tablas. Guardando su descubrimiento para sí mismo y con la esperanza de que los del barco que los seguía no se dieran cuenta, se preguntó cuánto tiempo más podrían esperar que el punto de desintegración sostuviera el casco de la embarcación. El aire se calentaba cada vez más, conforme las incesantemente estruendosas nubes que echaban humo desde la Montaña Atlas, empañaban el mundo de una profunda oscuridad.

Una eternidad de horror había pasado desde que el emperador y su compañía escaparan de la isla central, pero finalmente alcanzaron el puerto principal de la costa del sur. Los desembarcaderos y muelles estaban llenos de aterrada personas gritando. Algunas peleaban histéricamente entre ellas. Los remeros se recostaron en sus remos con tristeza, y al principio a nadie en la orilla parecía importarle los pequeños y hermosos barcos que se dirigían al crecido mar abierto. Luego, un grito de identificación se elevó desde la densamente amontonada muchedumbre. El grito se repetía, más fuerte y por más voces. La multitud hizo que se escuchara su desesperación sobre el rugir volcánico de la Montaña Atlas y a través de la gran distancia, mientras los yates reales se alejaban con cada determinado golpe de los remos. El llanto se alzó aún más hasta convertirse en un canto, un improvisado lamento de miles de gargantas llamando como una sola persona a su emperador que se alejaba. Lo vieron en la proa, una pequeña figura que levantaba su mano derecha en lo alto sobre su cabeza, más como un gesto de bendición que como un adiós, con los ojos casi cegados por la ceniza y las lágrimas. No había censura en sus comunes voces, sólo una trágica mezcla de tristeza, resignación y pleitesía.

En un terrible momento, desde el lugar de erupción de Atlas, una nube del tamaño de una montaña negra bajó rápidamente sobre la ciudad, envolviéndola por completo, cubriendo en sus pesadas oleadas hasta el puerto con su tumulto de gente, quienes quedaron en silencio al instante. Un poco después, una gran ráfaga de viento, acompañado de la detonación de truenos, dispersó la monstruosa nube y empujó los barcos lejos de la Atlántida a una velocidad no natural. Las naves volaban moderadamente sobre las alborotadas olas, sin embargo sus velas aguantaban, aunque tensadas al límite de sus telas de lino. El viento pasó casi tan rápido como los había sobrepasado y el capitán de Elasippo otra vez se sintió en control del yate.

Notó que de forma similar, muchas naves de todos tamaños y descripciones estaban escapando a través del incierto océano. Algunas ya estaban lejos sobre el horizonte. Sus capitanes que habían leído los presagios de ruina, días o hasta meses antes, atendieron los signos y se marcharon de la capital condenada a la destrucción. El lamento colectivo de horror flotaba a través de la gran distancia de agua y el emperador volteó para contemplar una de las torres de vigía de muchos escalones, que caía desde su alta pared y se destrozaba precipitándose sobre las multitudes que, buscando refugio, se agrupaban alrededor de su base. Los hombres miraron la cara del emperador y lloraron abiertamente.

EL MUNDO EN LLAMAS

De repente alguien gritó "¡Miren al dios"! El pico de la Montaña Atlas se estaba transformando en una colosal columna de luz, incendiando el cielo. Chubascos de grandes piedras encendidas caían por miles como lluvia de estrellas sobre la desprotegida ciudad. Torrentes de incandescente lava se deslizaban por las pendientes de la montaña, devorando rápidamente templos y casas particulares. Sólo entonces el trueno de una terrible explosión reverberó sobre y a través de los hombres que se encontraban en el yate real, ahora muy lejos en el mar, agitando a sus ocupantes y golpeando sus pechos por el terror. Su hermosa patria, la cuna de la civilización, estaba muriendo ante sus lacrimosos ojos.

Avalanchas de rocas fundidas incineraban los campos y convertían los ríos de agua pura en vapor. La gigantesca y enojada boca de la montaña Atlas continuaba vomitando cascadas de fuego líquido, que bajaba por sus lados en todas direcciones, quemando los bosques con una velocidad a la que ningún animal podía escapar. Con la sola cercanía de estos cegadores ríos, las enormes casas de campo y hasta los pueblos enteros, explotaban en llamas.

La sagrada montaña estaba acosada por convulsiones. En la atormentada Atlántida, la acumulada grandeza de siglos era sacudida hasta convertirla en fragmentos; la ciudad estaba poseída por una estridente maldad. Los atlantes perecían por miles, sepultados bajo los edificios en los que buscaron refugio, apedreados sin misericordia por descargas de piedras llameantes conforme volaban por las calles, ahogando sus vidas en el incandescente aire. Los elefantes, caballos y humanos se arrojaban de cabeza a los anillos de agua donde hervían vivos.

En la isla central, el abandonado Templo de Poseidón estaba iluminado con una espantosa incandescencia, reflejada por su plateado exterior. Adentro, una neblina rojiza penetraba la oscuridad. Una repentina serie de poderosas sacudidas partieron el piso en cuartos y el erguido coloso se tambaleó, estrellándose a través de la pared del templo, que empezó a colapsarse alrededor del caído dios del mar. Cerca, el precinto bendito donde Poseidón y Kleito concibieron una línea de reyes atlantes, el trono a Ompalos quedó erguido pero vacío. Advirtiendo por adelantado lo que estaba por llegar, su cuidador sacerdotal secuestró la bendita piedra, el Huevo Cósmico, para reubicar el Ombligo del Mundo en otro sitio en alguna tierra distante.

ANGUSTIA MORTAL

Al caer la noche, el emperador, su dominio abruptamente reducido a dos barcos cargados de exhaustos refugiados, aún se reclinaba en la caña del timón. Sus ojos estaban fijos en la isla, que por siempre ardía ferozmente en el amenazante oeste, iluminando con colores chillones el mar impregnado de aceite negrusco, por millas alrededor. La irreal escena se acentuaba de vez en cuando, con las explosiones de los truenos que se hacían eco a lo lejos sobre el océano, amortiguados por la distancia. "Es el dios que me está llamando", él cavilaba, "maldiciéndome". Volteó hacia la embarcación, que se encontraba difícilmente a más de un brazo de distancia. En él estaba su esposa sentada en silencio y entumecida por el terror, llevaba sobre los hombros un pedazo desgarrado de una vela y no su capa imperial. Pero a él le pareció que todavía parecía la emperatriz. Respetándola en su natural dignidad, él sintió mezclados extremos de orgullo y piedad. Agrupadas muy cerca en su regazo estaban sus pequeñas hijas, durmiendo con el ceño fruncido en sus hermosos rostros.

Por lo menos el mar estaba calmado, algo inusual y el viaje hacia Elasippos era por lo demás rutina. "¡Elasippos"! La horrible ironía del viaje del capitán, de regreso a su hogar en el Continente Oriental, tenía mucho para analizarse. Sólo dos días antes, había viajado a la Atlántida con una sencilla carga de bronces en un carguero común. ¡Ahora estaba regresando al mando del yate imperial, con el mismo emperador atendiendo la caña del timón! Se sintió afortunado, no, *bendecido* de haber sobrevivido al peor holocausto que algún humano hubiera visto. Estaba lleno de remordimiento por la tripulación que había dejado atrás, por su perdida embarcación. Pero ¿Qué era aquello comparado con una ciudad, una isla llena de muerte, la destrucción de una civilización? Ese lugar ya había experimentado terremotos con anterioridad, unos que habían dañado la ciudad. Y se sabía que de vez en cuando, una ocasional explosión de la Montaña Atlas había incendiado casas y hasta un pueblo. Pero ¡esto!

Nadie se esperaba algo de tal magnitud. Agotada por su propia lucha para sobrevivir, su mente pensaba demasiado en su hogar, no lejos más adelante. ¡Qué cuento tenía qué relatar! Su familia y amigos nunca lo creerían. En unas cuantas horas, el sol naciente pondría un sendero dorado a través de la cara del mar para que ellos lo siguieran. Por ahora, lo único que lo podía guiar era la distante incandescencia parpadeante de la abrasada Atlántida que caía detrás. Nubes de cenizas oscurecían por completo el cielo nocturno y aún a esta distancia, todos a bordo probaban en sus lenguas la persistente acritud de sulfuro.

La mayoría de los pasajeros, salvo el capitán y su angustiado emperador, estaban dormitando cuando la relativa oscuridad se transformó repentinamente en algo más brillante que la luz del día. Era como si un nuevo y más poderoso sol se hubiera empujado a sí mismo por el poniente. Tan abruptamente como apareció la brillantez, parpadeó, dejando a todos en la oscuridad. Conforme sus ojos empezaban a ajustarse otra vez a la noche, escucharon el sonido de un nuevo y lejano trueno, sostenido en una sola nota. Firmemente acumuló el volumen hasta que parecía llenar el mundo. Una sorprendente ola que viajaba rápidamente fuera de la oscuridad, golpeó las dos pequeñas embarcaciones con tal fuerza, que sus tablas vibraron violentamente y el emperador tuvo miedo de que se salieran volando. El movimiento despertó a sus hijas que empezaron a llorar. El suyo fue el único sonido mientras que el océano se apaciguaba por completo, y la sorprendente ola se deslizaba hacia el oriente. La emperatriz confortó a sus hijas y se volvieron a dormir.

Afortunadamente, no escucharon el creciente sonido de una clase diferente de trueno, parecido al de un millón de manos aplaudiendo con acumulado entusiasmo el final de alguna obra de teatro, sobre el escenario. Los supervivientes fueron traspasados por el trueno, parecido a una increíblemente inmensa cascada acumulando fuerza, que se les acercaba con rapidez desde el oeste. No dijeron ni una palabra, pero observaron sin ser vistos en la noche. La última voz que el emperador escuchó fue la del capitán de Elasippos —"¡la misericordia de Poseidón"!— Entonces vio, pero sólo por un momento, una pared de agua de 150 metros de alto.

El amanecer iluminó un océano repleto de kilómetros cuadrados de cuerpos, humanos y de animales, sacudiéndose en un campo de piedra pómez lanzado por una ola y restos flotantes no identificables —los restos de una desaparecida civilización. Pero ni un solo ser viviente.

DOS

¿Dónde está la Atlántida?

La civilización existe por consentimiento geológico, sujeta a cambio sin previo aviso.
Will Durant

Platón reportó que la Atlántida fue la ciudad principal sobre una gran isla "allende las columnas de Hércules", conocida en nuestro tiempo como el Estrecho de Gilbraltar. A consecuencia de las agitaciones sísmicas se hundió "en sólo un día y una noche". Por más de dos mil años, los investigadores se han cuestionado si un evento como ese podría haber ocurrido en realidad en el lugar que Platón describió. Muchos insisten en que no, y siguieron buscando en otras partes del mundo. Pero si uno sigue la historia de Platón, la extensión que él indica, ofrece algunas intrigantes posibilidades.

La cordillera del Atlántico medio es una grieta irregular, una hendidura en el suelo del Océano Atlántico, que se extiende desde el Círculo Ártico hasta un área de la misma latitud como la punta de Sudamérica. Es un corte profundo en el fondo del mar, creado por el movimiento opuesto de las placas continentales en dirección este y oeste. Conforme el movimiento continúa, el magma se eleva al ser forzado hacia arriba, desde el interior fundido de la Tierra y las montañas subacuáticas se forman. Algunas veces estas son tan grandes que sus picos sobrepasan la superficie y se convierten el islas. Debido a que la cordillera del Atlántico medio está sujeta a fuerzas contrarias, la violencia geológica, como la actividad volcánica y los tsunamis (destructivas olas generadas por temblores submarinos) son comunes, en términos de tiempo geológico.[1]

Islandia nació justo por una actividad como esa, en una masiva convulsión submarina del surgimiento y acumulación de magma. Tan recientemente como noviembre de 1963, la isla de Surtsey se elevó de las profundidades del Atlántico del Norte, fuera de la costa sudoeste de Islandia bajo una dramática nube de vapor y relámpagos. Aunque creció a sólo tres y cuatro kilómetros cuadrados, alcanzó 170 metros sobre el nivel del mar. Dos siglos antes, marineros británicos descubrieron una isla atlántica que no estaba en el mapa y le pusieron el nombre de su barco, el *Sabrina*. Cuando regresaron varios meses más tarde, con un grupo de esperanzados colonizadores, la isla había desaparecido bajo las olas.[2]

En 1447, el capitán Alonso Leone descubrió una isla al noroeste de San Miguel, en las Azores. La bautizó Asmaida y la sustancial isla fue habitada por colonos portugueses, que establecieron granjas y construyeron pueblos y puertos. Sin embargo, en algún momento antes de 1555, se vieron forzados a evacuar la isla, porque empezó a colapsarse con rapidez en el mar, después de que su hasta entonces dominado volcán, hizo erupción. Los colonos escaparon con vida y nada más. Una pequeña porción de la isla permaneció sobre la superficie y se llegó a conocer como la Roca Barenetha. Unos 260 años después de la erupción inicial, esta roca desapareció y ahora se le identifica como Seamount Milne.[3]

La isla Nyey se descubrió entre Groelandia e Islandia en 1783; desapareció en 1830. La isla "pilar" de Geir fuglasker (Gran Auk Skerry) colapsó en el mar después de menos de un día de violencia sísmica. Tan recientemente como a mediados de los años 60s del siglo XX, un par de islas se elevaron y volvieron a caer debajo de la superficie del Atlántico del Norte. Antes de que desaparecieran, Syrtlingur se elevó 6,400 metros sobre el nivel del mar y Jolnir se expandió quince kilómetros cuadrados. Estos ejemplos y otros similares implican un excepcionalmente activo e inestable fondo del mar, con antiguas y recientes historias de creación y recuperación de lo que algunas veces son considerables trechos de tierra, dentro de periodos de tiempo excepcionalmente cortos.[4]

Está claro que la existencia y la repentina desaparición de la Atlántida no está fuera de la experiencia geológica de una cordillera del Atlántico medio, muy inestable. A finales de los años 60s del siglo XX, sondeos tomados por barcos de investigación como el *Glomar Challenger* detectaron una sumergida masa de tierra apenas del tamaño del Portugal de hoy, del mismo modo, algo rectangular, montado en una zona por toda la cordillera del Atlántico medio. Las islas Madeira y las Canarias pueden ser la única superficie que queda. La existencia de una gran isla de forma más bien indefinida, bajo la superficie del Atlántico medio, no es especulación. En 1971, en las relativamente poco profundas aguas de la zona de la fractura Vema, dragadores de la Universidad de Miami recuperaron piedra caliza impregnada con granito; las formaciones de esta roca encontradas debajo del mar, se conocen como "rocas continentales", porque son fragmentos de masas de tierra a las que alguna vez pertenecieron.[5]

FRAGMENTOS DE UN CONTINENTE PERDIDO

Durante los siguientes cuatro años, geólogos de *Esso Petroleum* y de la Universidad de Ginebra, examinaron las muestras de piedra caliza y granito, que mostraban contener los restos de fósiles que se habían formado cuando la piedra caliza se encontraba a menos de treinta metros bajo la superficie del océano. Los bloques también mostraron huellas de la acción de la marea, indicando que la gran isla de la cual vinieron, alguna vez estuvo al nivel del mar. Índices de isótopos de oxígeno y carbón probaron concluyentemente que, al aire libre, la piedra caliza se había recristalizado de una forma de calcita de un alto a uno de bajo magnesio. Un reportero del *New Scientist* observó que la piedra caliza se había tomado de la parte superior de "un bloque residual continental que quedó rezagado, conforme el Atlántico se desplegó en un océano".[6]

La presencia de fósiles mesozoicos en la indicada piedra caliza recuperada, indicó que la isla se había formado hacía entre 230 y 65 millones de años, un largo periodo durante el cual los continentes euroafricanos y americano fueron separados uno del otro. Conforme esto sucedía, dejaron fragmentos o bloques de este continente a mitad de camino, entre las Antillas en el Oeste y la costa de Guinea en África, en el Este. Estos restos subterráneos pueden formar parte de una masa de tierra más grande succionada o de quebradas series de ésta, que pasan alrededor de los costados de la cordillera del Atlántico medio, tan lejos al norte como el punto paralelo a las islas Británicas. No se sabe cuándo la isla continental sobre la falla Vema se hundió. Pero las desgarradas líneas verticales de sus lados, se formaron cuando se elevó para detenerse sobre el nivel del mar. No se sabe por cuánto tiempo permaneció cuando tierra firme. Los geólogos tampoco están seguros del momento preciso en que se hundió, hasta adquirir su posición actual. Pero el hecho de que aún se vean raspaduras verticales, sugiere que no se hundió en su totalidad hace tanto tiempo, la mejor estimación de los oceanógrafos está dentro de los pasados 7,000 años.

En cualquier caso, las Canarias y Madeiras también están compuestas de roca continental. Hace mucho tiempo, una masa de tierra común a todas las islas fue jalada lejos, desde el continente euroafricano, por fuerzas opuestas de las placas tectónicas, un proceso por el cual los continentes que descansan en las placas litosféricas, son empujadas a través de la faz de la Tierra, por fuerzas subterráneas en el centro fundido del planeta. Con el tiempo, el fragmento continental mesozoico gradualmente sucumbió a la invasión del mar hasta, a lo mejor tan recientemente como 17,000 a.C., la isla había desaparecido por completo bajo la superficie. Sólo los picos de sus montañas más altas aún están erguidas sobre las olas, como las Azores, Madeiras, Canarias y otros agrupamientos. Mientras que esta isla, del tamaño de Portugal, se separaba de euroáfrica, delgados puentes de tierra aún conectaban las dos separadas masas de tierra. La veracidad de estos puentes está más allá de cualquier duda.

El 13 de julio de 1976, el internacionalmente patrocinado proyecto Perforación del Mar Profundo, descubrió una cadena de montañas que conectaban la punta más al sur de Groelandia con el continente europeo, a través de Irlanda e Inglaterra. Ambos países son los vestigios sobrevivientes de este puente de tierra, el remanente se hundió un kilómetro y 200 metros bajo el mar. Las Canarias formaron parte de un diferente puente de tierra, de acuerdo con la evidencia submarina que muestra que las siete diferentes islas estuvieron colindantes en su origen. Un puente de tierra que conectaba a las islas Canarias de Fuerteventura con Lanzarote, la isla más cercana a Marruecos, se descubrió en relativamente bajas profundidades, después de la Segunda Guerra Mundial. Como Wilhelm Schreiber escribe, "La Cadena de la Montaña Atlas (en Marruecos) va hacia el Océano Atlántico y ahí se divide muy abruptamente. Por lo tanto, la leyenda de la fatalidad de la Atlántida estaría entonces basada en la catástrofe natural, en la que el final de la cadena montañosa fue tragada".[7]

Hasta hace por lo menos 17,000 años debe haber existido una conexión física como esa, entre África del Norte y las islas Atlánticas, como lo prueban los vestigios de los hombres y mujeres de Cro-magnon en Tenerife, la más grande de las islas Canarias. Estos antiguos humanos no fueron navegantes, sino cazadores que sin lugar a duda cruzaron el puente de tierra desde África, siguiendo manadas de migraciones de caza. Gran Bretaña aún estaba conectada a Europa por un puente de tierra entre Dover y Calais, hace sólo cinco o seis mil años. La isla Atlántica podría haber estado unida a África del Norte hace igual número de años. Pero la isla del tamaño de Portugal fue ciertamente inundada antes del advenimiento de lo que la mayoría llamaría civilización.

Los hechos de orogénesis (formación de montañas), placas tectónicas y movimiento de los continentes, muestran que el cambio geológico en una escala continental no es rápido, (por lo menos, en términos humanos). El surgimiento y caída de mares y masas de tierra se cuenta en muchos cientos de miles o millones de años, no en "sólo un día y una noche". Algunas veces este cambio gradual es evidente en casos de áreas relativamente más pequeñas, como las islas Azores, en donde la actual Flores se está hundiendo sensiblemente, mientras que al mismo tiempo, Corvo se está elevando. Han sido manipuladas por las mismas deliberadas pero observables fuerzas geológicas, que una vez tragaron una isla Atlántica mucho más grande.[8]

EVIDENCIA DESDE EL FONDO DEL MAR

Los modernos mapas del suelo marítimo revelan que las actuales islas Atlánticas se encuentran fuera de la costa de África, asentadas en una plataforma al final de una masa de tierra sumergida, conectada con la costa ibérica del sur. Conocida como la cordillera Azores-Gibraltar, fue un puente de tierra desde el continente europeo hasta la gran isla Atlántica, cuando todavía se hallaba sobre el agua. Los oceanógrafos reconocen una cadena de montañas hundidas, que se extiende desde esta cordillera, uniendo el océano Atlántico medio con la costa ibérica.

En las perforaciones al centro profundo de las Azores, se han recuperado los restos fósiles de algas de agua dulce a una profundidad de hasta 3.5 kilómetros, lo que prueba que alguna vez las islas estuvieron a más de tres kilómetros sobre su nivel actual. La de otra inexplicable presencia de algas de agua dulce a tan grandes profundidades, confirma los descubrimiento que en 1949 hizo el Dr Mauricio Ewing, profesor de geología de la Universidad de Columbia.

Navegando por la cordillera del Atlántico medio en los alrededores de las Azores, a bordo de un barco de investigación apropiadamente bautizado *Atlantis,* la expedición del Dr. Ewing para la Sociedad Nacional Geográfica, obtuvo muestras centrales del fondo del océano a más de cuatro kilómetros bajo la superficie y lejos de cualquier playa actual. Él concluyó que los especímenes recogidos, venían de una antigua playa a nivel del mar. Se excluyó la posibilidad de que hielo flotante moviera la arena de la playa durante los primarios periodos glaciales, porque los finos granos que recogió, no contenían ningún fragmento de extraños o más grandes materiales. Además, el más cercano hundimiento de tierra estuvo a más de dos mil kilómetros. Fue claro para el Dr. Ewing que la arena de playa no podría haberse formado bajo el agua, sino más bien a lo largo de una línea de la costa, que había estado sujeta a indecibles siglos de oleaje al nivel del mar.[9]

Mientras que a través del tiempo esa evidencia material se ha confirmado, otras "pruebas" desenterradas desde el fondo del Atlántico pueden ser engañosas. Por los últimos cien años, virtualmente cada autor intentando establecer una creíble geología para la Atlántida, ha repetido la historia de un cable roto recuperado del fondo del mar, cerca de las Azores. Junto con el cable vinieron pedazos de piso oceánico, incluyendo astillas de vidrio basáltico que sólo podría haber sido formado en condiciones secas. Por lo menos esa era la opinión científica en 1898, cuando estos pedacitos de tachylite* fueron incluidos como la confirmación de un continente sumergido. Desde entonces, los geólogos han aprendido que el vidrio basáltico se puede formar en ambas condiciones, al aire libre y bajo el agua, así las muestras se pueden o no haber formado cuando esa parte del Atlántico estaba sobre el agua. Aquí, la evidencia ya no es concluyente y esa gente continúa usándola como argumentos de apoyo a favor de una verdadera Atlántida, que muestra con cuánto cuidado debemos hacer una discriminación entre todo el pertinente material disponible.[10]

Para estar seguros, los atlantólogos tienen un vasto y creciente cuerpo de evidencia verificable desde la cual escoger al presentar su caso de una anterior masa de tierra en el Atlántico medio. En 1963 la Dra. María Klinova, navegando a bordo del *Mikhail Lomonsov* para la Academia Soviética de Ciencias, recuperó inusuales rocas a noventa y seis kilómetros al norte de las Azores, desde profundidades de más de diez y siete mil metros. Lo que hizo tan interesante a su hallazgo, fue que los especímenes pudieran haber sido creados sólo en las presiones atmosféricas disponibles en tierra firme. El descubrimiento soviético tiende a mostrar que las tachylites encontradas sesenta y cinco años antes, se formaron, después de todo, sobre el nivel del mar. La investigación de Klinova fue precedida por la del Museo Riks de Estocolmo, en 1957. El Dr. René Malaise anunció que miembros de la Expedición del Mar Profundo, de Suiza, recogieron diatomeas fosilizadas de agua dulce, desde casi un poco más de tres kilómetros por debajo del Atlántico medio. Las diatomeas, pequeñas algas, tenían diez y siete mil años de antigüedad, coincidiendo así con una fecha para el final hundimiento de una isla del tamaño de Portugal en el Atlántico.[11]

---

*N.T. También tachylyte, cristal natural.

Estas recuperaciones no fueron aislados especímenes anormales. El colega de Malaise, el connotado paleobotánico R. W. Kolbe, catalogó más de sesenta especies de diatomeas de agua dulce, exclusivamente tomadas de profundidades de quinientos cuarenta metros, a 930 kilómetros de la costa occidental de África, en una región bajo el agua conocida como la Cordillera de Sierra Leona. Por otra parte, todas fueron descubiertas bajo una capa de sedimento marino, posiblemente los restos volcánicos depositados dentro de los pasados diez mil años. La especie pertenece a una amplia variedad de grupos, algunos de los cuales prosperan en hábitats ricos en nutrientes, otros lugares pobres.

La amplia diversidad de organismos indica que florecieron en gran número por un largo periodo, en un vasto medio ambiente de tierra firme. Su misma abundancia parecía probar que lagos de agua dulce una vez existieron sobre un isla en la mitad del océano Atlántico. Sin embargo, los críticos no estaban convencidos y argumentaron que poderosas corrientes habían llevado las diatomeas al mar desde África. Kolbe respondió, "Si alguna vez deberíamos aceptar la débil posibilidad de que una turbia corriente flotara desde la costa africana, y depositara su carga de diatomeas de agua dulce a una distancia de 930 kilómetros desde la costa, queda por explicarse cómo pudo esta corriente, no sólo llevar su carga una distancia como esa, sino, al mismo tiempo, subir más de 1,000 metros antes de depositarla en lo alto de una montaña submarina".[12]

RESISTENCIA OFICIAL A LA ATLÁNTIDA

Los científicos suecos también encontraron los vestigios impregnados de silíceo de plantas terrestres, a un poco más de dos kilómetros bajo la superficie del océano. Durante dos años, su barco, el *Albatross*, navegó alrededor del mundo inspeccionando las profundidades de todos los océanos. Pero sólo en el Atlántico medio, encontraron evidencia orgánica para una masa de tierra sumergida, de la clase recogida en la cordillera de Sierra Leona. Uno se puede imaginar que este magnífico logro de la Expedición Sueca de Mar Profundo habría tenido un impulsado interés público, con

los emocinantes descubrimientos de sus investigadores, e inspirara a toda
la comunidad científica a una búsqueda renovada por la fuente atlante de
una civilización terrestre. En lugar de eso, la clase dirigente científica se
encogió de hombros con indiferencia, luego, rechazaron intimidar a los
atlantólogos con las descabelladas teorías de una Atlántida cretense que
se examinan a continuación.

Es lamentable que hasta ahora nadie haya hecho un seguimiento de la
riqueza de la innegable evidencia reunida por el Dr. Malaise y sus colegas.
Esta descansa tranquilamente en el Museo Riks, un valioso hallazgo de
preciosos datos, un mapa oceanográfico de un tesoro que podría conducir a un futuro cazador de la Atlántida, al más grande descubrimiento
arqueológico de todos los tiempos. Pero, para los expertos mejor pagados,
cualquier alusión de "la palabra A" es políticamente errónea.

Le corresponde un crédito especial cuando uno de sus miembros,
harto del deplorable estado de la moderna opinión científica sobre estos
asuntos, rompe el silencio para expresar lo obvio. Un héroe como ese
fue el Dr. Kenneth Landes, Director del Departamento de Geología en
la Universidad de Michigan. En su anual Sigma Xi, dirigido al Instituto
Politécnico de Virginia del 1958, en lo más álgido de los ataques de sus
colegas al Dr. Malaise, preguntó enfáticamente, "¿Podemos, como buscadores de la verdad, cerrar los ojos más tiempo al hecho obvio de que
grandes áreas del lecho marino se hayan hundido en distancias verticales
calculadas en kilómetros? ¿Por qué no aceptar esto y dedicar el motor
cerebral que ahora se está gastando en intentos inútiles, para explicar la
verdad y encontrar el mecanismo que producen estas drásticas caídas del
fondo del océano?".[13]

Cualquiera que conozca el clima dogmático de las modernas instituciones científicas, puede apreciar qué tan valientes fueron las aseveracio-
nes del Dr. Lander. Opiniones dichas a favor de una Atlántida basada en
hechos, la posibilidad de visitantes allende el mar a las Américas antes de
Colón o cualquier teoría contraria a las hipótesis generalmente acepta-
das, arruinarán las carreras profesionales de pensadores independientes
como ellos y les negaría el acceso a las publicaciones científicas, en las

que de alguna otra forma, ellos presentarían descubrimientos entre sus compañeros investigadores, para su discusión. Para citar sólo uno de los muchos ejemplos, en 1972 los investigadores profesionales de la Oasis Oil Company, encontraron convincente evidencia para demostrar que, en los tiempos del Plioceno (hace como 5 millones de años), el mar Mediterráneo se encontraba a miles de metros bajo su nivel actual. Aparentemente, hacer un minucioso descubrimiento como ese, no fue tan difícil como publicarlo. De acuerdo con el *Scientific American,* "ellos no podrían conseguir que se publicara su manuscrito en una revista científica, ya que nadie aceptaría una vergonzosa interpretación como esa". Trágicamente, los estudiosos académicos de hoy son tan resistentes a las ideas no populares, igual que las autoridades científicas de quienes Leonardo da Vinci se vio forzado a esconder su investigación.[14]

UNA REALISTA ESCALA PARA LA DESTRUCCIÓN

A pesar de la reticencia de muchos estudiosos para analizar la evidencia, parecería que los mejores datos geológicos disponibles, señalan hacia la probable existencia de una isla continental del Atlántico medio, que por varios millones de años estuvo sobre el nivel del mar, hasta que las agitaciones geológicas iniciaron un prolongado proceso de subsidencia. En palabras de Dr. Ewing en su artículo del *National Geographic* "Nuevos descubrimientos en la cordillera del Atlántico medio" (mayo 1949), la cadena contiene "muchas capas de ceniza volcánica".

La original isla Atlántica que conectaba las Azores con Madeira y las Canarias, estaba unida a Euroáfrica por prolongados puentes colgantes de tierra y colocada sobre un área de un particularmente intenso desasosiego sísmico, que sin duda fue el responsable de su eventual hundimiento. Probablemente, la parte más grande de su área de superficie se hundió durante un prolongado periodo de tiempo. Pero el gradual asentamiento de esta gran masa de tierra, sobre los profundos y eternos fuegos de la cordillera del Atlántico medio, podría haber hecho del futuro hundimiento de la isla, un asunto mucho más explosivo.[15]

Las fuerzas a las que les llevó millones de años hundir una masa de tierra continental, una vez concentradas, podrían hundir una sola isla volcánica en unas cuantas horas. El resultado cataclísmico de inconcebibles presiones como esa, ejerció presión sobre un punto focal tan pequeño que se podría comparar con un evento nuclear mayor. Entre más se acumulaban las derretidas fuerzas de la cordillera del Atlántico medio dentro y debajo de la Montaña Atlas, más potentes eran las presiones que, con el tiempo, se lanzarían al aire en una erupción. Esto resultaría en la más explosiva clase de volcán, uno conocido como compuesto. Se forma cuando la lava y el desperdicio de roca son forzado violentamente desde un conducto central. El ejemplo mejor documentado de un compuesto fue el volcán Anak en la isla de Krakatoa, en el estrecho de la Sonda entre Java y Sumatra. En 1883, Anak detonó con la explosiva magnitud de bombas atómicas de más de doscientos veinte megatones.

Su cima de 425 metros fue literalmente vaporizada y al final, el suceso excavó un hoyo en el fondo del océano Pacífico, de unos 579 metros de profundidad, mientras que lanzaba hacia la atmósfera desde el centro de explosión grandes rocas de 2 metros de largo, a cuarenta kilómetros. La ola de 45 metros de altura que creó, empujó a través de la faz del océano por cientos de kilómetros, ahogando a treinta y seis mil personas. El Dr. Ewing reportó descubrimientos de señales de una catástrofe similar en las inmediaciones generales de la Atlántida de Platón: "Yendo hacia el sur, paralelo a la cordillera, cruzamos las profundidades Hirondelle sobre la plataforma de las Azores, la base de las islas, donde nuestro sondímetro mostró un gran agujero que tenía 1,809 brazas* de profundidad (30,244 kilómetros), como si un volcán se hubiera desplomado ahí, en algún momento en el pasado".[16]

El hecho de que esta colapsada isla volcánica sea en realidad el lugar de la Atlántida perdida, sólo puede ser determinado por una bien equipada expedición submarina. La derrumbada montaña de la profundidad Hirondelle es otro posible sitio de la isla perdida. Ambas

---

*N.T. Unidad de longitud utilizada en marina, equivalente a 1.6719 metros.

zonas concuerdan con las esenciales cualidades para una identificación como esa, en aquella en que las dos estuvieron sobre el nivel del mar en la proximidad general de la ciudad perdida de Platón, antes de ser sumergida por una catástrofe natural.

TESTIMONIO VIVIENTE

Adicionalmente, existen ejemplos de curiosos fenómenos naturales que sugieren la anterior existencia de una gran isla en el Océano Atlántico. Cada tres o cuatro años, cientos de miles de lemmings* europeos *(Lemmus lemmus)* se echan de cabeza desde las costas noruegas, nadando lejos en el Océano Atlántico, donde se retuercen en una aterrorizada búsqueda de tierra firme, antes de hundirse. Los pequeños roedores no empiezan este extraño viaje en grupos, sino que por lo general lo hacen individualmente, reuniéndose con los otros hasta que el número crece en una gran masa. Se han rechazado a la sobrepoblación y a la falta de recursos alimenticios locales como la causa de este fenómeno; expertos en animales no entienden el por qué se llevan a cabo las migraciones autodestructivas.

Pero es la singular *manera* en la cual este proceso ocurre, lo que señala a algo especial en su patrón migratorio. Los lemmigs tienen una natural aversión al agua y dudan en entrar en ella. Cuando se enfrenten a ríos o lagos, nadarán sólo si están seriamente amenazados y de otra forma, se moverán por la costa o el banco. Sus migraciones en masa hacia el océano, contradicen dramáticamente todo lo conocido sobre las criaturas.

Los expertos en el comportamiento animal reconocen que los lemmings buscan cruces de tierra, cuantas veces les es posible y tienden a seguir los caminos hechos por humanos u otras criaturas. ¿Podría su instinto suicida ser un persistente patrón de comportamiento establecido hace miles de años, cuando algún puente de tierra, hace mucho desaparecido, conectaba la costa noruega con una isla en el Atlántico? Tres géneros de lemmings *(Dicrostonyx, Myopus* y *Synaptomys)*, cuyos hábitats no tienen

*N.T. Pequeño ratón de Noruega

una supuesta relación geográfica a una isla como esa, no participan en migratorios suicidios en masa.[17]

Estos animales tampoco son los únicos que tienen instintos autodestructivos, que los conducen en dirección al Atlántico medio. Algunas especies de aves noruegas, en especial dos tipos de halcones, vuelan lejos sobre el mar, circundando en vacíos tramos de agua y luego caen exhaustos a la superficie. De frente a la sumergida isla del Atlántico, en el otro lado del océano, las mariposas Catopsila de Guyana se comportan en la misma forma, aunque los machos no hacen círculos a la deriva antes de una zambullida final. En lugar de eso, se les ha visto clavarse directamente entre las olas. Como coincidencia, la sumergida masa de tierra que los geólogos de la Universidad de Miami descubrieron, en las cercanías de la zona de la fractura Vema en 1971, se encuentra en la posición señalada por la Catopsila, muchas de la cual sin duda generaciones visitaron tierra firme antes de su desaparición. Su persistente relación instintiva con la antigua isla, significa que debe de haber estado sobre el nivel del mar, en el reciente pasado geológico, posiblemente hace sólo unos cuantos miles de años.[18]

El fuerte instinto migratorio de la anguila Sargazo conduce a decenas de miles a su muerte, en un área del Atlántico más cercana a lo que, posiblemente, fue la línea costera del noroeste de una masa de tierra ahora sumergida debajo de las Azores. Es interesante que las migraciones de los lemmings y las aves noruegos, las de la Catopsila de Guyana y de las anguilas Sargazo, cruzan en la misma posición general del Atlántico medio. *Nostophilia* es el término que los expertos en comportamiento animal usan, para describir el aparente instinto de ciertas aves, insectos y otras criaturas de migrar distancias muy grandes.[19] ¿Algún recuerdo conductista de una grande y perdida isla, que albergó y nutrió a incontables generaciones de aves y otros animales sobrevive aún en las memorias evolutivas y los convincentes instintos de sus descendientes?

La evidencia geológica y biológica tiende a apoyar la historia de una catástrofe en la Atlántida. Mientras que se ha establecido que una masa de tierra lo suficientemente grande para pasar por el mítico reino, yace bajo el área del océano que la leyenda le asignó, todavía no se puede confirmar la prueba de su hundimiento, por lo menos durante los periodos Medio y Alto del Neolítico (en otras palabras, en un tiempo en el que el hombre podría haber ocupado la isla con algo más que los rudimentos de una antigua sociedad). Aún así, la conocida historia y la observable actividad de la cordillera del Atlántico medio, se adaptan perfectamente al área del océano descrito por Platón como el lugar de la Atlántida. Aparte de eso, existen las incontables migraciones suicidas de especies totalmente diferentes de animales, desde cuadrantes muy separados, llegando al mismo punto en mares vacíos en la misma vecindad general, como la antigua gran masa de tierra que se encuentra en la tradicional ubicación de la isla de Platón.

Estas consideraciones no pueden en lo absoluto establecer la existencia de la Atlántida. Pero cuando dos ciencias tan diferentes una de otra, como la geología y la biología, llegan a conclusiones similares, el factor de credibilidad sube a un nuevo nivel. Y si, como espero mostrar, la evidencia biológica y geológica está además apoyada por la historia, la arqueología, la mitología comparativa y otras ciencias, entonces la probabilidad puede ceder paso a la certeza.

ATLAS SURGE

Atraída entre el continente euroafricano que migra hacia el Este y el americano que va hacia el Oeste, las profundas fuerzas de la tierra pueden sin duda, haberse abierto para aniquilar una isla situada en lo alto de la falla resultante. Y algo mucho más parecido a un continente, después de todo, formó la primera masa de tierra atlántica. La cuenca de las Canarias, junto con la abismal llanura ibérica de la cuenca europea occidental eran tierra firme (aunque posiblemente no contiguas), unos cuatro mil seiscientos sesenta y siete kilómetros de largo por dos mil cuatrocientos catorce kilómetros de ancho a través de su punto más amplio. Kenneth Caroli, un notable atlantólogo y escritor de artículos para la revista *Ancient American,* escribió, "Esta puede ser la extensión que ahora cubren los vestigios de la isla, pero es muy poco probable que alguna vez haya sido una gran masa de tierra. Si algo, es probable que se asemeje a tiras de espaguetis extendiéndose desordenadamente por la superficie del océano, o a largos pedazos de tela rasgada de un vestido".

Pero eso fue mucho antes de la evolución humana. Sin embargo, su prolongada inmersión debe haber empezado con su nacimiento, porque las mismas fuerzas del movimiento continental que crearon este territorio del Atlántico medio, también menoscabaron su fundación en el desgarrado fondo del océano. Sin duda, la masa de tierra atlántica sufrió muchas convulsiones cataclísmicas, que alguna vez hicieron que se hundieran más grandes áreas de tierra firme, hasta que el una vez continente, se encogió para cubrir un área más pequeña a la del actual Portugal; a lo mejor, el área identificada por los geólogos e investigadores de la Universidad de Miami, a bordo de embarcaciones como el *Glomar Challenger* y el *Atlantis*.

La teoría de la placa tectónica empezó a aceptarse a finales de los años 60s del siglo XX. Se puede usar para explicar no sólo la existencia de un fragmento continental Atlántico, sino también su eventual hundimiento y final destrucción volcánica: conforme los continentes euroafricano y americano se alejaron uno de otro, y el fondo marino se expandió, los continentes arrastraron largos puentes de tierra hacia Marruecos, Portugal y otras partes de Europa. Mientras los continentes siguieron empujando desde un centro común, grandes fracturas se desgarraron en el extendido fondo del mar, de este modo, creando una alargada zona de inestabilidad sísmica perpetuamente irritada por fuerzas dividiendo los continentes.

El continente atlántico descansó sobre esta falla, la que atizó hoyos volcánicos en la tierra, sobre el liberado magma que fluía hacia arriba. La fisura no podría soportar de forma indefinida toda una masa de tierra de este tamaño y, con el tiempo, más y más de él cayó al mar, quedando como resultado una isla más pequeña que Portugal. También ésta empezó a colapsarse, dejando atrás sólo los picos de las montañas más altas, que permanecieron sobre el nivel del mar. Se convirtieron en las islas Atlas, Canarias y Madeira —todas ellas con una gran actividad volcánica y sísmicamente inestables. Mucho después, en los tiempos históricos, las presiones acumuladas fueron demasiado para contener la relativamente pequeña chimenea de Atlas y la isla sufrió una aniquilación comparable a la de Krakatoa o una explosión nuclear mayor.[20]

El cataclismo de la Atlántida no fue una anormalidad geológica, sino más bien se encuentra entre las más espectaculares de su clase. Hubieron otras. El 24 de noviembre de 1934, la Prensa Asociada reportó el hundimiento de una isla fuera de Trinidad, en las Indias Británicas Occidentales, durante sólo un día y una noche, recordando los relatos de Platón sobre la Atlántida. Ejemplos como éste y similares se combinan, para retratar el Atlántico medio como un escenario creíble para un desastre natural, comparable al descrito por el filósofo griego.

¿FUE LA ATLÁNTIDA UNA PEQUEÑA ISLA GRIEGA?

Aunque por lo general, la mayoría de los investigadores han asociado a la Atlántida con el Océano Atlántico, como sugiere un predominio de la evidencia, en ocasiones teóricos extremistas le han asignado otros lugares a la isla, algunos de ellos muy extravagantes, casi siempre por motivos ocultos. Es posible que la más reciente de estas excéntricas interpretaciones ganara alguna aceptación entre los arqueólogos e historiadores profesionales, porque no perturba su tendencia en contra de los viajes transoceánicos en los tiempos pre-clásicos. La teoría que perteneció a K. T. Frost, un escritor anterior a la Primera Guerra Mundial, del *Journal of Hellenic Studies*, quien cambió a la Atlántida del Oceáno Atlántico a la isla mediterránea de Creta. Desde entonces, su hipótesis se ha expandido por (es posible que no sorprendentemente) muchos eruditos griegos (incluyendo Galanopoulas, Marinatos y otros) para abarcar la isla Egea de Santorini, conocida como Thera, en la antigüedad.

Su defensa de la Atlántida griega fue lo último en la desventurada y chovinista tendencia sobre el pasado, de algunos atlántologos para asociar sus propios antecedentes nacionales con la perdida civilización. Para el pastor Jurgen Spanuth, de Alemania, la Atlántida se encontraba en Heligoland, una isla en el Mar del Norte fuera de la costa alemana. Henrieta Mertz, un nombre aún respetado en el círculo de difusionistas, creyó que los terraplenes pre-colombinos en su nativo Estados Unidos eran las ruinas de la Atlántida. Por lo menos, un investigador sueco dijo que ella estuvo en Suiza, otro, británico, escribió que estuvo en Inglaterra y un reciente atlantólogo canadiense y uno capaz, apuntó que yacía fuera del mar del Labrador.

Tales motivaciones extra-científicas para, convenientemente encontrar la isla de Platón en los mismos lugares de origen del investigador, le han quitado credibilidad a la búsqueda. Pero los motivos que actualmente conducen a profesionales eruditos de todas las nacionalidades (en especial, ahora, los norteamericanos) para insistir que Creta o su isla vecina y la Atlántida son una y la misma, son más dañinos. Por lo tanto, es importante entender por qué desean encontrar una explicación convincente para la Atlántida, en lo que se ha llegado a conocer como la Hipótesis Minoica.

La isla de Thera formó parte del imperio comercial minoico y las excavaciones en Santorini descubrieron una antigua y avanzada civilización que una vez floreció en ese lugar. De hecho, la pequeña isla fue una montaña volcánica que hizo erupción de forma muy parecida a la de Anak en Krakatoa; la isla casi literalmente se sumergió en el océano. Una pared de agua de sesenta metros de altura cayó sobre Creta y desbarató sus puertos costeros, mientras que los terremotos que la acompañaron dañaron seriamente a la capital, Cnosos, tierra adentro. Este desastre natural desestabilizó tanto a los cretenses, que no pudieron organizar una efectiva resistencia contra la agresión de Micenas, y su civilización desapareció, asimilada en parte por los invasores griegos. Aprovechando estos eventos de más de mil años antes a su tiempo, para describir la Atlántida, Platón tomó como modelos a Creta, a Thera o ambas, una analogía de su estado ideal.

Thera es sólo una fracción de la extensión de la Atlántida de Platón, yace en el Mar Egeo, en vez de en el Océano Atlántico que él especificó, y fue eliminada siete mil ochocientos años después de la destrucción descrita en los *Diálogos*. Estas aparentes discrepancias son hábilmente descartadas por algunos eruditos que asumen que la narración de Platón sea exagerada por un factor de diez, ya sea que haya sido algo deliberado del propio Platón, para hacer un cuento más grande o por los traductores, que interpretaron mal la versión original de la historia de la Atlántida, escrita en egipcio.

Existen similitudes entre la cultura atlante descrita en la narrativa de Platón y lo que los arqueólogos saben sobre la civilización cretense del este del Mediterráneo. Por ejemplo, los toros formaron parte de las ceremonias rituales en la antigua Creta, igual que lo fueron en la Atlántida de Platón. Ambos, los atlantes y los cretenses construyeron grandes palacios y poderosas ciudades, operaron talasocracias (o poderes marítimos), practicaron un culto de baluarte, comerciaron con metales preciosos y tenían elefantes en libertad. Eumelos, citado por Platón en el *Critias* como el primer rey atlante después de Atlas, se hace eco en la isla cretense de Melos. En realidad, en una inscripción griega en Thera, se le menciona. Hasta el arreglo concéntrico de la capital atlante, como lo describe Platón, puede hasta la fecha ser visto en las aguas de la Bahía de Santorini.

Los teóricos cretenses argumentan que sólo en el Mar Egeo tienen tractos de tierra relativamente pequeños, que alguna vez desaparecieron de repente bajo la superficie del agua. Un ejemplo como ese es la ciudad de Helice, en el Golfo de Corinto. Ellos gobiernan el Océano Atlántico y las Azores, porque se supone que se sabe que ninguna isla se haya hundido durante los pasados setenta y dos mil años. Las numerosas leyendas de inundaciones, en particular la épica babilónica de Gilgamesh, están citadas como evidencia literaria de la destrucción de Thera.

Es verdad que, como la Atlántida, Thera fue una isla volcánica y la gente que vivió en ella, parte de una avanzada talasocracia, desapareció después de que la primera montaña de la isla explotara y se hundiera en el mar. Pero al moverse más allá de esta comparación general, la Hipótesis Cretense empieza a desenvolverse. Thera fue una colonia menor cretense, un pequeño puesto de avanzada, no su capital, como los *Diálogos* han descrito a la Atlántida. Las influencias micénicas del continente griego, suplantaron a la cultura minoica en Creta, pero la transición parece haber sido no violenta en gran parte, si no en su totalidad, ciertamente nada semejante al alcance de la guerra atlante-ateniense de Platón, que lucharon a través del mundo Mediterráneo.

Los cretenses nunca hicieron un movimiento para ocupar Italia o Libia, ni amenazaron con invadir Egipto, como se supone que hicieron los atlantes. De todo lo que los estudiosos han podido aprender sobre ellos, los cretenses estuvieron en extremo en contra de la guerra y más interesados en el comercio que en las conquistas militares, mientras que a los atlantes se les pinta agresivamente belicosos. Como un muy importante escritor sobre el tema concluye, "la candidatura de Thera como la de la Atlántida, descansa en mayor parte, únicamente en su destrucción cataclísmica, mientras que la historia de Platón tiene mucho más que ver con una guerra entre dos pueblos antagónicos, que con el desastre que más tarde agobió a los dos".[21]

Un caso de identidad equivocada

Los cretenses operaron una dinámica marina para combatir a los piratas y mantener abiertas las rutas del comercio internacional, pero sus ciudades cretenses no estaban circundadas por altas murallas o almenas de ninguna clase; compare a Cnosos o Faistos, que no contaban con fortalezas, con las armadas torres y murallas que rodeaban la Atlántida. Además, estas dirigentes ciudades cretenses fueron diseñadas en un canon arquitectónico de cuadrículas, a diferencia de los círculos concéntricos sobre los cuales estaba construida la Atlántida.

De hecho, algunos teóricos dicen haber visto un concéntrico arreglo circular como ese bajo el agua, en la bahía creada cuando la montaña volcánica de Thera colapsó en el mar.[22] Pero Dorothy B. Vitaliano, una prominente geóloga especializada en vulcanología, junto con el U.S. Geological Survey, reporta que la subterránea topografía en Santorini "no existía antes de la erupción del volcán de la Edad de Bronce; ha sido creada por la subsiguiente actividad que formó las islas de Kameni en la mitad de la bahía, a la cual se agregó una substancial cantidad de tierra tan recientemente como 1926. Cualquier rastro de la pre-colapsada topografía, habría estado desde mucho antes enterrada bajo la pila de lava, cuyas más altas porciones emergen para formar estas islas".[23] Es claro que un reciente rasgo geológico se ha tomado equívocamente por una antigua ciudad. Estructuras diseñadas en círculos concéntricos no dominaron en el Mediterráneo, sino en el Atlántico, como se encontraron en los templos circulares de las islas Canarias y en Stonehenge en Gran Bretaña.

Caroli señala que "la capital atlante yace en una sustancial llanura, rodeada por altas montañas en una gran isla. No corresponde esta descripción a Thera. Los cretenses y los theranos no chapearon los pisos, paredes y columnas con metal, como Platón dice que los atlantes hicieron. Su descripción del templo de Poseidón implica una estructura con paredes cubiertas de metal, decorativos pináculos y por lo menos dos columnas, que estaban cubiertas de metal. Todo esto suena como un templo Fenicio de la Edad de Bronce. Las ofrendas votivas, también. La gran estatua de Poseidón recuerda más a la escultura egipcia o griega clásica. Del mismo modo, las estatuas de reyes y reinas son más egipcias y hasta etruscas. Nada de esto semeja a algo que pertenezca a los cretenses, que no chapeaban sus edificios públicos con metal, no tenían columnas grabadas ni esculpían colosales estatuas alrededor".[24]

El enorme templo de Poseidón, descrito por Platón como la pieza central de la civilización atlante, no es de ninguna manera cretense, porque estos realizaban sus cultos en cuevas sagradas y en santuarios en las cimas de las montañas, no en templos públicos. Reverenciaban una variedad de deidades, siendo la Madre Tierra, la Diosa de la Caza y el Dios de las Bestias, los más importantes entre ellas. Nada sugiere que se les hubiera ocurrido una figura semejante a Poseidón o a Atlas.

La Atlántida presenta canales de intercomunicación y yace cerca del mar; Phaistos y Cnosos están tierra adentro y no tienen canales. Los sistemas de canales e irrigación que Platón atribuye a la Atlántida eran inmensos y complejos, en una gran escala similares a aquellos construidos por los egipcios, sumerios, chinos, mayas y Chimú pre-Incas. Cártago, Tiro y hasta la capital azteca, Tenochtitlan, presentan gigantescas plantas de tratamiento de agua, fundamentalmente similares a aquellas que se le atribuyen a la Atlántida; nada de tal clase existía en Cnosos o en cualquier otra ciudad cretense. Ni Cnosos ni Phaistos tuvieron puertos, porque las ligeras embarcaciones cretenses podían subirse a la playa, a diferencia de los barcos atlantes trasatlánticos, que requerían de los puertos de agua profunda que se mencionan en el *Critias*. En cualquier caso, el arreglo de puertos descrito por Platón, no habría sido posible en el Mar Mediterráneo oriental, ya que el canal principal habría sido maloliente sin el fluir y refluir de las mareas que sí ocurren "más allá de las Columnas de Hércules". Este solo punto es suficiente para probar que Platón estaba describiendo un lugar en el Océano Atlántico, no en el Mar Egeo.

Melos, la isla cretense asociada por algunos eruditos con el Rey Eumelos de los *Diálogos* de Platón, es tan pequeña, que nunca podría haber soportado la capital de un gran reino. El *Critias* establece que Eumelos gobernó sobre una región cercana a las Columnas de Hércules, llamada Gades, hoy Cádiz, en la costa atlántica de España. En Platón, todo eso es muy cierto. Se necesita tener una imaginación muy amplia para no hablar de los hechos, para reubicar a Eumelos en el Egeo. Aunque no es el único nombre que se menciona en los *Diálogos,* que sin duda, aparece en el Mediterráneo oriental, ningún otro rey atlante encuentra una relación en esa parte del mundo.

Ciertamente nombres atlantes abundan por toda la Europa atlántica, África del norte, las Canarias, hasta en México y Colombia. Se pueden dibujar líneas paralelas entre Eremon, un antiguo rey irlandés que sobrevivió una gran inundación y Euaemón, un rey atlante que se menciona en el *Critias*. Diodoro Sículo y Herodoto describieron a los atlantes, habitantes de la costa de Marruecos. Teugueste, una provincia pre-conquistada en la isla Canaria de Lanzarote, se parece a Taegaete, una Atlántide o Hija de Atlas en la leyenda griega. Aztlán fue la antigua isla de los aztecas en el Este. El nombre de Musaeus, un rey atlante documentado por Platón, encuentra un eco en los indios muiscas de Colombia, que por casualidad tienen una leyenda de una inundación en su mitología.

Reductio ad absurdum

Los teóricos cretenses argumentan que cuando Platón escribió que la Atlántida se encontraba más allá de las Columnas de Hércules, no quiso decir que la isla estuviera en el Océano Atlántico, sino que de hecho, fuera del Estrecho de Melea, lejos del Peloponeso griego; ellos dicen que esta área, no el Estrecho de Gibraltar, deben haber sido las genuinas Columnas de Hércules.[25] A un lado de su fracaso para producir ni una sola pizca de evidencia que sugiriendo que el Estrecho de Melea fuera las originales Columnas de Hércules, se supone que los atlantes habrían conquistado Italia y Libia, y amenazado a Egipto y Grecia, todo lo cual Platón describe como ubicado "dentro" de las Columnas de Hércules, una imposibilidad geográfica si quiso decir el Estrecho de Melea. Después de todo, describe a la Atlántida como "Atlantykos nesos", la "isla *Atlántica*". Además, en la *Odisea* (I, 53), Homero retrata a Atlas como "el guardián de las Columnas de Hércules", lo cual, de forma inequívoca, pone al primer rey de la Atlántida fuera del Egeo, lo que Homero describe que se encuentra lejos del Este de Atlas. Como Caroli explica, "no existe un estrecho entre Egipto y Creta o Thera, ni se sabe que 'las Columnas de Hércules' haya sido el nombre de alguno de ellos".[26]

Se supone que la isla de la Atlántida fue rica en metales preciosos: Creta y Thera tienen poco. Los atlantes manejaban pesados carruajes de tres hombres; los cretenses preferían los más ligeros, de uno o dos hombres.

Un error diez veces mayor, al traducir de la original lengua egipcia al griego, parece poco probable, cuando uno ve los números egipcios del 100 al 1,000. Como el connotado investigador británico, Andrew Collins señala, "Esos egiptólogos que se han tomado el tiempo de examinar el problema, sostienen que no pudo haber ocurrido una confusión como esa. Los jeroglíficos usados para indicar los valores numéricos de cien y mil, son muy diferentes a la vista. Solón, el legislador ateniense que escuchó la historia de la Atlántida relatada por los sacerdotes del templo en el Nilo Delta, cerca del 550 a.C., o alguien más, no pudieron haber cometido un error como ese".[27] Además, existe un hecho evidente de que Creta no se hundió en el mar, como se afirma que sucedió con la Atlántida. Es cierto que la montaña volcánica Thera colapsó, pero su isla sobrevive hasta nuestros días; en el *Critias,* la ciudad y la isla fueron destruidas en su totalidad. Los defensores de una Atlántida Egea, podrían también clamar cualquiera de la media docena de otros sitios bajo el agua. El sumergido Santuario de Apolo en Halieis, al sur de Grecia, o la ahogada isla de Faros, una de las siete maravillas del mundo antiguo, fuera de las costas egipcias de Alejandría, parecen no menos elegibles que Thera.

Que se practicaran rituales que involucraran toros, tanto en la civilización atlante como en la cretense, no prueba nada, ya que el animal era venerado de igual forma en el continente de Grecia, Egipto, Asiria, el Imperio Hitita, Iberia, por todo el occidente de Europa, retrocediendo en el tiempo tanto como hasta el Neolítico y el Paleolítico. Otra criatura juega su propia parte en la comparación. El *Critias* reporta que en la isla de Atlas había elefantes. Es cierto que un "elefante pigmeo" habitó en Creta, pero se extinguió cerca del 7000 a.C., un total de mil años antes de que los primeros humanos llegaran y cuatro milenios antes de que empezara la civilización minoica. Nunca un elefante puso la pata en Thera. Artesanos de las dos islas trabajaron el marfil, todo importado de África.

La breve pero importante mención de Platón de los elefantes de la Atlántida, establece la veracidad de su narrativa y al mismo tiempo confirma el lugar de su sumergido reino, cerca del Atlántico. Un número de la revista *Science,* de 1967, reporta el descubrimiento de dientes de mastodontes y mamuts, de la Plataforma Continental Atlántica, de trescientos veinte a cuatrocientos ochenta kilómetros fuera de la costa portuguesa. Se recogieron numerosos especímenes de por lo menos cuarenta diferentes lugares bajo el agua, por toda la Cordillera Azores-Gibraltar, algunos a una profundidad de 109 metros. Los dientes se encontraron en costas sumergidas; depósitos de turba, bancos de arena causados por la superficie de las olas rompiendo contra una playa y depresiones que con anterioridad contenían lagunas de agua dulce. Estas características prueban que anteriormente el área fue tierra firme.

El escritor de *Science* concluyó, "evidentemente, los elefantes y otros grandes mamíferos deambularon por esta región durante la era glacial de un bajo nivel de mar, de los últimos 25,000 años".[28] Aún más, se sabe que los elefantes habitaron las costas del noroeste del actual Marruecos, que está de frente al lugar de la Atlántida y en la intersección de un puente de tierra desaparecido, que conducía al océano, hace tanto como el siglo XII a.C. Tanto Platón como Homero escribieron que los atlantes trabajaron el marfil en grandes cantidades, labrando ornamentalmente techos tallados de este precioso material. La presencia de una nativa población de elefantes en la isla Atlas, habría sido una disponible fuente de dicho material. En apariencia, estos dos puntos no conectados en los *Diálogos* —la existencia de paquidermos en la Atlántida y el uso generoso del marfil, por parte de los atlantes— son evidencia de que existieron manadas de esos animales, lo que parece confirmarse por los hallazgos en aguas profundas. A no ser que Platón lo haya leído en un documento auténtico que describiera a la Atlántida, él nunca podría haber adivinado que los elefantes alguna vez habitaron un área del mundo, que está cubierta por el océano en la actualidad.

Un océano de islas sumergidas

Existen muchos ejemplos para refutar a los teóricos cretenses, quienes reclaman que ninguna gran masa de tierra se ha hundido en el Océano Atlántico. Las islas Fernando de Noronha fueron puntos de disputa entre Gran Bretaña y Portugal, hasta que se hundieron después de una semana de actividad sísmica en 1931.[29] Tampoco la Atlántida fue la única isla-ciudad que se ha ido bajo el Atlántico. El Mapa de Janonius de 1649 identificaba a Usedom, anteriormente un famoso mercado, que fue tragada por las olas del mar. Cinco siglos antes, el cartógrafo árabe Edrisi mencionó la misma isla. En efecto, la ciudad en cuestión, Vineta, se localizaba en la esquina noroeste de la isla de Usedom, que se encontraba cerca de la isla Rugen en el Mar del Norte. Sus cinco mil habitantes estaban involucrados en un floreciente comercio con los Alemanes, Eslavos, Árabes y por último, los cristianizados vikingos de Dinamarca. Estos últimos saquearon el lugar en 1098, después de lo cual, Vineta fue abandonada y, por los siguientes doscientos años, se deslizó en el mar. Para 1304 había desaparecido por completo, aunque monedas y numerosos artefactos menores aún se están dragando en sus alrededores.

Vineta es la sumergida civilización que Spanuth confundió con la Atlántida, cuyo hundimiento es anterior al de Usedom por varios miles de años.[30] La isla Frisia al norte de Rungholt, cerca de la isla de Suedfall, aunque no tan grande como Usedom, estuvo de igual manera una vez habitada antes que se hundiera casi al mismo tiempo que Rungholt. Parte de ella volvió a emerger cerca del 1310 d.C. Increíblemente, a finales del siglo XIX todavía se podían ver surcos dejados por agricultores de Rungholt, de principios del siglo XIV y fueron examinados por el notable arqueólogo Andreas Busch. En su apogeo, los comerciantes de Rungholt sostuvieron un entusiasta comercio con Hamburgo y Flandes, como se documentó en los registros de comercio conservados en Ghent.

Por supuesto, ninguna de estas islas fueron la Atlántida, pero sí demuestran que, de ninguna manera, un evento atlante estuvo más allá del alcance geológico del Océano Atlántico. Islas grandes y pequeñas han sido tragadas, algunas veces en cuestión de días u horas. La destrucción de la ciudad jamaiquina de Port Royal fue parecida a la de la metrópolis de Platón. Su similitud con ésta última no es un poco raro. Como su antigua capital, Port Royal fue una capital de poder y pecado, una ciudad portuaria cuyos capitanes, errantes del mar, estuvieron bien familiarizados con la piratería.

Al final del siglo XVII, los capitanes de Port Royal y los residentes habían amasado fortunas por medio del comercio y la piratería, mientras que su ciudad brillaba con majestuosa opulencia. El lugar fue convertido en fábula desde Gran Bretaña hasta la India por su prosperidad, influencia y degeneración. En la cumbre de su placentera decadencia, una serie de tremendos y poderosos terremotos golpeó la isla. Precisamente a las 11:43 de la mañana del 7 de junio de 1692, toda la ciudad, incluyendo su espacioso puerto, colapsó en el mar. Más de ocho hectáreas de la isla desaparecieron bajo las olas y dos de sus montañas se movieron casi cuatrocientos metros.

La catástrofe duró sólo tres minutos, durante los cuales dos mil personas murieron. Durante los siguientes tres siglos cada vez más, el puerto fue considerado como una leyenda, hasta la mayoría de los historiadores dudaron que alguna vez hubiera existido un lugar como ese. No fue sino hasta los años 60s del siglo XX, que un moderno equipo submarino de investigación descubrió a Port Royal en el fondo del Mar Caribe. Increíblemente, muchos edificios permanecen de pie y miles de artefactos aún se están recuperando, incluyendo un reloj que se detuvo en el momento exacto en que el terremoto golpeó, verificando la hora del desastre.[31] A los historiadores les llevó menos de trescientos años despojar a Port Royal de su realidad y consignarla a su reino de leyenda. Los escépticos y detractores han tenido mucho más tiempo para descartar a la Atlántida. Pero las versiones más avanzadas de la tecnología que encontró Port Royal, algún día harán lo mismo con la isla perdida de Platón.

Un laberinto de desinformación

La leyenda de inundación común a la épica de Gilgamesh, el Viejo Testamento y los antiguos mitos, no pueden haber resultado de la destrucción de Thera, porque el mito del diluvio, que sobresale en la civilización de Medio Oriente, sigue la huella en retrospectiva hasta los orígenes sumerios, precediendo la caída de la Creta minoica por más de mil años. Además, la tradición griega de Theras, el mítico fundador de Thera, no comparte ningún elemento en común con la historia de Platón, ni sugiere nada remotamente atlante.

La Hipótesis Minoica estuvo tan de moda entre los arqueólogos durante la década de 1970, que el afamado oceanógrafo Jacques Cousteau gastó mucho tiempo y energía, más de casi $2 millones de dólares que proporcionó el gobierno de Mónaco, para la búsqueda de las profundidades alrededor de Santorini. De ese modo, tentado por la fascinante teoría diseñada para descartar a Platón, no para explicarlo, la investigación de Cousteau no llegó a nada que se pareciera a la Atlántida. Pero aún antes de sus expediciones, los defensores de la Hipótesis Minoica empezaron a perder terreno entre sus colegas.

R. W. Hutchinson, una autoridad sobre el Antiguo Egeo, concluyó, "Sin embargo, está claro que el mismo Platón no identificó a la Atlántida con Creta y si utilizó la tradición que se refiere a la Creta Minoica, no estuvo muy enterado de alguna conexión entre ellas".[32] Desmond Lee, el contemporáneo traductor de los *Diálogos*, que trabaja para Penguin Books, considera la historia de la Atlántida de Platón como el más antiguo ejemplo conocido de ciencia ficción, pero rechaza la Hipótesis Minoica: "en realidad no creo que el barro del Atlántico sea el arenal de Syrtes (en el Egeo); tampoco ningún otro detalle convincente de Frost. Ciertamente puede haber una copa minoica que muestra un toro atrapado en una red [la Copa Vapheio, un artefacto minoico descubierto en un contexto micénico en el territorio de Grecia]; pero no puedo ver una conexión real entre el más bien complejo ritual de Platón y lo que conocemos como el Toro de Minos . . . cualquier caza de relación de detalle entre la Atlántida y Creta minoica es una pérdida de tiempo".[33]

Mientras que a primera vista y a distancia, la Hipótesis Minoica puede parecer justificable, empieza a desintegrarse conforme uno se acerca más. Casi punto por punto, una Atlántida egea no concuerda con la honesta historia de Platón y es uniformemente contradictoria, debido a la evidencia de geología, historia y mitología comparada. Como un esfuerzo deses-perado, para salvar algo de su excusa de una interpretación cretense, sus defensores reclaman que Platón sólo usó el resumen general de lo sucedido en Thera, como un vago marco histórico sobre el cual presentar su noción de una consumida cultura en el ficticio aspecto de la Atlántida.

Pero ahí, también, ellos cometieron un error, porque, según señala Lee, los *Diálogos* definen a la Atlántida como el enemigo del idealizado estado de Platón. ¡Se ha insistido tan a menudo en que él inventó la Atlántida para ejemplificar su sociedad ideal, que hasta el editor repite este concepto equivocado, en la contraportada de la propia traducción de Lee! En cualquier caso, la ideal ciudad que Platón sí describe, Megara, es cuadrada y no circular.

Pero sólo se requiere una pieza de evidencia para anular la Hipótesis

Minoica de un solo golpe. La piedra angular sobre la cual dependen sus defensores, es la fecha del colapso del volcán de Thera en el mar, porque fue este desastre, argumentan, lo que derrumbó la civilización minoica en el 1485 a.C. La destrucción inflingida por los tsunamis, que chocaron por todas las costas de la antigua Creta y los terremotos que hicieron caer sus ciudades, fue aprovechado por las armadas griegas, que tomaron ventaja de la catástrofe natural para iniciar la guerra sobre los desorganizados cretenses, hundiéndolos en una oscura era de la que nunca emergieron.

Los geólogos han descubierto la fundamental fecha de erupción, por medio de la evidencia en los centros de hielo. Caroli explica que

los centros de hielo revelan "picos de acidez" en los momentos de mayor erupción, porque la ceniza cae sobre las capas de hielo y afecta su química. Los grandes centros por los conductos huecos usados como perforadoras, (algunos cientos de metros de longitud) tomados desde Groelandia y la Antártida, han sido examinados para determinar el pasado clima de la Tierra. Al analizar la química de estos centros, se pueden encontrar "picos de acidez" muchos de estos visibles, a simple vista, como oscuros depósitos en el hielo, hechos por la ceniza que cayó hace mucho. Algunos de estos centros tienen capas anuales, como los anillos de los árboles, o los depósitos glaciales sedimentarios en los fondos del lago. Estos pueden y han sido contados por miles de años. El más antiguo de estos "grandes centros" fue perforado en 1963 en Camp Century, en Groelandia central del Norte. Por años, fue el único centro que retrocedió lo suficiente en el pasado y ha sido estudiado en gran detalle, para potencialmente revelar el momento de la erupción de Thera.[34]

La fecha a la que se llegó fué 1390 a.C., más o menos 50 años, demasiado tarde y de alguna manera "incompleta" para los teóricos cretenses, que actualizaron la fecha del centro de hielo, con una datación por radiocarbono. Diez y seis años después de la perforación de Camp Century, procedimientos más precisos se aplicaron Dye 3, al sur de Groenlandia. En palabras de Caroli,

Había un prominente pico de acidez en el 1645 ± 7 a.C., con una variable externa de 1645 ± 20. Así, el mismo estado incompleto de esa sección del centro de Camp Century, fue visto como una confirmación parcial de una fecha del siglo XVII, para la erupción.

Entonces los dendrocronólogos* intervinieron. El estudio de los anillos de árboles en el Suroeste de América, reveló un anormalmente angosto crecimiento de anillos en 1626–29 a.C. Se encontró que los anillos de árboles irlandeses, ingleses y alemanes muestran un patrón similar. Los de un tronco sacado de una ciénega china y las fechas de anillos de árboles griegos y turcos, también confirman una erupción tan antigua como del 1600 a.C.

Anillos de árboles americanos, asiáticos y europeos apoyan una fecha de 1620 a.C. La mayoría de la datación de carbono 14 de Theran, también soporta esta fecha (una vez corregida). La fecha del centro de hielo presta aún más apoyo. Además, Kevin Pang ha notado las descripciones chinas, de lo que podría ser un fenómeno de velo de polvo de una erupción mayor, cerca del tiempo en que la Dinastía Shang llegó al poder. Pang usó retrocálculos astronómicos para fechar esta dinastía del 1625 al 1575 a.C. Las fechas de la erupción del Thera están sustentadas por la investigación de Pang; la exactitud de sus cálculos están a su vez reforzados por las fechas propuestas para la erupción del Thera.[35]

La desaparición de una teoría

Ahora se entiende que Thera hizo erupción entre el 1623 y el 1628 a.C., casi ciento cincuenta años antes de lo que en principio creyeron los teóricos cretenses. La importancia de esta discrepancia invalida toda su hipótesis, porque la civilización cretense no desapareció inmediatamente después de un desastre natural. "Por todas las indicaciones", Caroli señala,

---

*N.T. Dendrocronología, rama de la botánica que establece la edad de un árbol o sus vicisitudes climáticas y ecológicas de tiempos pasados, a través de los anillos concéntricos de crecimiento anual.

los cretenses no sólo sobrevivieron a la erupción, sino que alcanzaron su cúspide *después* de eso. No hubo una era oscura o pérdida de alfabetización que siguiera a la erupción, como lo describe Platón en su trabajo. En repetidas ocasiones él indica que la alfabetización se perdió en el Egeo, después del cataclismo de la Atlántida. Eso es incorrecto en relación con la erupción del Thera. Quizás, la alfabetización se expandió en la era micénica, ya que es más común encontrar la escritura Linear B en Creta, que la anterior Linear A. Algunos estudiosos dicen que la Linear B es, por lo menos, un poco más avanzada y perfeccionada, como una herramienta para comunicación, que cualquiera de los anteriores tipo de escritura egea. Creta permanece populosa y próspera por más de 400 años, después del evento de Theran.[36]

La cerámica minoica Ib tardía, con sus distintivos motivos marinos, representó la altura artística de la cultura cretense, que se alcanzó en los años que siguieron al desastre de Thera. Robert Drews, un estudioso de Princeton, especializado en estudios de la Edad de Bronce, reportó que la economía y vida cultural cretense no declinaron drásticamente después del 1400 a.C.[37] Hasta A. Kanta, un investigador de la clase dirigente, que acepta la ortodoxa datación de Thera alrededor del 1485 a.C., admitió que en este momento, la civilización cretense aún era "próspera y emprendedora".[38] En la más minuciosa inspección intentada, de la cerámica Ib cretense, Philip Betancourt encontró que el siglo XIII a.C. representó "la edad de oro de la industria de la cerámica cretense".[39]
Los defensores de una Atlántida egea apelan a la historia egipcia para corroborar, pero aquí también, encuentran contradicción a sus afirmaciones de que la erupción del Thera, hizo añicos a la civilización cretense. El faraón Amenofis mandó una embajada a las ciudades de Creta y las encontró aún ocupadas, casi cien años después de su supuesta destrucción. A finales de los años 70s del siglo pasado, se confirmó el registro egipcio, cuando excavaciones alrededor de Cnosos revelaron evidencia de la última ocupación de los cretenses en 1380 a.C., cien años más tarde de la original e incorrecta fecha de la erupción del Thera.[40]

La valoración de Caroli parece decisiva: "Y así, como resultado, la Hipótesis Minoica se queda sin batalla, sin la civilización marítima destruida por la catástrofe, el erróneo tipo de desastre, la fecha equívocada y ninguna edad oscura comparable. ¿Qué nos deja todo eso? Según pienso, no mucho".[41]

Ante todo, la Hipótesis Minoica está principalmente apoyada como una interesada evasión por parte de los eruditos convencionales, que no pueden tolerar la más pequeña consideración sobre las capacidades de un hombre antiguo para hacer viajes transoceánicos y respetan cualquier otra discusión que considere a la Atlántida como la peor herejía. Llevan tanto tiempo hechizados por el espectro de la perdida isla de Platón, que han dejado de luchar con la Atlántida y la abrazan al voltear su historia al revés, para apoyar sus muy arraigados prejuicios. Desecharon la mayoría de los detalles encontrados en los *Diálogos* y transplantaron a la Atlántida desde el Océano Atlántico al Mar Egeo, redujeron su capital a una oscura isla, contrajeron su trasatlántico imperio a una esquina del Mediterráneo oriental, ajustaron la historia para que encajara en su propia e inválida cronología, invirtieron la Atlántida de la condición original de enemigo de Platón a su estado ideal y cambiaron a los atlantes por los cretenses.

Por lo tanto, ellos son culpables de hacer precisamente eso que siempre habían condenado en los atlantólogos: hacer que los hechos se ajusten a una teoría preconcebida. Platón disfraza a Creta/Thera como la "Atlántida" y eso es todo lo que usted necesita saber. Caso cerrado. Así, impecablemente empaquetada para el consumo del público, la Atlántida como Minos puede estar tranquilizando a los intolerantes profesionales, que por mucho tiempo han deseado deshacerse del Problema Atlántida, sin dañar la credibilidad del dogma científico en estos asuntos. Pero, a pesar de eso, el suyo es un degradado y falsificado retrato que soporta escasa semejanza con el original presentado en los *Diálogos*. El insignificante material ideado para apoyar una teoría tan débil como esa, es empequeñecido por la abundante evidencia que establece la existencia de la Atlántida en el océano al cual da su nombre —el Atlántico.

¿LA ATLÁNTIDA EN LAS BAHAMAS?

Algunos atlantólogos dirigentes están en contra de los teóricos cretenses, geográfica y teóricamente, ya que creen que la isla perdida yace en la Bahamas. Un lugar lejos al oeste no se había considerado con seriedad sino hasta finales de los sesentas, cuando, en 1967, se descubrió un objeto submarino fuera del punto al norte de Bimini, una pequeña isla a ochenta y ocho kilómetros al Este de Miami. A sólo casi seis metros bajo la superficie se encontraron enormes bloques cortados en forma cuadrada, que corren en dos líneas derechas y divergentes líneas por el fondo del océano, por cerca de quinientos setenta metros, lo que a los primeros investigadores les sugirió un camino pavimentado. Los críticos profesionales lo descartaron instantáneamente, ya que lo consideraron nada más que roca de playa. Decían que la piedra caliza se había formado hace diez y siete mil años al ser bañadas por las olas. No fue diferente, dijeron, que otras formaciones naturales conocidas por todo el mundo. Si se hubiera encontrado el Camino Bimini en tierra firme en Perú, Bolivia o México, los detractores entrenados por la universidad, con rapidez lo habrían aceptado como hecho por la mano del hombre. El lugar fue declarado "natural", debido a que ellos se opusieron a la idea de que tales estructuras se encuentren fuera de los parámetros de la arqueología convencional, en especial, si sucede que esos lugares están bajo el agua.

Sin embargo, los geólogos señalan que, durante el cierre de la época del Pleitoceno, las olas no pudieron haber alcanzado lo que ahora se nombra como el Camino Bimini, porque estaba demasiado alto sobre el nivel del mar. La estructura no estuvo cubierta por el océano sino hasta cerca del 2800 a.C., emergió otra vez más o menos mil trescientos años más tarde y permaneció por encima del agua hasta aproximadamente el año 960 a.C.

Aunque la suposición de los escépticos fue invalidada por excavaciones centrales desde el lugar, a mediados de los años 80s del siglo XX, ellos todavía deciden ignorar todo lo que haya tenido lugar después de su pronunciamiento y continúan definiendo a la estructura como un trabajo de la naturaleza y no del hombre.[42] Subsecuentes ejemplos centrales revelaron fragmentos de micrita, que no tiene la piedra de playa. En 1995 buceadores del lugar recobraron granito, que no es natural de las Bahamas; la fuente más cercana es el estado de Georgia, a miles de kilómetros.[43] Además, las piedras que se encontraron juntas unas a otras en el Camino Bimini, algunas veces contienen diferentes componentes geológicos, tales como aragonita en una y calcita en su vecina más próxima, lo que no concuerda con la uniformidad química encontrada en forma natural en las existentes piedras de playa.

Como hasta un buceador casual observará, las piedras que construyen el Camino Bimini no son las mismas que una verdadera piedra de playa, que se encuentra en aguas poco profundas, fuera de la costa oeste de Bimini. Las piedras del camino son grandes, cortadas en forma cuadrada, bloques en figura de almohada puestas juntas, algunas veces una sobre otra. El Camino termina en una J completamente inusual.[44] A tres kilómetros de ahí, la piedra de playa surge en hojuelas casi cuadradas, que no están de ningún modo bien colocadas ni apiladas encima unas de otras, sino con frecuencia superpuestas en sus orillas como un mal juego de dientes, conforme curvean paralelas a la playa.

En realidad, el hecho demostrable de que el Camino corre diagonal a la anterior y antigua línea costera de Bimini, es toda la evidencia que se necesita para probar sin duda alguna, que está hecho por la mano del hombre, porque de acuerdo con una orientación como esa, habría sido imposible que se formara naturalmente en el lugar de origen. El devenir natural de la roca de playa en la isla abarca una sola capa, comparada con las tres o cuatro de piedra en el Camino. La roca de playa tiene sólo pocos centímetros de grosor; las piedras del Camino lo son *varios* más. La comparación entre la roca de playa del lado Oeste de Bimini y las del punto norte que conforman el camino, no dejan lugar a duda de que no fueron creadas por las mismas fuerzas. El Camino también contiene varias piedras base angulares con muescas que encajan en espigas, un estilo de construcción prehistórico encontrado entre las paredes andinas de Cuzco, Sacsahuaman y Machu Picchu. En algunos aspectos es increíble el parecido del Camino a estas estructuras. Aún más notorio es el parecido del

Camino Bimini con las grandes paredes de Lixus en Marruecos.

Muchos de los modernos habitantes de Bimini son descendientes directos de negros de África Occidental, traídos por los tratantes españoles de esclavos a la isla, hace tres siglos. Los residentes más antiguos han testificado que el Camino como se encuentra ahora, es sólo una fracción de lo que fue tan recientemente como los años 20s del siglo pasado. Cuando eran niños, durante la marea baja ellos podían ver olas que rompían sobre su piedras más altas. Su recuerdo coincide con las cartas de navegación de principios del siglo XX, las que advierten de un peligro subterráneo no especificado, justo al norte de Bimini.

En 1997 acompañé a William Donato, presidente de la Organización Atlántida, en su viaje submarino en los Bancos de Mosela, un lugar que yace a 6 metros por debajo de la superficie, a más o menos 4.8 kilómetros al Noreste de Bimini. Ahí encontramos docenas de columnas rectangulares de piedra, de aproximadamente 2.4 metros de largo, 1 metro de ancho y como de 4 toneladas de peso cada una. Parecían los caídos vestigios de un monumental edificio tirado al mar por alguna violencia geológica. En la orilla, al sur del lugar, se encontraba hundido un barco de pesca, es probable que de 45 metros de largo. Algunas de las largas columnas se encontraban en la punta de la naufragada embarcación y habían destrozado la caldera, haciendo añicos el lado de estribor. Aparentemente la nave había sido utilizada para levantar las enormes piedras del Banco de Mosela, cuando una se rompió a lo largo de su casco y la hundió. El barco debe de haber formado parte de las operaciones de salvamento que se dijo se llevaron a cabo por 1930. Antes de la Gran Depresión, supuestamente los operadores de salvamento de Florida quitaron todo, excepto el trayecto del fondo del camino y transportaron los enormes bloques para construir instalaciones en el puerto de Miami. Debido a que en Florida son raras las piedras buenas para la construcción, el viajar sólo ochenta y ocho kilómetros para recoger bloques desde Bimini, tenía un sentido económico.

Los indígenas Lucayanos, una rama de los Arawak, habitaron Bimini antes de que los españoles llegaran en el siglo XVI y suplantaron la población nativa con esclavos negros. Los lucayanos se referían a su isla como "el Lugar de las Paredes". En la tierra no se encontró ninguna estructura parecida a una pared de ningún tipo, así que el antiguo nombre evoca mucho a la gran formación de piedra que yace bajo el agua, justo fuera de la costa. También ellos alegan que una vez las Bahamas formaron parte de una masa de tierra mucho más grande, que fue superada por "los brazos del mar".

En realidad, la estructura en Bimini no es un camino, sino que pudieran ser los vestigios de un muelle, un rompeolas u otra instalación portuaria de alguna clase, que originalmente fue un óvalo alargado. La posición de los rasgos al extremo norte de la isla ha dado algún apoyo a una interpretación como esa, porque un barco al que le soltaran la amarras desde este lugar, navegaría directamente dentro de una corriente norteamericana que lo llevaría por todo el litoral oriental tan lejos hacia el norte como el Golfo de Maine, antes de girar repentinamente al este para enfilar directamente a las islas Azores y más allá de Europa. Además, los lucayanos también llamaron a Bimini "el Palacio de la Guirnalda" o Corona, que se puede referir a la estructura de configuración circular. Su nombre para la isla, en su propia lengua, era Guanahani. Aunque su significado específico en Lucaya se ha perdido, de primera mano el nombre se traduce como "Isla de Hombres" en el idioma de los guanches, los habitantes aborígenes de las islas Canarias casi directamente a través del Océano Atlántico desde las Bahamas.

Los orígenes filológicos de "Bimini" son oscuros. Puede ser la contracción de una palabra española para "mitad", lo que sin embargo, no tiene mucho sentido. Curiosamente, la palabra "bimini" corresponde a la egipcia *baminini*, "homenaje al [ini] alma de [ba] Min [Min]". Esta última palabra corresponde a un antiguo dios egipcio de los viajeros, quienes lo invocaban para guía y protección, cada vez que salían a largos viajes. En consecuencia, Min fue también el patrón de los caminos. ¿Podrían los navegantes egipcios haber conocido la isla, la primera tierra que divisaron después de largos viajes trasatlánticos? La civilización dinástica egipcia empezó en el 3100 a.C. Mientras que en aquel tiempo el camino permanecía sobre la tierra, sólo trescientos años después, se había sumergido.

Un origen egipcio es apoyado por similares rompeolas en el puerto de Alejandría, en el Nilo Delta; es probable que fuera construido durante el Nuevo Reino (del 1550 al 1070 a.c.), y con certeza restaurado en los tiempos tolemaicos (del 323 al 30 a.c.). El rompeolas egipcio tenía apenas la misma longitud que la estructura de Bimini y del mismo modo, terminaba en una forma de J. ¿Es que esta notable semejanza física significa que los egipcios construyeron el Camino de Bimini, o fueron los egipcios y los bahamanianos igualmente receptores de una tecnología de construcción, que los atlantes llevaron a ambos lados del mundo?

La hipótesis Bimini

Mientras que los antiguos orígenes de la estructura Bimini hechos por el hombre están bien establecidos, algunos atlantólogos han ido más lejos y sostienen que el Camino marca la localización de la sumergida civilización de Platón, sobre todo porque:

1. Está bajo el agua en el Océano Atlántico.
2. Fue construida a la gran escala asociada con la construcción atlante.
3. Se mantuvo sobre la superficie del mar, durante el periodo definido por Platón en una lectura literal de su relato.
4. Desde ahí, las dos otras islas y el "Continente Opuesto" (esto es, América) podían alcanzarse con facilidad.
5. Bimini tiene manantiales minerales, igual que la Atlántida.
6. Durante el décimo milenio a.c., que fue definido por Platón como el periodo durante el cual la Atlántida alcanzó el apogeo de su grandeza, el mar que rodeaba el Banco de las Bahamas era más bajo que el actual, revelando suficiente tierra firme para soportar un reino y su ciudad capital.

Mientras que estos puntos son ciertamente válidos, no están al alcance del establecimiento de Bimini como la Atlántida perdida, por lo menos en su final, la fase tardía de la Edad de Bronce. Como con la Hipótesis Minoica, una explicación bahamiana parece acertada a primera vista, pero se desintegra con una inspección más cercana. Los buscadores del lugar de Bimini han incluido a respetados investigadores como Manson Valentine, quien en 1968, fue el primero en describir el Camino Bimini como una estructura hecha por la mano del hombre y uno de los más brillantes científicos americanos del siglo XX; Dimitri Rebikoff, explorador submarino con una reputación a nivel mundial: Dr. David Zink, quien es probable que haya hecho más que nadie para establecer la autenticidad del sitio; Charles Berlitz, un nombre internacionalmente reconocido en lingüística y William Donato, presidente y fundador de la Organización Atlántida, con base en California y en la actualidad la principal autoridad sobre el enigma Bimini, quien continúa organizando expediciones profesionales a la estructura sumergida. Estos caballeros son formidables investigadores que han gastado miles de horas y dólares salidos de sus propios bolsillos, para investigaciones en el emplazamiento. No obstante, sin desacreditar sus importantes logros, los hechos quitan todas las posibilidades de que las Bahamas sean el probable lugar de la Atlántida.

Aún cuando las islas Bahamas regresaran a su extensión del siglo X a.C., no veríamos ninguna de las altas montañas ni las fértiles llanuras que Platón describió en la Atlántida. Tampoco ninguna de las rojas, blancas y negras piedras volcánicas que dijo se usaron como materiales de construcción. Ni algunas de las vetas de metales preciosos de su substrato de piedra caliza. Faltan los lagos y campiñas de la isla Atlántida. Las Bahamas siempre han sido muy poco fértiles y su tierra demasiado pobre para soportar grandes bosques o una rica agricultura. De acuerdo con Caroli, "El lugar y la topografía de Bimini y los Bancos de las Bahamas, de ninguna manera se ajustan con la descripción de Platón, salvo que ese [el Camino] yace en el océano Atlántico y ahora está bajo el agua".[45]

Cuando Jacques Cousteau se sumergió en una caverna submarina cerca de Andros, isla de las Bahamas, encontró estalactitas y estalagmitas. Sólo se pudieron haber formado cuando la caverna estaba sobre el agua. Pero las profundidades a las que él la encontró, por encima de los 48 metros, significa que las estalactitas y estalagmitas se formaron cientos de miles de años antes del tiempo presente, dado lo que ahora sabemos de las fluctuaciones del nivel del mar. Pocos abrigan la noción de que una civilización como la que se describe en los *Diálogos,* podría haber florecido hace tanto tiempo. La misma idea de elefantes o caballos en Bimini, es simplemente absurda. A pesar de los años de sondeos aéreos, buceos con escafandras y búsquedas con sonar, no se han encontrado huellas del Templo de Poseidón, palacios, torres o cualquiera de las grandes arquitecturas asociadas con la Atlántida, aunque los mares de los Bancos de las Bahamas son tan poco profundos, que con facilidad se pueden ver aeronaves sumergidas, a simple vista. Ciertamente las aguas más lejanas de los bancos son muy profundas, pero aquí, en el mejor de los casos las lecturas de sonar también son inconclusas. En ningún lugar de las Bahamas existe evidencia de los diseños concéntricos de la Atlántida, ni de sus enormes canales, a no ser que los rasgos sean sugeridos por una subjetiva interpretación de las islas en sí, una configuración que aún muchos determinados atlantólogos no consiguen ver.

Una Atlántida Bimini hace imposible cualquier oportunidad de una guerra atlante-ateniense, u operaciones militares contra Egipto. Tal vez lo más importante de todo, la evidencia de una catástrofe natural que destruyó todo "en sólo un día y una noche" esté ausente. El descubrimiento y el encubrimiento del Camino Bimini representó graduales fluctuaciones al nivel del mar, no una sola convulsión cataclísmica. Y, como Thera y Creta, Bimini aún es tierra firme. No desapareció en el mar. Finalmente, cuando Platón dijo que la Atlántida estaba "más allá de las Columnas de Hércules", ¿podría en realidad haber querido decir que yacía a cientos de kilómetros del Estrecho de Gibraltar?

Desde luego, la enorme estructura de piedra fuera del punto más al norte de Bimini, es el trabajo de una gran civilización marítima. Muy bien podría haber sido construida por los atlantes, quienes aprovecharon los manantiales de agua dulce de la isla y los fortuitos lugares en la corriente de Norte América, para construir un puerto para sus barcos con ricos cargamentos de cobre de alto grado, regresando de América —el "Continente

Opuesto" de Platón— a sus lugares de origen, estratégicamente colocados en la entrada del Mediterráneo.

Los miembros de las Expediciones Poseidia del Dr. David Zink a la estructura Bimini en los 70s del siglo XX, creyeron que en su diseño trazaron un patrón recurrente de los Números Sagrados (cinco y seis) que Platón dijo que fueron incorporados por los atlantes en su arquitectura.[46] Si es así, entonces la relación entre el Camino y los dibujos de la Atlántida es mucho más cercana. Caroli, quien personalmente investigó el lugar, concluye, "Si bien es improbable que sea la Atlántida, aún podría relacionarse con las actividades de la gente que Platón llamó 'atlantes'". El descubrimiento y continua investigación del Camino, abarca una de las más grandes aventuras científicas del siglo XXI. Y si Bimini no es exactamente la Atlántida, sin embargo, puede ser el lugar del primer ejemplo de la civilización atlante que se haya encontrado y reconocido como tal, desde la destrucción de isla.

¿LA ATLÁNTIDA EN CUBA?

El 14 de mayo de 2001, Paulina Zelitsky, la presidenta nacida en Rusia, de Advanced Digital Communications, una corporación comercial oceanográfica, iba a bordo de su barco de investigaciones, el *Ulises,* curveando las aguas fuera del noroeste de la costa de Cuba. Ella había sido contratada por el gobierno de Castro, para encontrar depósitos valiosos de mineral en las aguas cubanas. Su compañía estaba bien equipada para el trabajo, con sistemas satelitales integrados de posicionamiento en el fondo marino, un sonar de alta precisión, lado-explorador de doble frecuencia y vehículos operados a control remoto (VOCR) que podían transmitir imágenes por televisión desde lejos, bajo la superficie del mar Caribe.

Viendo uno de los monitores que exploraban el fondo del océano, Zelitsky se sorprendió al ver lo que parecía ser la imagen sonar de una construcción de piedra, asentada bajo 660 metros de agua. Ordenó que el *Ulises* virara y se hizo un concienzudo examen del inusual objetivo, con todos los instrumentos de alta tecnología con los que contaban a bordo.

Compartieron sus resultados con los directores del Instituto Nacional de Ciencias de Cuba. Pasos adicionales sobre el profundamente sumergido sitio, supuestamente revelaron una megalítica estructura que recordaba a Stonehenge de Gran Bretaña, excepto sólo que el ejemplar cubano parecía estar en parte revestido con sábanas de metal y una inscripción proto-griega o etrusca.

Es sorprendente que sólo dos años antes, Andrew Collins, un escritor británico, identificara a Cuba con la isla perdida de la Atlántida. En este texto, la investigación aún está en proceso de confirmar la procedencia arqueológica del lugar cubano bajo el agua. Si en efecto, se establece su identidad artificial, algunas preguntas difíciles tendrán que contestarse. Por ejemplo, ¿cómo podría una estructura hecha por el hombre, llegar, en apariencia, intacta a casi ochocientos metros bajo la superficie del océano? Las elevaciones del nivel del mar no han sufrido fluctuaciones, lo suficientemente grandes como para hundir algo a esa profundidad, desde la Era de los Dinosaurios, hace más de 65 millones de años. Y es difícil entender un evento sísmico que con suavidad sumergiera una construcción sin destruirla, antes de golpearla 670 metros más abajo. Hasta que estos problemas estén resueltos a satisfacción, los atlantólogos evitan entusiasmarse demasiado.

Pero si, después de todo, el objetivo cubano fuera una antigua estructura, con seguridad podría ser atlante. La descripción de Zelitsky de paredes cubiertas con alguna clase de metal, son directamente del *Critias* de Platón. Aún así, el sitio submarino está en el lugar equivocado para su Atlántida, porque el Caribe estaba demasiado lejos de los atlantes, para iniciar su guerra de conquista contra Europa y Egipto. El hallazgo de Zelitsky parece similar al del Camino de Bimini: los vestigios de un puesto de avanzada atlante en las Américas. Y las dos estructuras pueden haber llegado a sus acuáticas posiciones debido a alguna serie de catástrofes naturales que destruyeron mucho del antiguo mundo, incluyendo a la Atlántida, cerca del 1200 a.C.

Se sabe muy poco sobre el hallazgo cubano para hacer cualquier determinación final. Sin embargo, merece más investigación e implica que se puede descubrir algo de un potencialmente dramático significado. En cualquier caso, Cuba, en el contexto de la Atlántida es inexplotable, excepto como una colonia de puesto de avanzada. ("¿Se ha encontrado la Atlántida en el Caribe?" de Linda Moulton-Howe, en su "columna regular" en "Costa a Costa con Art Bell", transmitido el 19 de noviembre de 2001, www.artbell.com.)

LOS LUGARES MÁS PROBABLES PARA LA ATLÁNTIDA

Si la sumergida capital no se pudiera encontrar en las Bahamas o en el Egeo, ¿dónde se debería buscar? Platón nos dice que la Atlántida yace "más allá de las Columnas de Hércules", una descripción bastante general, pero su implicación parecería ser justo allende el Estrecho de Gibraltar. Estrabón el geógrafo e historiador romano del siglo I, citó a su predecesor griego, Eratóstenes, como localizando la Atlántida justo al oeste de Tartessos, Huelva en los tiempos modernos, al sur de España.

Esta posición no sólo concuerda con la descripción de Platón más que con la mayoría, sino que también está cerca del punto central de una de las más geodinámicas áreas en el océano Atlántico. Si en realidad la Atlántida se localizara en el así llamado océano, directamente fuera de Gibraltar, precariamente se posaría al extremo de un cordón sísmico conocido como la Zona de Fractura Oceanográfica. Parte de la inestable línea defectuosa, en el límite entre los rechinantes movimientos de las placas euroasiáticas y las africanas, todas las fuerzas geológicas viajan de hacia fuera desde la cordillera del Atlántico medio, se habrían reunido de manera exponencial acumulando energía, hasta que llegaron al clímax al final de esta falla. Si la destrucción de la Atlántida en verdad ocurrió, debe de haber sido aquí. Apropiadamente, al área también se le conoce por su poca profundidad; en algunos lugares, el fondo del mar tiene menos de 60 metros bajo el nivel del agua.

La catástrofe de la Atlántida puede haber sido tan extensa, que entorpeció el paso desde el Mediterráneo hasta el Atlántico. Platón reportó que después del hundimiento no se pudo pasar por el área, debido a los bancos de arena resultantes y a una abundancia de desecho volcánico. ¿Son los bajos del final de la Zona de Fractura Oceanográfica, los vestigios asentados de una gran erupción volcánica?

Unos cincuenta años antes de escribir el *Timeo* y el *Critias,* en el *Periplus,* el geógrafo Seylax de Caryanda describió el océano "más allá de las Columnas de Hércules, donde las partes del mar ya no son navegables, debido a los bancos de lodo y el alga marina".[47] Aristóteles, el más famoso alumno de Platón, mencionó las mismas condiciones en *Meteorológica.*[48] Lo mismo hizo otro contemporáneo, el almirante fenicio Himilco, durante su viaje alrededor de Iberia hasta Bretaña.[49]

El escritor y administrador romano Plinio el joven, mencionó numerosos bancos de arena, inmediatamente fuera de las Columnas de Hércules, retrocediendo tanto en el tiempo como al Periodo Imperial, cerca del año 100 d.C.[50] El biólogo romano Claudius Aelian que vivió cien años después, reportó que por ley, a los barcos se les prohibía permanecer entre estas Columnas por más tiempo del establecido, debido a las peligrosas obstrucciones subterráneas.[51] Su contemporáneo, Philo Judaeus escribió sobre la Atlántida, "mar adecuado, ciertamente no navegable, pero lleno de golfos y remolinos".[52] Plutarco describió los mares justo más allá de las Columnas de Hércules como "difícil de pasar y lodoso a través de un gran número de corrientes y éstas saliendo de la gran tierra [la sumergida Atlántida], y bancos de arena formados por ellas, y el mar se vuelve entorpecedor y lleno de tierra, por lo cual tiene una apariencia de ser sólido".[53]

Este testimonio de tantos eruditos clásicos, proporciona un persuasivo argumento para un evento geológico más grande en el área del océano, descrita como el lugar para la Atlántida. Tan tarde como el siglo XII d.C., el notable geógrafo árabe Edrisi habló de un barco "Magrurin", marineros moros de Lisboa, que fueron forzados a alterar el curso por las Islas Canarias, después de toparse con un estrecho de un océano poco profundo imposible de pasar, fuera del Estrecho de Gibraltar.[54]

Erupciones más recientes han desestabilizado el viaje oceánico. En el

1783, un volcán submarino surgió a 48 kilómetros de Islandia y vomitó enormes masas de piedra pómez, que se esparcieron por un radio de 240 kilómetros; ningún barco podía hacer algún avance, a través de él.[55] La erupción de 1815 de la isla de Sumbawa esparció hacia delante tanto desecho volcánico, que sólo los barcos más grandes pudieron cortar por las aguas entorpecedoras.[56]

El sueco Svante Arrhenius, ganador del Premio Nóbel, describió las consecuencias de la erupción final del volcán Anak en Krakatoa: "sobre el mar flotan grandes piedras que contienen innumerables burbujas, piedra pómez, y lentamente son enterradas por las olas en la arena. La cantidad de este material flotante es tal, que a menudo es peligroso o interfiere con los barcos". La ceniza más pesada que se ubica en el área inmediata a Krakatoa, cambia en un grueso mar de lodo que se adhiere a la flotante piedra pómez en una clase de sopa viscosa, un peligro para la navegación en el Estrecho de Java, que permaneció por años.[57]

A finales del siglo XX cuando Jolnir, la isla de 36 metros de altura, colapsó en el Atlántico medio, dejó bancos de arena esparcidos a lo lejos entre 18 y 36 metros bajo la superficie.

Una situación similar en una escala mucho más grande ocurrió en el Océano Atlántico fuera del Estrecho de Gibraltar, después de que la isla de Atlas sufriera una catástrofe natural. La destrucción forjada por la erupción de la Montaña Atlas fue tan vasta, que transformó los mares a su alrededor por algunos tres milenios de ahí en adelante. Aún ahora, el área más probable para ser el lugar de la antigua Atlántida, es conocido por los portugueses como particularmente buenos pozos para pescar debido a su poca profundidad.

LA ATLÁNTIDA NO ES UN
"CONTINENTE PERDIDO"

Ninguna de las antiguas fuentes, incluyendo la de Platón, describe a la sumergida civilización como que perteneciera a un continente. Tampoco los atlantólogos clásicos, tales como Ignatius Donnelly y Lewis Spence, la caracterizan como algo más que una gran isla. Justo cuándo y por lo que significa, "el continente perdido" entró al dominio público, es difícil de determinar. Es posible que Helena Blavatsky y sus amigos teósofos fueron los primeros, proponiendo un continente Atlántida, durante el siglo XIX. En cualquier caso, la popularidad de esta noción es importante, porque continúa minando la consideración de la Atlántida, por investigadores serios. Los oceanógrafos, usando los cada vez más avanzados instrumentos submarinos, empezaron a poner el resto de la posibilidad de un verdadero continente en el Atlántico, en los años 50s del siglo XX.

Como Caroli señala, "La corteza del Atlántico es demasiado delgada para soportar hasta una plataforma mini-continental".[58] Y Francis Hitching del Instituto Real de Arqueología de Londres, reduce sus hallazgos de la geología moderna a unas cuantas palabras: "Los empinados lados de la cordillera del Atlántico medio, al igual que las Rocallosas o los Alpes, hacen imposible que ahí haya existido un continente perdido".[59] La descripción de Platón de la Atlántida, por lo general es traducida como "más larga que Libia y Asia en conjunto". Pero la palabra que él usa es *mezon,* que significa "más grande", no "más larga". ¿Entonces, él quiso decir que la Atlántida era más poderosa que Libia y Asia juntas o que era geográficamente tan larga como el moderno equivalente de Turquía combinada con el litoral de África del Norte, de la frontera de Egipto a Túnez?

Aún si la Atlántida fue una masa de tierra de este tamaño, todavía habría sido mucho más pequeña que un continente. De verdad, una isla como del área de Portugal ocupó el Atlántico medio en el pasado, pero desapareció mucho antes que Platón o cualquier ser humano civilizado conocido, supiera de un lugar como ese. La descripción de los *Diálogos* de la Atlántida como "más grande" que Libia y Asia, fue una peculiar selección para un griego. Caroli cree que representa una evidencia interna que tiende a confirmar que después de todo, la historia se originó en Egipto, justo como lo dijo Platón.

Los egipcios estuvieron limitados por sus tradicionales enemigos al Este y al Oeste. Ellos se refirieron a las diversas gentes de Libia como los *Libbu* o los *Temehu.* Los hititas, troyanos, asirios, israelitas, hicsos y demás, que habitaron el Cercano Oriente desde el Sinaí hasta Anatolia, se agruparon simplemente como "los asiáticos". Los egipcios se formaron una idea de sus oponentes extranjeros, en términos de raza y población, no como personas residentes de naciones con fronteras claramente definidas. Cuando discutían sobre sus enemigos les era natural pensar en Libia y Asia. Lo que no lo era para los griegos. Es muy probable que esta analogía libia-asiática que aparece en los *Diálogos* fue traducida textualmente de la fuente original egipcia. Si así fue, entonces se agrega más credibilidad a la historia de la Atlántida, como la transmitió Platón.

Entonces, se puede asumir que la versión original egipcia no implicó que la Atlántida fuera geográficamente más larga que los indefinidos territorios ocupados por los libios y "asiáticos", sino más poderosa que estos reinos juntos. Aún si aceptamos que Platón estuviera haciendo comparaciones geográficas, en su tiempo Libia era una delgada tira de territorio, que corría a lo largo de las costas mediterráneas de África del Norte entre las fronteras de Argelia y Egipto, "Asia" vagamente comprendió la mitad occidental de Turquía. Estas regiones en conjunto, habrían resultado en una masa de tierra del tamaño de España, más o menos, pero nada que ver con las dimensiones de un continente.

UN CUENTO DE ANTIGUO ESPIONAJE

Caroli cita adicional evidencia interna, que implica que la historia como la escuchó Solón del sacerdote egipcio, fue algo más que una simple anécdota. El *Critias* discute las disposiciones de la Atlántida, tipos y números de sus barcos de guerra, infantería y carros de guerra, su distribución de la fuerza de trabajo, cómo financiaron los gastos de la marina y la armada; hace una lista de varias clases de números de armas, proporciona un croquis general de las defensas de la ciudad, describe el sistema de alianzas con otros reinos, así como las operaciones atlantes en el occidente de Italia y Libia, etcétera. La preocupación por explicar los detalles militares, sugiere que estaba basado en el reporte de un espía egipcio que visitó la Atlántida en persona, encubierto en una misión de inteligencia. Después de todo, el imperio atlante sí fue a la guerra contra Egipto y debe de haber habido un periodo de tensiones antes del estallido de las hostilidades.

Por supuesto, el famoso tratado de paz firmado entre el faraón Ramsés II y el emperador hitita Muwatalis, aceptado en el 1283 a.c., después de la Batalla de Kadesh, en Siria, hace una especial mención de los "Pueblos del Mar" como una amenaza común, contra la cual los dos hombres prometieron defender a su gente. Maria Settegast, una de las más eruditas escritoras sobre el tema, afirma que la principal ofensiva de la historia de Platón es la guerra entre la Atlántida y Atenas. La hipótesis de Caroli de que el *Timeo* y el *Critias* estuvieron basados en un reporte de inteligencia, aunque improbable, no es tan ilógica. Pero la más fuerte evidencia se debe buscar en el fondo del océano.

Donde, en los años pasados, tuvieron todo lo que los atlantólogos que seguir fueron simples observaciones y teorías inciertas, la tecnología submarina está ahora desplegando un verdadero panorama del mar y sus misterios, con base en una rápida acumulación de base de datos. Y mientras esta nueva tecnología establece sin lugar a dudas, que nada que se parezca a un continente existió en el Atlántico, antes de la llegada de antiguas civilizaciones, eso sólo demuestra con seguridad, la viabilidad de una isla lo suficientemente grande como para soportar una comunidad y su geológica destrucción. Se debe de tener cuidado de que esta teórica isla se adapte a los parámetros geológicos de todas las otras islas en medio del océano, porque estuvo sujeta a las mismas fuerzas que la crearon y, en algunos casos, las destruyeron. Para estimar sus creíbles dimensiones, Gran Canaria, fuera de la costa africana del norte, es una buena referencia. Esta isla casi concuerda con la descripción de Platón de la Atlántida, en detalles esenciales. Su forma es casi circular, dominada por un volcán en el centro (el dormido "Los Pechos", de 1920 metros), al que rodean otras altas montañas que se inclinan en una amplia llanura hacia Las Palmas, la capital, una ciudad-puerto en el mar.

El clima de la Gran Canaria es cálido todo el año; su suelo, fértil, la fruta crece en abundancia, los bosques proporcionan abundante madera y los manantiales de agua dulce son cuantiosos. Cuando los españoles llegaron en el siglo XV, la encontraron habitada por los Guanches, nativos que conservaron las tradiciones orales de la Atlántida, cincelaron petroglifos de la imagen de Atlas y construyeron cercos ceremoniales de anillos concéntricos de piedra al estilo atlante. La isla también experimenta violenta actividad sísmica de cuando en cuando. Si alguna vez "Los Pechos" hiciera erupción, con la magnitud explosiva de Krakatoa, Gran Canaria sería diezmada.

EL MECANISMO DE ANIQUILACIÓN

Hasta aquí he tratado de establecer que la Atlántida estuvo localizada en una gran isla en el Océano Atlántico, como a 400 kilómetros al oeste de Gibraltar, montada en una inestable zona de fallas. Una conclusión como esa es sumamente tradicional, porque confirma la historia original de Platón con la evidencia moderna. Es contraria a las conclusiones de algunos de mis amigos atlantólogos, ya sea que argumenten que la Atlántida fue un continente o, en cualquier caso, una isla mucho más grande en las Bahamas o insistan en que era una mucho más pequeña en el Egeo. La verdad parece estar en algún punto medio, más probable, en la Cordillera del Atlántico medio. Hasta que en realidad se encuentren los vestigios de la isla hundida y se exploren, los investigadores sólo pueden especular sobre la forma precisa de su destrucción.

Pero se conoce lo suficiente acerca de la geología submarina para limitar las opciones de la destrucción. Si la isla de la Atlántida tenía la medida y la configuración de Gran Canaria, una erupción de la magnitud de la que ocurrió en Thera, podría desaparecer más de la mitad de la isla, pero el resto permanecería, a pesar de que en una forma muy mutilada. Santorini sobrevivió, de ninguna manera intacta, pero no se hundió por completo en el mar, como Platón describió a la Atlántida. Otras islas del Atlántico, como Sabrina, desaparecieron en su totalidad bajo las olas.

¿Qué distingue a estos dos tipos de destrucciones? Si un volcán hace explosión, sin importar su fuerza, lo hace de forma vertical, la fuerza de la detonación viajará directamente hacia arriba y abajo, por esto se puede confinar su zona de devastación. Sin embargo, si el estallido ocurre horizontalmente, el área afectada es mucho más grande. Un buen ejemplo es la erupción de 1980 del monte Santa Elena de Washington. Su conducto vertical era muy estrecho para contener la erupción, la que reventó un agujero a un lado de la montaña con infames resultados. El área de devastación fue prodigiosa. Pero, el monte Santa Elena es un volcán moderado. El efecto de un Thera o un Krakatoa explotando en su lugar, habría sido varias veces más catastrófico.

Las erupciones laterales ocurren de la siguiente manera. En la cámara de magma (un gigantesco hoyo dentro de la base del volcán), las presiones construyen y buscan su escape. Algunas veces el domo de lava sobre la cámara es demasiado pesado, o el conducto a través de él es tan pequeño para permitir que la presión se libere verticalmente. Entonces, la que está dentro de la cámara, genera poderosas sacudidas sísmicas, lo que causa deslizamientos de tierra. Los lados de la montaña se diluyen, menos material contiene las fuerzas internas y explotan lateralmente fuera del volcán. Los vulcanólogos llaman a esto una erupción Peleana, en honor al Monte Pelée, que explotó lateralmente en mayo de 1902, matando a treinta mil habitantes de la isla de Martinica. El monte Santa Elena explotó en una forma similar.

Ahora, si en lugar de haber estado rodeado por bosques en tierra firme, supongamos que el monte Santa Elena fuera una isla con tan sólo un cuarto de su masa bajo el agua. La erupción lateral que abriría por completo el lado de la montaña de un golpe, habría permitido que una inconcebiblemente monstruosa porción del mar se apresurara dentro de la cámara de magma. Millones de toneladas de agua derramándose dentro de la hipercalentada cámara, se transformarían en vapor continuamente. La combinación del rápido aumento del peso, debido al agua que entra y las presiones confinadas dentro de la cámara de magma, resultarían en el colapso del domo de lava (su peso lo desplaza para desplomarse en sí mismo) y en la violenta subducción* de toda la montaña, por lo menos

---

*N.T. Proceso por el que la corteza oceánica se hunde bajo la continental.

aquellos de sus fragmentos que se encuentran sobre la erupción. Por lo tanto, el monte Santa Elena siendo una isla, en lugar de tierra firme, se habría sumergido (más exactamente, sido succionada o jalada) bajo la superficie del océano. De hecho, esto es lo que pasó cuando el volcán Anak hizo erupción a las 5:30 de la mañana del 27 de agosto de 1883.

De acuerdo con Emily y Per Ola D'Aulaire, quienes navegaron al Estrecho de Sunda, el sitio de la explosión, la tierra explotó lejos por debajo de la base del volcán, permitiendo que varios millones de toneladas de agua salieran a borbotones de su interior.[60] Al instante el agua se transformó en vapor sumamente caliente y detonó por toda la isla. Después de la explosión, la mayoría de la superficie de la isla cayó bruscamente en el mar. Más de tres quintos de su área de tierra se hundieron bajo el mar en el océano Índico. Krakatoa se habría perdido por completo, si la erupción del Anak hubiera sido más que una erupción parcialmente lateral.

LA ATLÁNTIDA COMO UNA REALIDAD GEOLÓGICA

Que la isla de la Atlántida sucumbiera a un evento volcánico, es una suposición razonable, dado el carácter geológico del Atlántico medio. Pero en ninguna parte de sus *Diálogos,* Platón menciona la palabra "volcán". Él escribe que Atlas y su ciudad fueron "abrumados por terremotos".[61] Es posible, a pesar de su poca probabilidad, que sólo las fuerzas sísmicas fueran las responsables de la destrucción. Port Royal fue hundido por un terremoto y las islas como Sabrina, Nyey, Geir fuglasker, Syrtlingur y Jolnir no se sumergieron por una aparente acción volcánica. Pero un terremoto no habría producido las grandes masas de piedra pómez, que el *Critia* reporta que flotaban fuera de las Columnas de Hércules.

Aunque así, Platón dejó sin terminar su historia de la Atlántida. La narrativa se interrumpe al momento en el que está a punto de describir la naturaleza de su destrucción. La hace a un lado, temporalmente, parece que para completar *Las Leyes* que también discuten la inundación de la Atlántida. Parece que Platón ha intentado combinar el *Timeo,* el *Critias* y *Las Leyes* en una trilogía, una historia filosófica del mundo, trazando ejemplos morales de eventos reales, de los cuales la narración de la Atlántida fue una. Pero murió antes de que el proyecto se pudiera realizar. El análisis por computadora, de la recolección de su trabajo, indica que los tres *Diálogos* fueron, de hecho, escritos al final de su vida.

A pesar de su narrativa sin terminar, el gran pensador ateniense nos dejó tortuosas claves que describen qué sucedió en realidad. El testimonio de la oceanografía y geología modernas presentadas aquí, representan el punto central de todos los materiales científicos que creíblemente hablan a favor de una catástrofe de la Atlántida.

El peso de la evidencia nos obliga a concluir que la Atlántida fue (por lo menos en su fase final) una isla más o menos del tamaño, geología y topografía de Gran Canaria y que estuvo situada aproximadamente a 400 kilómetros al oeste del Estrecho de Gibraltar. Colapsó en el mar después de la erupción peleana de su volcán más importante. Ahora sus vestigios yacen a trescientos metros o menos bajo la superficie del océano, en medio de las montañas submarinas localizadas entre la Cordillera del Atlántico medio y las costas occidentales de Portugal y Marruecos. La ciencia nos puede decir todo esto. Pero ¿cuándo tuvo lugar la catástrofe precisamente y qué la disparó?

TRES

La reina de las leyendas

Como tú, yo también estoy convencido de que es imprudente
pasar por alto las leyendas griegas conseguidas en Egipto,
acerca de una isla sumergida a la que ellos llamaron Atlántida.
Dr. Thor Heyerdahl, correspondencia con el autor,
3 de mayo de 1984

Si en realidad la Atlántida fue destruida por un enorme desastre que afectó a toda la humanidad, ¿dónde están los registros antiguos de un evento catastrófico como ese? ¿Para empezar, qué prueba se tiene de fuentes antiguas, de que un lugar así existió? Aun antes de que podamos empezar a discutir el drama atlante, debemos tener algún apoyo histórico de su existencia.

El más antiguo registro, más o menos completo de la Atlántida y su destrucción fue anotado por Platón antes del 350 a.C., muchos siglos después de la extinción de la capital imperial. Escribió que la Atlántida fue la ciudad principal de un vasto imperio que dominó mucho del mundo desde una isla en el océano Atlántico fuera de las Columnas de Hércules, lugar ahora conocido como el Estrecho de Gibraltar. Su gente llegó a las más grandes alturas de esplendor civilizado y de riqueza material, fundamentalmente, a través de sus habilidades como marinos y mineros.

En la mayor parte de su historia, los atlantes eran virtuosos, pero con la abundancia material vino la decadencia y se engancharon en la agresión militar. En un principio los atlantes tuvieron éxito en su conquista de las tierras del Mediterráneo hasta Italia y Libia, amenazaron seriamente a Egipto y a la gente del Egeo antes que fueran vencidos al final por las fuerzas griegas, que los regresaron a su capital oceánica. Mientras que los invasores estaban en franca retirada, repentinamente toda la isla, su hogar, desaparecía debido a una catástrofe natural que la hundió bajo el mar después de "un solo día y una sola noche" de violencia geológica.

Aunque Platón repite a través de todos los *Diálogos* que su narrativa no era un cuento, sino la verdad, los críticos modernos insisten que estaba escribiendo un mito y no historia. Pero ¿qué es un mito? ¿Es solo una historia, una clase de leyenda popular sin una importancia verdadera, reservada para predicar alguna moral primitiva en la apariencia de una divertida fábula? Ciertamente la mayoría de los historiadores profesionales consideran al mito como tal. Las tradiciones orales de una gente, conservadas por incontables generaciones, cuentan poco, casi nada, entre la mayoría de los expertos asalariados, que sólo tratan con la evidencia concreta de la excavación física. Argumentan que el mito es demasiado vago y muy abierto para la interpretación, como para usarse mucho. Para ellos, es ficción o cuando mucho un eco de algún evento pasado, distorsionado en irreconocibles formas por todas las veces que ha sido contado. Esta tendencia materialista ha dominado el pensamiento científico durante la mayoría del sigo XX y representa una trágica arrogancia. Demerita los ricos legados de todos los pueblos, al desecharlos por irrelevantes y resulta un punto de vista miope de la historia, que potencialmente esconde evidencia vital.

Por fortuna, el dogma por mucho tiempo defendido por los eruditos materialistas, poco a poco se está volviendo obsoleto debido a una nueva generación de historiadores que surgió por el trabajo de toda la vida de Joseph Campbell. Fue este hombre, más que nadie, quien promovió el mito como algo más que una reunión de meras fábulas o ficción folklórica. En sus muchos intuitivos libros y cautivadoras lecturas, mostró cómo cualquier mito que se cuenta contínuamente en el curso de los siglos, debe de estar diciendo algo de incesante importancia. Siguiendo el ejemplo de Carl Gustav Jung, el gran psicólogo suizo, Campbell mostró que los mitos son de dos tipos fundamentales: los subconscientes y los históricos. Él y Jung demostraron cómo la supervivencia de temas particulares, entre varios pueblos, separados por grandes diferencias en geografía y sofisticación cultural, significa que, una "inconsciencia colectiva" de todos los humanos se está expresando a sí misma a través del mito. En otras palabras, su universalidad es una manifestación poética de sueños comunes a todos los seres humanos.

QUEMANDO EL RECUERDO DE LA HUMANIDAD

El mito histórico nunca es un incruento reporte apropiado para algunos archivos burocráticos, sino un evento de esencial importancia, interpretado a través del drama como una forma de perpetuar su existencia. ¿De qué forma puede una sociedad sin un lenguaje escrito, preservar esos ejemplos de su pasado, que se consideran de suma importancia, si no es por medio del mito? La escritura no es una garantía de permanencia. Los materiales escritos son perecederos. Los registros se pierden, las bibliotecas se queman, aun las letras grabadas en piedra se erosionan.

Ciro el Grande quemó miles de pergaminos médicos y otros rollos científicos cuando sus hordas persas saquearon los templos en Tebas y Menfis en el 525 a.C. Después, dirigidos por Darío I, los persas golpearon el Psistratus en Atenas. Se perdieron todos los trabajos literarios de la antigua Grecia, excepto los poemas de Homero. Los griegos cobraron venganza cuando Alejandro el Grande saqueó Persépolis, destruyendo doce mil volúmenes de la Magia, escritos en oro sobre cueros de buey. Un estimado de medio millón de rollos de pergamino, el conocimiento escrito de Fenicia, se perdió cuando el Ateneo se quemó durante la caída de Cartagena en el 146 a.C. Mientras que en la campaña de las Galias, Julio Cesar ordenó que la Universidad Druida de Bibracte, que contenía miles de registros escritos sobre temas como medicina, filosofía, química y astronomía, fuera echada por tierra.

Según Augusto Le Plongeon, el padre de la arqueología maya,

Con el advenimiento y ascendencia de la Iglesia Cristiana, el recuerdo de la existencia de esas tierras [Atlántida] que aún permanece entre los estudiantes, como aquel de las civilizaciones egipcia y griega, fue eliminado por completo de la mentes de las personas. Si vamos a creer a Tertuliano y a otros escritores eclesiásticos, los cristianos, durante los primeros siglos de la era cristiana, conservaron el odio por las artes y las ciencias que, como la literatura, atribuían a las Musas y por lo tanto, las consideraban como artificios del demonio. En consecuencia destruyeron todo vestigio, así como toda expresión de cultura. Cerraron las academias de Atenas, las escuelas de Alejandría; quemaron las bibliotecas del Serapión y otros templos de aprendizaje, que contenían los trabajos de los filósofos y los registros de sus investigaciones en todas las ramas del conocimiento humano.[1]

El supremo acto de anti-intelectualismo tuvo lugar cuando la muchedumbre prendió fuego a la Gran Biblioteca de Alejandría, que albergaba más de un millón de volúmenes. El registro escrito de la civilización occidental literalmente ardió en flamas. Con el tiempo, los pocos miles de manuscritos que sobrevivieron fueron quemados por los invasores musulmanes, que creían que si los libros contenían información ya establecida por el Santo Corán, no era necesario conservarlos y que si tenían palabras contrarias a éste, eran cismáticos.

Mucho después, en el otro lado del mundo, el obispo De Landa obligó a los nativos mayas de Yucatán a que hicieran una enorme pila de sus libros ilustrados, escritos a mano en papel de abedul, doblados en secciones iguales y les prendieran fuego. "Lloraron como si yo hubiera quemado a sus hijos", orgullosamente reportó el buen obispo a sus superiores en Madrid.[2] Los mayas tenían relatos de sus orígenes ancestrales en una gran isla en el océano Atlántico; hoy sólo queda el mito. Entonces, no es de sorprenderse que exista tan poca fuente material escrita sobre la Atlántida. ¡Qué daría cualquier atlantólogo por caminar a través de los pasillos de la Gran Biblioteca de Alejandría o en el Ateneo de Cartago! Tristemente, esos libros quemados nunca serán leídos. Todo lo que queda son los mitos que, sin embargo, conservan bien la historia. Encajados en el caparazón de las imágenes poéticas, flotaron seguros a través del tiempo, mientras que la mayoría de las historias escritas se reducen a cenizas.

Una tradición que se ha enraizado en la consciencia popular continuará mientras la gente exista, porque la tradición se ha convertido en una extensión orgánica de su alma. Por lo tanto, el mito histórico es en forma poética, la preservación de una memoria vital de la identidad de la gente. Que los recuerdos como esos continúen para ser respetados miles de años después de que los dueños fallecieran, sólo prueba el profundo significado del mito para las siguientes generaciones.

El mito no es una fábula ni una mentira, sino precisamente lo contrario: el atesorar algunas importantes verdades históricas o psicológicas, en el vehículo que mejor posibilite a su conservación a través del tiempo. Como Robert Graves, uno de los más importantes autores y mitólogos del siglo XX, escribió, "Son todos los intensos registros de antiguas costumbres o eventos religiosos y lo suficientemente confiables como historia, una vez que se entiende su lenguaje y se ha hecho una concesión para los errores al traducir, los malos entendidos del ritual absoluto y cambios deliberados introducidos por y motivos políticos o morales".[3] La tarea del historiador o del mitólogo es quitar las capas superpuestas del embellecimiento poético acrecentado a través de los años, de este modo, llegar al meollo del asunto sobre el cual se formó el mito.

El Mito de la Atlántida no es exclusivamente psicológico o histórico, sino una combinación de ambos. En su centro se encuentra un evento verdadero, uno tan profundamente traumático y universal en magnitud, que insensibiliza el recuerdo de la humanidad hacia el centro de nuestra inconsciencia colectiva. La destrucción de la Atlántida es nuestro más poderoso recuerdo de especies, debido a que fue ahí donde primero nos elevamos del salvajismo a la civilización, logramos alturas de grandeza material y espiritual; luego la perdimos toda en un instante catastrófico que aniquiló una amplia franja de la humanidad. Una Oscura Era de ignorancia, un volver a caer en el barbarismo, escondiéndose sobre el mundo por cinco siglos después de eso. La Gran Matanza histórica se transformó a través de la acción del mito, que persiste hasta estos días porque vive en nuestro subconsciente. Nada más se puede decir de una historia que, a diferencia de cualquier otra, ha continuado embrujando la imaginación de todas las generaciones desde entonces. De hecho, en este momento la Controversia de la Atlántida está más viva que nunca, gracias a un creciente número de competentes y hasta brillantes investigadores de muchos y diversos campos, cuyas conclusiones los conducen invariablemente a la fallecida madre tierra de la civilización.

El tiempo está corriendo totalmente en círculo. Lo que empezó como un hecho real, se transformó a través del mito y degeneró en una negación, está ganando terreno con rapidez, como un hecho histórico. Que un ciclo como ese abarque los pasados treinta y dos siglos es totalmente apropiado y comprensible, ya que la tecnología necesaria para identificar de forma positiva a la sumergida ciudad está apenas empezando a existir. Sin embargo, a pesar de eso, el más maravilloso de todos los hallazgos, cuando llegue, como inevitablemente debe y lo hará, no transformaría el amplio alcance de su significado humano, sin la presencia de por lo menos algo de su historia, conservada por milenios en los mitos de los supervivientes de ambos lados del terrible océano que engulló a toda civilización.

LA OTRA HISTORIA DE PLATÓN SOBRE LA ATLÁNTIDA

La más antigua versión completa de la historia de la Atlántida está contenida en el *Timeo* y el *Kritias* de Platón. Estos trabajos han sido exhaustivamente cubiertos en muchos otros estudios, además a los dos se les cita y hace referencia en todo este libro. Con todo, su trabajo menos conocido, *Las Leyes,* no es mencionado con frecuencia por los atlantólogos y mucho menos citado. Esto es una significante equivocación, porque esta obra es el único texto Platónico que en especial trata sobre la catástrofe atlante. Es extraño que mientras la mayoría de los eruditos condenan al *Timeo* y al *Critias* juntos, como una improbable ficción, consideran a *Las Leyes* como una historia creíble. Está estructurada como una conversación entre un ateniense, que parece hablar con la propia voz de Platón, un cretense, y Clinias, un espartano.

Ateniense: Entonces, ¿qué criterio toman los dos de las antiguas leyendas? ¿Hay alguna verdad en ellas?

Clinias: ¿De qué leyendas hablas?

Ateniense: De esas que hablan sobre destrucciones recurrentes de la humanidad por inundaciones, epidemias o por una variedad de causas, cuando sólo unos cuantos sobrevivientes quedaron.

Clinias: Ah, esas historias son totalmente creíbles para cualquiera.

Ateniense: Bien entonces, discutamos una de esas exterminaciones masivas, la que se ocasionó por el Gran Diluvio.[4]

Aquí, como por toda la historia de la Atlántida, Platón reitera su insistencia de que el relato es verdad. En un mismo sentido, hace una clara referencia a Solón, cuyo incompleto poema épico fue la base para los Diálogos Atlantes:

Ateniense: Usted sabe, los poetas que cantan como lo hacen bajo la guía divina, están entre los inspirados y así, con la ayuda de sus Gracias y Musas, con frecuencia tropiezan con un verdadero hecho histórico.[5]

La destrucción geológica que abrumó a la Atlántida no estuvo limitada por el océano Atlántico, sino que, como un asunto de registro histórico, se esparció más allá del Mar Egeo y Asia Menor. Robert Drews, un notable erudito sobre este periodo, observó que hay en Creta asentamientos que fueron construidos de prisa en lo alto de las montañas, para acomodar a poblaciones desplazadas. Por lo general, los investigadores se refieren a ellos como "ciudades de refugio", incluyen lugares como Karphi, a 850 metros sobre el nivel del mar y Kastro, aún más remoto. Sus habitantes habían sido los residentes de hermosas y confortables ciudades que se encontraban abajo, cerca de las costas. Virtualmente todas estas ciudades fueron repentinamente destruidas, su pobladores se vieron forzados a escapar para salvar la vida. Se dirigieron a pueblos rudimentarios y provisionales en lo alto de las frías montañas. Drews dice, "Es de suponerse que existió un motivo poderoso para la construcción de los pueblos en lugares tan horribles como esos".[6] Platón mencionó esa motivación primero en el *Timeo* y después en *Las Leyes*:

> Cuando los dioses purificaron la Tierra, los vaqueros y los pastores escaparon a las montañas, pero aquellos que vivían en las ciudades son lanzados al mar.[7]

> Que los pocos que escaparon a la destrucción fueron los pastores montañeses; sólo escasos rescoldos de la humanidad quedaron en los altos picos sin extinguirse. Y podemos asumir que en un momento como ese, hubo una total destrucción de las ciudades localizadas en las tierras bajas y en las costas. Ciertamente, podemos suponer que todavía estaban hechizados por el terror de bajar de las montañas a las llanuras.[8]

Las Leyes describen una era oscura, cuando se supone que la civilización regresó a la ignorancia y al caos después de la destrucción de la Atlántida:

> *Ateniense*: En un tiempo como ese hubo una total destrucción, aún de las ciudades en las tierras bajas y por las costas.

> *Clinias*: Sin duda podemos suponer eso.

> *Ateniense*: Además, se perdieron todas las clases de herramientas, armas, implementos e instrumentos, junto con cualquier descubrimiento científico que hubieran conocido antes de la destrucción. . . . La condición de la humanidad después de esta calamidad fue la siguiente —Hubo una horrenda y vasta exterminación. Sin embargo, después de que de alguna manera las aguas se retiraron, quedaron grandes áreas de tierra expuestas y deshabitadas para los supervivientes y sus pocos animales.

Para su hundida ciudad, su constitución y leyes, las mismas cosas que estamos discutiendo aquí, ¿puede imaginar que, por no decir algo peor, hasta el más débil recuerdo de ellos se haya conservado?

Clinias: Sin duda no.

Ateniense: Entonces podemos concluir que las numerosas generaciones de hombres que condujeron a una existencia disminuida sólo para sobrevivir, eran inexpertos e ignorantes en las diversas artes, al compararlos con la era anterior al Diluvio o con la nuestra.[9]

Esta era de oscuridad citada por Platón, efectivamente bajó una cortina de ignorancia sobre la Edad de Bronce, cerca del 1200 a.c. Prácticamente todas las acciones y logros de la civilización occidental hasta ese tiempo se olvidaron o se transformaron en un mito. Tucídides, el primer historiador de la Grecia Clásica, escribió que nada de consecuencia histórica tuvo lugar antes del equivalente griego al siglo VIII a.C. Los cuatro siglos de noche intelectual que abrumaron a la civilización, atestiguaron una total regresión de la sociedad, sin paralelo, hasta la caída del Imperio Romano. Platón dice que el diluvio disparó esta era de oscuridad y lo utiliza para explicar por qué sólo el más débil recuerdo de la sociedad que lo precedió, sobrevivió en su tiempo. Sugiere que la anterior población fue particularmente avanzada, cuando él escribió sobre los descubrimientos científicos que se perdieron en la destrucción. Junto con la tecnología de esta desaparecida civilización, Platón dice que importantes minerales se perdieron del mismo modo.

Ateniense: El hierro, el cobre y la metalurgia en general fueron aniquilados de tal manera por el Diluvio, que ya no hubo más. . . . Como consecuencia, todo el arte que requería hierro, cobre y metales como esos, se perdió en este tiempo y por muchos años después de eso.[10]

En particular, este es un pasaje revelador, porque de hecho, la Edad de Bronce llegó a un rápido final cuando los suministros de cobre fueron cancelados de repente. (El bronce se hace al combinar estaño y zinc con el cobre.) La metalurgia de alta calidad que tipificó la era, prácticamente dejó de existir después del siglo XIII a.C. Por coincidencia, desconocidos mineros extrajeron el cobre más rico del mundo en la Península Superior de Michigan, del 3000 al 1200 a.c. las fechas que abren y cierran la Edad de Bronce del Mundo Antiguo. La mayoría del cobre extraído de Norteamérica, más de 225 millones de kilogramos, desapareció. Algunos investigadores creen que hubieron cargueros que embarcaron el precioso mineral hacia Europa y el Cercano Oriente, donde se utilizó para la fabricación de herramientas y armas. Entre más alto es el grado del cobre, mejor es el bronce.[11]

Los suministros de cobre del Mundo Antiguo fueron inferiores en cantidad y calidad. Platón nos dice que los atlantes se encontraban entre este Mundo y el Nuevo, personas que él describe como maestros en el arte de la navegación y en la extracción de cobre. El secreto de las minas de Michigan murió con ellos después de su aniquilación. Por otra parte, la destrucción de la isla fue tan catastrófica que por siglos impidió el paso seguro más allá del Mediterráneo. Sorprendentemente, las afirmaciones de Platón en *Las Leyes* se ajustan bien con el registro histórico en los dos Mundos.

Es interesante que Platón no haga la menor comparación entre la Atlántida y Creta en estos *Diálogos*. Habrá sentido que había alguna relación, si es que era así, como los teóricos minóicas insistieron, esta particular sección le habría permitido una especial oportunidad para hacerlo, porque Clinias es un cretense. De hecho, al principio del Libro I de *Las Leyes* se menciona a Minos, pero no existe la intención de conectarlo con la historia de la Atlántida o del Diluvio.

POR QUÉ LA HISTORIA DE PLATÓN SOBRE LA ATLÁNTIDA ES VERDADERA

Hacia el cierre del Libro III de *Las Leyes*, Platón indica que su intención, si se le hubiera permitido completar su proyecto, era haber utilizado a la Atlántida como una parábola histórica, para mostrar la naturaleza cíclica de la civilización. Es por esto que insistía tanto en que la Atlántida era un lugar verdadero. Quiso demostrar que las sociedades pasan por ciclos de nacimiento, juventud virtuosa y cumplimiento material en la madurez, la superabundancia de lo cual conduce al decline y termina en la destrucción. Si la Atlántida sólo hubiera sido un cuento de hadas, su analogía no habría funcionado. En otras palabras, la historia tenía que ser verdad para que él lograra su objetivo. Como escribió,

> *Ateniense*: El espectáculo de esta titánica saga que nuestras antiguas leyendas describen, es recreada a través del tiempo, conforme el hombre regresa a su anterior condición de miseria.[12]

Los *Diálogos* de Platón, considerada por la mayoría de los arqueólogos como una fábula o alegoría, no sólo son nuestra primera fuente completa para la leyenda de la Atlántida, sino que abarcan un puente fundamental entre la historia y el mito. Es importante para nosotros, conforme observamos la interacción entre el hecho y la metáfora, entender cómo los mitos pueden servir como confiables cápsulas de tiempo más importantes de los eventos. Los siguientes ejemplos, separados unos de otros por grandes diferencias en tiempo, espacio y cultura, fueron seleccionados como representativos del poder universal del mito para preservar con precisión, mas sin embargo poéticamente, el fenómeno histórico a través del curso de muchos siglos.

El mito de Menes

Los antiguos egipcios cuentan la historia de Menes, su primer faraón dinástico. Un día, mientras estaba afuera cazando, de repente sus perros voltearon hacia él y lo persiguieron hasta el banco del Nilo. El desesperado rey vio un gran cocodrilo tomando el sol en el lodo. "Oh, cocodrilo", Menes imploró, "¡Déjame subirme en tu espalda mientras me llevas por el agua hacia el otro lado y prometo darte una ciudad en mi nuevo reino!" La bestia replicó, "Seguro, faraón, te llevaré lejos del peligro, porque yo profetizo que algún día llegarás a ser el rey de un Egipto unido". Con eso, Menes se subió valientemente en la espalda del enorme reptil, quien lo cargó con seguridad hacia el banco opuesto. Ahí, el cocodrilo reunió a sus compañeros para defender al rey y se le unieron en una batalla contra los rebeldes perros de caza. Después de la victoria, Menes cumplió su promesa y construyó una gran ciudad en el *nome* o gobierno de los cocodrilos, donde las criaturas serían alabadas por la gente de todo Egipto.

Esta era la historia que contaban los sacerdotes de la ciudad sagrada de Shedet, conocida por los griegos como Cocodrilópolis. Aquí fue donde se le dio a un sagrado cocodrilo su propio lago artificial, por donde nadaba lentamente, adornado con gemas de cristal, aretes y brazaletes de oro, asistido por cuidadores en quienes se confiaba su bienestar. Cuando murió, su cuerpo se momificó y un nuevo cocodrilo tomó su lugar. El mito, repetido en la época de los romanos, por ese entonces ya fechado a más de tres mil años, justo antes de la unificación política del Valle del Nilo.[13] Mientras que la verdadera identidad de Menes aún es incierta, algunos de los diversos nomes del Egipto predinástico, simbolizados en la forma de perros (sin duda representados en una forma despectiva), en realidad resistieron al rey, quien intentó colocarlos en un solo estado. También se sabe que la imagen de un cocodrilo era el totem de un monarca del Nilo Bajo, que se unió a Menes y cuya recompensa de lealtad fue la fundación de Shedat.

En otra versión, el faraón Amenofis se identificó con el mítico rey. Es interesante que su hija fuera Sebeknefru, quien se convirtió en reina después de la temprana muerte de su hijo. Su nombre se deriva del leal dios-cocodrilo. Ella fue la primera de un número de monarcas que incorporaron el nombre del dios en sus nombres y títulos reales. Amenofis fue un fallecido gobernador de la XII dinastía; vivió 1700 años antes de que el historiador griego, Diódoro Siculus, registrara el mito en su *Biblioteca histórica*.[14] En cualquier caso, la muy temprana alegoría egipcia del cocodrilo demuestra cómo un formativo acto político de un distante pasado, fue conservado por miles de años por medio del mito.

Los hombres Finn

Las historias de Escocia e Irlanda hablan de los hombres Finn, criaturas que asumen las formas de animales marinos y que vienen a la costa transformados en focas. Por lo general, las personas que vivieron fuera de las áreas de la costa consideraban al mito como una fantasía, hasta que en 1685 se encontró un kayak varado (ahora en el museo de Aberdeen). Las siguientes investigaciones probaron que por un número indeterminado de siglos, esquimales de Groelandia habían llegado con poca frecuencia y furtivamente a las costas del norte de las Islas Británicas. Ellos siempre usaban pieles de foca que los asemejaba con los metamórficos hombres Finn. Desprovisto de una elaboración imaginativa, que inevitablemente acrecienta cualquier tradición oral con el tiempo, el mito escocés-irlandés, como muchos otros, se construyó a través de los siglos en una base histórica muy real.[15]

El mito del meteoro

Hacia el final del siglo XVI, los europeos se encontraron por primera vez con una fosa de armazón con forma cóncava, de 1200 metros de ancho, entre las llanuras enrolladas de la región del Cañón del Diablo en Arizona. Mucho después se le cambió el nombre a Cráter Barringer, en honor a la familia aún dueña de la tierra en donde se asienta, la formación está abierta al público en general. A 30 kilómetros al oeste de Winslow, el lugar tiene 171 metros de profundidad, suficiente para engullir un edificio de 60 pisos: si el Monumento a Washington fuera colocado en el piso del cráter, su punta se nivelaría con la tierra de encima. Con más de 3.8 kilómetros de circunferencia, el cráter podría acomodar 20 campos de futbol.

Los nativos Hopi y Zuni decían que el cráter había sido creado cuando Dios lanzó a un demonio llameante fuera del cielo. El choque resultante atemorizó tanto a los hombres, que se comportaron bien, por lo menos por unas cuantas generaciones. El gran hoyo en el mundo fue y es reverenciado por los indígenas como un sitio sagrado y un recordatorio para adaptarse a los deseos de Dios.

Los mitólogos que registraron el cuento de los nativos norteamericanos sobre el Cráter Barringer, concluyeron que los Hopi y los Zuni habían sido testigos de la caída del meteoro que resultó en el astroblema. Notaron que los indígenas dijeron a los españoles que visitaron con anterioridad el área, que la depresión había sido hecha por un demonio caído. De ahí su nombre, Cañón del Diablo. Los astrónomos profesionales menospreciaron a estos investigadores por considerarlos extravagantes intérpretes, y aquellos se negaron a admitir que el evento celestial fue el responsable del lugar. Hace tanto como en 1891, G. K. Gilbert dijo que el cráter fue un volcán extinguido. Durante los siguientes setenta años, su veredicto permaneció como un dogma, aunque su visita personal al sitio no fue mucho más que un rápido vistazo. Gilbert fue, después de todo, el más importante geólogo del Estudio Geológico de los Estados Unidos y su palabra fue ley.

No fue sino hasta 1960 que sin lugar a dudas se estableció el origen meteórico, cuando estudios de sílice en el área mostraron que el mineral había sido modificado por la clase de presiones altas sólo ejercidas por el impacto de un meteoro. También encontraron una abundancia de escombros de níquel y hierro, algunas piezas pesaban hasta 630 kilogramos, dentro de un radio de 160.9 kilómetros del cráter. Una matriz rocosa que incluye níquel y hierro es el material del que están compuestos la mayoría de los meteoros. Los investigadores determinaron que se condensaron por una gigantesca nube de vapor metálico que se disparó hacia arriba, al aire, por el golpe del meteoro.

Ya que se ha reconocido la verdadera naturaleza del astroblema, los impresionantes detalles de su formación por fin han salido a la luz. El cráter fue causado por un meteoro de hierro y níquel de cerca de 45 metros de ancho, con un peso de 100,000 toneladas y que viajaba a cerca de 72,450 kilómetros por hora o 40.25 kilómetros por segundo. Golpeó la tierra con una fuerza explosiva por encima de los veinte millones de toneladas de TNT, equivalente a una bomba atómica de 4 ó 5 megatones y desplazó a más de 300 millones de toneladas de rocas en cuestión de segundos. Algunas de las piedras arrojadas a miles de cientos de metros del centro del impacto pesaban más de las 5,000 toneladas. La explosión excavó un cráter de 210 pies de profundidad, expulsando 175 millones de toneladas de piedra caliza y arenisca a una distancia de más de 1.6 kilómetros. Intensas presiones generadas bajo la tierra por el impacto del meteorito, transformaron pequeñas concentraciones de grafito en microscópicos diamantes.[16]

Parece que este poderoso evento había sido documentado por los mitos de las tribus nativas, antes de que los científicos llegaran a una propia conclusión similar. A pesar de eso, los críticos del mito insisten en que fue imposible que los indígenas o sus antepasados hubieran atestiguado la caída del meteoro que produjo el Cráter Barringer, porque el impacto fue hace 50,000 años; en otras palabras, cerca de 30,000 años antes de que el ser humano llegara a Arizona. Sin embargo en 1981, el material del borde del cráter se sometió a un nuevo proceso de datación, utilizando la descomposición radioactiva de isótopos de potasio en unos de argón, como una clase de reloj. Cuando el impacto los fundió, el "reloj" volvió a empezar, como pasó, debido a que permitió que escapara el argón gaseoso atrapado dentro del borde. De ese modo, las mediciones de la cantidad de argón formado a través de la descomposición radioactiva, datan la roca hasta el preciso momento en que fue fundida. Los isótopos recobrados del Cráter del meteoro y sujetos al proceso de datación del argón, demostraron que el meteorito golpeó Arizona hace tan sólo 2,700 años.[17] En ese momento, los Hopi y los Zuni (o, en cualquier caso, sus inmediatos ancestros) sí habitaban la vecindad del cráter y por lo tanto, es probable que fueran testigos del impacto.

Los Navajo, que viven en la misma área, consideran el lugar como un tabú, porque creen que cualquier cosa que toca un relámpago (creen que es la causa del cráter) se vuelve profano. Su interpretación fue inspirada por la calcinada cualidad de la roca del lugar y no por algún recuerdo de la tribu. Los Navajo casi acababan de llegar a Arizona, hace como 600 años, del Noroeste del Pacífico[18] y en consecuencia, no pudieron haber visto caer el meteoro. Los Hopi y los Zuni, cuyo compartido mito es una obvia conservación de un evento real, siguen la huella de sus raíces en la prehistoria del Suroeste norteamericano y por lo tanto, habrían atestiguado el cataclismo. Esta disparidad entre la tradición Hopi y la Zuni y la Navajo demuestra el carácter esencialmente genuino del mito histórico. A los expertos modernos les llevó noventa años confirmar lo que estas tribus han sabido durante los pasados veintisiete siglos.

Los pájaros negros

Lejos de Arizona, la gente de Tlingit de Alaska y del noroeste del Pacífico, confían por completo en la tradición oral para preservar su historia. Al final del siglo XIX, G. T. Emmons, un antropólogo norteamericano, estaba estudiando el mito Tlingit.[19] Se sorprendió de encontrar un preciso y altamente detallado relato del primer contacto de la tribu con un europeo moderno, el navegante francés, La Perouse, que los visitó en 1786. Aunque su mito describía los barcos del hombre francés como gigantescos pájaros negros con alas blancas, la calidad poética de la tradición era lo suficientemente transparente para permitir una completa reconstrucción de un hecho verdadero, de gran importancia para los Tlingit.

Escogí los cuatro ejemplos descritos porque representan los tipos de mitos que forman la memoria de la Atlántida, en la consciencia colectiva de la humanidad. La historia egipcia de Menes o Amenofis y el cocodrilo muestra que una historia seminal de la construcción de una nación, se puede preservar muy bien en un mito, igual que un insecto en ámbar. Los cuentos escoceses-irlandeses de los escurridizos hombres-Finn, demuestra cómo los encuentros con representantes de culturas radicalmente extranjeras son condensados en mitos. La poetización Hopi-Zuni de un extraordinario suceso natural y el recuerdo tribal de los Tlingit, sobre su encuentro con los portadores de una cultura tecnológicamente superior, prueban que el mito sí perpetúa el recuerdo de eventos significantes en la historia de un pueblo por muchos cientos, hasta miles, de años. Y estas cuatro clases de mitos son precisamente los que mundialmente han preservado el retrato de la Atlántida en todos sus colores originales.

Los mitos que describen a la Atlántida y su destrucción son lejanos, pero se complementan tanto y proporcionan una tan buena explicación, que proveen una maravillosa prueba de la existencia de la civilización sumergida. La Atlántida se ha eternizado en la consciencia popular de diversos pueblos separados por miles de kilómetros y con diferentes niveles culturales. Usando al mito junto con la complementaria evidencia arqueológica y geológica, toma la forma de un argumento poderosamente persuasivo a favor de la Atlántida histórica.

CUATRO

El fuego del cielo

*Confieso que por mucho tiempo había considerado todo
esto [mitos de la Atlántida] como simples fábulas, hasta el
día en que, al conocer mejor las lenguas orientales, juzgué
que a fin de cuentas, todas estas leyendas deben ser sólo el
desarrollo de una gran verdad.*
Atanasio Kircher, Oedipus a Egyptiacus

El mito más grande del mundo es la historia del Diluvio. Es la herencia
común de toda la humanidad. La variedad de culturas que definen a un
pueblo de otro, están cortadas a través de algo mucho más grande de una
leyenda, una experiencia global de un drama tan grande, que resuena en
las tradiciones populares de cada continente. El Diluvio fue un evento
sumamente poderoso que tocó a toda ascendencia, tan comprensivo en su
horror que sigue viviendo; una pesadilla universal en nuestra inconsciencia
colectiva, abarcando los milenios desde ese tiempo hasta ahora.

La historia del Diluvio no se originó en, ni se confina al Génesis. La
interpretación del Antiguo Testamento es sólo una de las más de quinientas
versiones conocidas alrededor del mundo. La historia es contada por los
pueblos Inuit arriba en el Círculo Ártico y los patagónicos de Tierra del
Fuego, en la punta de América del Sur; por los Sami de Finlandia y los
Maori de Polinesia. Era conocido por los indígenas Hopi de Arizona y
los griegos de los tiempos de Platón.

Los eruditos Le Haye y Morris recogieron y analizaron estadísticamente 215 variedades de la historia del Diluvio, del mismo número de culturas.[1] Encontraron que en el 88 por ciento de ellas, sobrevivía una familia favorecida por una divinidad, el 77 por ciento presenta una enorme embarcación como medio de escape; el 67 por ciento incluye la supervivencia de los animales de la familia; el 66 por ciento lo describe como el resultado de la debilidad humana; en el 66 por ciento el héroe del cuento era prevenido por una intervención divina. En un indeterminado pero alto porcentaje, (quizá tanto como el 75 por ciento) la Gran Inundación se recordaba como el evento del cual emergió un sobreviviente para fundar una nueva sociedad. En un similar alto porcentaje, cada cultura que preserva la narración declara descender del héroe del Diluvio. Prácticamente todos los relatos conocidos de la inundación se interconectan por temas comunes, los que, en conjunto, hablan esencialmente de la misma historia. Es increíble que los Berebere de Marruecos y los indígenas Chinook de Columbia Británica repitan una tradición fundamentalmente compartida.

Estas similitudes globales no se deben a los misioneros cristianos, quienes esparcieron la palabra de la Biblia en varias partes del mundo. El renombrado antropólogo y geógrafo, Dr. Richard Andree, probó que 62 de las 86 historias del diluvio escogidas, que recolectó de forma aleatoria de Europa, África, Polinesia, América, Australia y Asia no estaban afectadas por la historia de Noé en el Génesis.[2] No menos significativo, el resto de esos cuentos nativos que tienen huellas de influencia bíblica, eran conocidos de forma independiente y previa al contacto con los misioneros, quienes moldearon los mitos indígenas para ajustarse con la enseñanza cristiana.

Un notable ejemplo que viene al caso, fue ilustrado cuando los primeros misioneros españoles empezaron a predicar entre los indígenas mixtecos. Nativos del norte y occidente de las regiones de Oaxaca, los mixtecos, aunque en la actualidad nominalmente son cristianos, nunca abandonaron sus antiguas deidades y aún adoran a Tláloc, el dios atlante de la lluvia. Los arqueólogos creen que su cultura proporciona un discernimiento particularmente valioso en el más profundo pasado de

Mesoamérica, porque los mixtecos pueden haber estado relacionados con los Olmecas, la civilización mexicana más antigua, empezando en Veracruz y Monte Albán cerca del año 1500 a.c. Cuando los españoles comenzaron a enseñar a los mixtecos sobre la inundación del Antiguo Testamento, los indígenas respondieron con una instantánea identificación: "¡Sí, esa es la historia de Nata y su mujer, Nana, quienes vinieron a nuestros ancestros en una gran balsa sobre el Mar Amanecer, después de que su hogar en la Antigua Tierra Roja se hundió en el agua!". El cuento mixteco es anterior al arribo de los cristianos en el siglo XVI, posiblemente por tres mil años, dando la conexión indígena con los olmecas del 1500 a.C.[3]

Prácticamente todos los mitos de la inundación que los pueblos nativos conservan a través de las Américas y del Pacífico retratan al héroe del diluvio como alto, blanco y barbado.[4,5] Por lo general se le representa como un pelirrojo, de Red Horn (Cuerno Rojo) desde los Winnebagos de Wisconsin (Ho Chunk) y Contiki-Viracocha en Perú hasta Tane en Polinesia.[6,7] La mayoría de los mitos norteamericanos describen que él cruzó el océano Atlántico desde el Este. A la inversa, las leyendas europeas, africanas y del Cercano Oriente de la inundación hablan de su llegada desde el Oeste por el mismo océano.[8]

"EL MUNDO DEMASIADO IMPERTINENTE CON LOS DIOSES, LOS INDIGNAN HASTA EL PUNTO DE ENVIAR LA DESTRUCCIÓN"

James E. Strickling asoció su propio grupo de detalles específicos basados en los porcentajes descubiertos por Le Haye y Morris.[9] Un profesional entrenado en los campos de la estadística y el control de la calidad industrial, Strickling encontró que la posibilidad de que los temas comunes a las historias alrededor del mundo de la Gran Inundación, podrían haber sido independientemente inventadas, estaba mucho más allá de la probabilidad estadística de que tales motivos sólo podrían venir de una sola fuente común. Todos son originados, concluye, en la memoria universal de alguna experiencia catastrófica.

El pionero naturalista Alejandro von Humbolt sospechó de ese recuerdo universal, desde hace tanto como a mediados del siglo XIX: "La creencia en un gran diluvio no está confinada a una nación individualmente. Forma parte de un sistema de tradición histórica, de la cual encontramos nociones dispersas entre los Maypures de las grandes cataratas; entre los indígenas del Río Erevato, que corre en el Caura y entre todas las tribus del Orinoco". Él creía que esta "tradición histórica" no era exclusiva de los nativos de Sudamérica, sino que tenía sus orígenes "en un firmemente enraizado recuerdo común de todos los hombres".[10]

A nivel mundial corre un perturbador tema por medio de muchos relatos, sobre el Diluvio. A algunos investigadores se les dificulta aceptarlo, tan sólo porque en sí misma la destrucción de la Atlántida fue un evento geológico que lo abarca todo. La noción de que un cataclismo podría haber sido activado por un evento aún más catastrófico, les parece exagerado. En 1785 G. R. Corli, un famoso astrónomo francés, fue el primer científico en concluir que el fragmento de un cometa fugaz colisionó con la Tierra para destruir la Atlántida.

Casi cien años antes, el padre de la Atlantología, Ignatius Donnelly empezó la más antigua y meticulosa investigación del Problema de la Atlántida. Su segundo libro sobre el tema, *Ragnarok, Age of Fire and Gravel* (Ragnarok, era de fuego y grava), argumenta con detenimiento que la civilización de la isla había sido aniquilada por la colisión de un cometa con la Tierra.[11] En un momento cuando los científicos establecidos ridiculizaron la sola idea de "piedras que caen del cielo", su especulación fue apenas disminuida por una insostenible fantasía. Sólo lo apoyaron unos cuando pensadores contemporáneos, incluyendo al físico ruso Sergi Basinsky quien argumentaba que un serio impacto de un meteoro con la Tierra, fue lo suficientemente poderoso para ser el responsable de la destrucción de la Atlántida y del surgimiento simultáneo de Australia.

En las décadas de 1920 y 1930, el cosmólogo Martin Hoerbiger revivió y apoyó la teoría de Donnelly cuyo paradigma "Hielo Cósmico", teorizaba que el desastre atlante fue el resultado del un impacto de un fragmento cometario de escombros congelados. Las ideas alemanas fueron internacionalmente condenadas por razones políticas, aunque a finales de 1990 muchos astrónomos aún citaban sus puntos de vista para explicar el Evento de Tunguska, de ochenta y dos años antes, cuando el "hielo cósmico" del cometa Encke supuestamente explotó sobre la tundra de Siberia.

Por su lado, Comyns Beaumont, un influyente editor británico de libros científicos, contemporáneo de Hoerbiger, llegó a conclusiones similares. Después de la era de la Segunda Guerra Mundial, otro bien conocido investigador británico, H. S. Bellamy, lo defendió. Mientras tanto, el trabajo de Beaumont estableció la base para el famoso *Worlds in Collision*[12] (Mundos en Colisión) de Immanuel Velikovsky, que se elaboró sobre la posibilidad de que un impacto celeste fuera el responsable del repentino desaparecer de una civilización anterior a la Inundación.

Enigmático o hasta tan plausible como argumentan estos "estudiosos de catástrofes", su prueba fue mayormente deducida y circunstancial. Pero en 1964, la teoría extraterrestre empezó a tener una persuasiva evidencia material, cuando el científico de proyectiles, el alemán Otto Muck, escribió sobre una enorme huella de cráteres impactados a través de Carolina del Sur, apuntando hacia un par de hoyos de aguas profundas en el piso del océano. Argumentó que los formó un pequeño asteroide que se partió en dos y comenzó una reacción geológica en cadena que fue por todo lo largo de la cordillera del Atlántico medio, hacia la destrucción de la Atlántida.

Las impresionantes credenciales académicas del Dr. Muck como el inventor, entre otras cosas, del tubo submarino de respiración, dan mucha autoridad profesional a su teoría. Un veterano del equipo de investigación del misil guiado, de Werner von Braun, en Peenemünde, fue el propietario de más de dos mil patentes en el momento de su muerte en 1965. Su *The Secret of Atlantis*[13] (El secreto de la Atlántida), estableció algo de un precedente y animó a otros eruditos universitarios para dar a conocer sus propios hallazgos. Incluían a las más importantes autoridades sobre el Cometa Halley, el Dr. M. M. Kamiensky, un miembro de la Academia Polaca de Ciencias; el profesor N. Bonev, uno de los astrónomos más destacados del siglo XX en la Universidad de Sofía en Bulgaria y Jack Hills, del prestigioso

Laboratorio Nacional de Los Álamos.[14] Ellos públicamente establecieron sus creencias de que la Atlántida fue destruida por uno o una serie de impactos extraterrestres; una conclusión compartida por el atlantólogo líder de la era posterior a la II Guerra Mundial, Edgerton Sykes.[15]

PLATÓN INSINÚA UNA CATÁSTROFE CELESTE

Miles de años antes de que unos cuantos científicos modernos empezaran a admitir, muy a su pesar, la posibilidad de que la Atlántida y su desaparición haya ocurrido a través de algunos eventos cósmicos, las tradiciones míticas de alrededor del mundo describieron gráficamente un holocausto celestial tan devastador, que sus consecuencias se sintieron por todo el planeta. Este mito universal de sin lugar a dudas, el único y por lo general no puede separarse de las más de quinientas leyendas conocidas de la inundación. En muchas de ellas es una parte integral medular de la historia, citada como la causa inmediata del Diluvio. Reconstruir todas estas tradiciones requeriría de su propio libro. Para los propósitos de esta investigación, volver a contar los ejemplos representativos de diversas tierras y pueblos afectados por el cataclismo, proporcionaría un vislumbre revelador al pasado.

Una causa extraterrestre para el Diluvio fue fuertemente referida en la inconclusa descripción de Platón sobre la Atlántida, la principal fuente informativa sobre la civilización sumergida. En el *Critias,* las últimas líneas antes de la destrucción dicen

> Y el dios de dioses, Zeus, que reina a través de la ley y que ve todas las cosas, cuando vio el estado de degeneración de su, en otro tiempo, admirable estirpe, decidió castigarlos y reducir su número a fin de para disciplinarlos. Por lo tanto, reunió a sus amigos inmortales en su gloriosa morada, que se encuentra en el centro del cosmos y cuidan el completo universo de transformación y, después de que aparecieron ante él, se dirigió a ellos con estas palabras.[16]

La narración se detiene junto cuando la fatalidad estaba a punto de pronunciarse sobre la Atlántida, pero la primera aparición de Zeus, el que empuña el rayo, en esta importante coyuntura sólo puede significar que la catástrofe que siguió, debe de haber sido de naturaleza celeste. Y por el lenguaje que utiliza Platón, se entiende que lo que Zeus quiso decir fue tomar directamente en sus manos el castigo de los atlantes. Si no hubiera estado tan personalmente dedicado a su castigo, habría llamado a un dios menor para ejecutar sus órdenes. Los atlantes fueron abrumados por el diluvio, así que su completa destrucción se consumó con la cooperación de Poseidón, dios del mar, y Zeus, gobernante de los cielos. El incluir Platón al Padre del Cielo como el creador de la catástrofe, sólo puede significar que fue provocado por medio de un evento cósmico.

Ovidio, el más grande poeta romano de los primeros años del imperio, se sintió obligado, en su famoso *Metamorfosis*, a completar brevemente la narración de Platón (usando los nombres en latín de Júpiter y Neptuno para Zeus y Poseidón).

> Una vez hubo tanta debilidad sobre la Tierra, que la Justicia voló al cielo y el rey de los dioses determinó terminar con la raza del hombre. El enojo de Júpiter no se confinó a su provincia del cielo. Neptuno, su hermano del mar azul, mandó las olas en su ayuda. Él golpeó la Tierra con su tridente y ésta tembló y se estremeció. Pronto no había diferencia entre la tierra y el mar. Repentinamente, las ninfas, las Nereidas, vieron asombradas los bosques, los edificios y las ciudades bajo el agua del océano. Casi todos los hombres morían ahogados y aquellos que escaparon del agua, sin alimento, murieron de hambre.[17]

Ovidio decidió emplear algunos de los mismos elementos encontrados en el *Critias*, incluyendo la degenerada condición de la humanidad como la causa moral de la catástrofe, oficio del dios del mar quien creó la Atlántida, hasta sus asistentes las Nereidas. Golpear la tierra con su tridente es una obvia analogía poética para la actividad sísmica. Pero el aspecto celestial del cataclismo se le dejó a Júpiter, cuyo "enojo no fue confinado a su provincia del cielo."

UNA CEREMONIA GRIEGA QUE CONMEMORA LA INUNDACIÓN DE LA ATLÁNTIDA

Los otros personajes míticos que pasan por los relatos de Platón, sin importar su brevedad, aluden a la influencia de los dioses en el cataclismo atlante. Al principio del *Timeo,* escribe, "En la ocasión cuando él [Solón] estaba recurriendo a ellos [los sacerdotes egipcios] para hablar de la antigüedad, empezó a contarles sobre las más antiguas cosas en nuestra parte del mundo; sobre Phoroneus, a quien llamó *el Primero,* sobre Niobe y después del Diluvio, para contar las vidas de Ducalión y Pirra".[18] Niobe, que sólo se menciona una vez, fue la nieta de Atlas y por consecuencia pertenecía a la casa real de la Atlántida. Después del Diluvio, la convirtieron en piedra (un ardid utilizado para describir los efectos de algunos castigos mandados por el cielo) y cubierta por el agua por la eternidad.

Antes de su trágica transformación, fue la madre de Phoroneus, otra figura citada en la narrativa. Los dos hijos de éste fueron quienes llevaron la cultura atlante al Egeo. El mayor, Pelasgos, condujo a sus seguidores, los Pelasgianos o "Pueblos del Mar", como los recuerdan los griegos, a establecer la primera civilización sobre el Peloponeso. El más joven, Car, se estableció en las costas occidentales de Asia Menor, donde se convirtió en el fundador epónimo de otro pueblo del mar, los Carios. Su mismo nombre está conectado con los atlantes: una cariátide es un rasgo arquitectónico, una figura femenina que soporta un dintel que por lo general representa al cielo. Se deriva de "Carias". Justo como la estatua, proporciona soporte a un edificio, Atlas fue concebido como un hombre que carga el firmamento.

La realidad histórica de los Pelasgianos y los Carias se confirma con los registros egipcios de la XX Dinastía, que describe a los Weshesh, o gente del mar de los Egeos, y por los arqueólogos modernos, quienes consideran a los Pelasgianos como los micénicos de la Edad de Bronce o sus precursores directos. Regresando a Phoroneus, Solón se refiere a él como "el Primero", porque fue el primer rey mortal que reinó después de la Inundación, la que, de acuerdo al mito griego, fue inmediatamente precedida de una terrible conflagración en el cielo.

Un esposo y una esposa, Ducalión y Pirra, nombrados en los *Diálogos,* escaparon del mismo Diluvio. Naturalmente, la mayoría de los académicos desecharon su historia como nada más que una fábula. Los antiguos griegos no lo hicieron. Para conmemorar la supervivencia de los dos, los atenienses llevaban a cabo un festival anual de tres días, el *Anthesteria* cuyo nombre es en honor al mes (Anthesterion, finales de febrero o principios de marzo) en el cual se efectuaba. Por tradición a Ducalión y Pirra se les honraba el viernes trece. ¿Es éste el origen de nuestra superstición? No está claro si el trece de Anthesteria conmemora la llegada de esta pareja en Grecia, o la fecha verdadera del Diluvio. En cualquier caso, Anthesteria fue un medio de preservar la información histórica sobre la Gran Inundación.

Parte del festival involucraba sacrificar harina y miel en una grieta de terremoto.[19] En particular, este aspecto de las ceremonias parece ser atlante, ¿por qué más se incluiría algo de esta naturaleza al conmemorar de una inundación?[20]

En buena parte, la Anthesteria era en honor a Dionisio, el dios del vino, y coincidía con la maduración de la cosecha del año anterior y el inicio de la primavera. Era lo adecuado honrar a Ducalión en este festival, porque él sacrificaba el vino en la tierra griega para agradecer a los dioses por su supervivencia. Por casualidad, su nombre significa "navegante de vino nuevo" *(deuco-halieus).* Empezaba con libaciones a Dionisio, de los recientemente abiertos barriles, una imitación del homenaje a Ducalión.

No menos apropiado, el decimotercero, el día en el cual Ducalión y su esposa eran honrados, también atestiguaba las ceremonias para la muerte, dando más crédito a la persistencia de nuestras modernas supersticiones. Estos fueron los muertos que fallecieron en el Diluvio, que se creía vivirían otra vez a través del misterio de la religión de Dionisio.

FAETÓN

En el mito griego, supuestamente la Gran Inundación fue disparada por una figura legendaria que aparece al principio del *Timeo,* Faetón, el hijo ilegítimo de Helios, el dios que maneja el carruaje del sol a través de los cielos. Como un adolescente que exige las llaves del carro familiar, Faetón forzó a su renuente padre para que le cediera las riendas de su carruaje y el joven lo manejó hasta la mañana. Sin embargo, pronto perdió el control del poderoso grupo de briosos caballos. Viajaron alocadamente entre las constelaciones y se fueron en picada hacia la Tierra, quemando bosques hasta convertirlos en desiertos y dejando ciudades en llamas. La Tierra, la humanidad y los mismos cielos estaban amenazados con la total destrucción, conforme el carruaje se arrastraba de regreso hacia la bóveda del cielo y otra vez hacia abajo sobre nuestro expuesto planeta.

Escuchando a las desesperadas invocaciones de Gaia, la diosa Madre Tierra, Zeus arrojó su rayo al delincuente chofer. Liberados de sus riendas, los caballos regresaron a sus establos en el cielo occidental. Pero Faetón cayó sobre el fuego en la Tierra, su larga cabellera se convirtió en un torrente de llamas; los restos del roto carruaje regados en fragmentos ardientes detrás de él. Esta masa incandescente chocó en el mar, provocando una gran inundación que abrumó a gran parte del mundo y extinguió muchos de los incendios iniciados por la alocada manera de conducir del muchacho.

Es posible que el mismísimo genio Goethe fuera el primero en escribir, en 1821, que el antiguo cuento hablaba de una catástrofe natural.[21] Sin embargo, desde los días del alto sacerdote egipcios presentado en la historia de Platón sobre la Atlántida, los eruditos han considerado la narración de Faetón como un relato mítico de un cometa que colisionó con la Tierra. En el *Timeo* se cita al sacerdote:

> Han habido y habrá muchas diferentes calamidades para destruir a la humanidad, la más grande de ellas por medio de fuego y agua; unas menores, por otros incontables medios. Existe una historia que hasta ustedes han conservado, la de que érase una vez Faetón, el hijo de Helios, que habiendo atado los corceles al carruaje de su padre, quemó todo lo que había en la Tierra, porque no pudo manejarlos en el camino de su padre y él mismo fue destruido por un rayo. Ahora, esto tiene la forma de un mito, pero realmente significa una derivación en el curso

de los cuerpos moviéndose alrededor de la Tierra y los cielos, y una gran conflagración repitiéndose en largos intervalos de tiempo.[22]

Que Platón incluya a Faetón al principio de su narrativa, en su inconclusa descripción de la destrucción de la Atlántida, sólo puede significar que intentó describir una causa celestial.

El brillante

De hecho, parece cierto que Faetón fuera una representación mítica de un verdadero evento cósmico. En numerosos relatos antiguos es casi inevitable que a los cometas se les llame "peludo" o "de larga cabellera", recordando la tragedia del cabello en llamas del héroe al caer a la Tierra. *Faetón* significa "el Brillante" o "la Estrella en Llamas". En la antigua redacción romana se recuerda mejor su historia, que hizo que chocara con Erídano, generalmente considerado como el actual Río Po, que fluye en el Adriático. Sin embargo, *Erídano* significa "gran río" y a menudo ligado a *Okeanus,* el "gran río" que circunda el globo.

La temprana versión del mito coloca a la última zambullida de Faetón en el mar fuera de la costa occidental de Etiopía, directamente en la vecindad de la Atlántida. (Hasta el final del siglo I a.C., "Etiopía" alude a las costas atlantes del norte de África.) Aún en los primeros tiempos imperiales, a los turistas romanos que visitaban Egipto les decían, por equivocación, que el coloso de Amenofis, en Tebas, representaba a Memnón, el rey de Etiopía, que al mismo tiempo yacía en la lejana costa oriental y el distante occidente. Hasta ahora, la historia ha olvidado su lugar original. La confusión surgió debido a una aparente similitud entre el nombre de los gobernantes egipcios y los etíopes. Memnón fue el líder de diez mil etíopes, que viajaron una gran distancia desde el oeste para pelear en la guerra de Troya. De acuerdo con Quintas de Smirna, él le platicó a su tío, el Rey Príamo, cómo "las Hespérides como lirios me llevaron lejos por la corriente del Océano".[23]

Las Hespérides eran las Hijas de Atlas, *atlantises,* que cuidaban el jardín sagrado de su padre en una isla en el mar occidental. Después de la muerte de Memnón, otro grupo de Atlantises, las Pléyades, lo lloraron. Los dos oficiales más cercanos a Memnón llevaban nombres atlantes, Alkyoneus y Klydon. El anterior tenía el mismo nombre del rey de Scheria, el último monarca de la Atlántida en la *Odisea*, de Homero; el nombre de éste es la versión masculina de Kleito, la mujer mortal en el *Kritias* de Platón, quien engendró el linaje de la realeza atlante. Parece claro que Memnóm fue el líder de las fuerzas enviadas desde la Atlántida para ayudar a los troyanos. Su identidad como "etíopes" fue una transliteración griega de un antiguo nombre, es probable que algo cercano a *At-i-ops*. Esta aproximación del original tiene una discernible semejanza atlante y no sólo filológica. Una traducción no literal podría ser "serpientes de At" o "serpientes de Montaña", apropiadamente descriptiva de una compañía de guerreros.

Con el surgimiento del reino de Mauritania, localizado en el actual Marruecos, "Etiopía" se cambió a su posición presente entre Sudán y Somalia. La más temprana versión conocida del mito de Faetón, fue contada por Hesíodo en el siglo VIII a.C., cuando Etiopía aún se consideraba como una tierra costera de África del Norte.[24] Sin duda, el mitólogo griego registró un mito con orígenes mucho más antiguos, pero aquí, el punto importante es que originalmente la escena del encendido clímax fue ubicada en el Océano Atlántico. Aún en los últimos tiempos imperiales, los eruditos romanos identificaban a Etiopía con un territorio de África del Norte localizado en el actual Marruecos. El historiador de principios del siglo III, Marcelo, escribió una crónica, sólo fragmentos de la cual sobreviven, que relataba eventos humanos y naturales en los alrededores de Mauritania, en aquel entonces un reino cliente de Rona, localizado entre las costas del noroeste de África debajo de las Columnas de Hércules.

Su trabajo, titulado *An Ethiopic History* [Una historia etiópica], describió a los nativos Guanche de Tenerife, la más grande de las Islas Canarias. Escribió que "Ellos conservaron un recuerdo transmitido a ellos por sus ancestros, de la isla de la Atlántida, que era extremadamente grande y, que por mucho tiempo, dominó sobre todas las islas del océano Atlántico".[25] Aquí, Etiopía no es sólo directamente colocada en el océano Atlántico, sino en la proximidad de la misma Atlántida. Guenón concluyó que "Etiopía" era el nombre post-cataclísmico adjunto a la Atlántida por algunos siglos después de su destrucción. Aithi-ops ("caras quemadas") no se refiere a los negros del oriente de África, sino que sugiere los estragos físicos posteriores causados en los atlantes sobrevivientes, por la catástrofe volcánica.[26] ¡Plinio el Viejo no dejó lugar a dudas cuando estableció que anteriormente a la Atlántida se le llamaba Aethiopia!

El suceso del velo de polvo

Confiando en las fuentes antiguas aún disponibles de la Gran Biblioteca de Alejandría, Ovidio contaba, "Debido a una lamentable pena, su padre esconde su cara cubierta y, si vamos a creer lo que nos dicen, un día transcurrió sin sol". Después de la tragedia, Helio corrió un velo sobre su cara, que tenía una apariencia sucia. Esta es una descripción poética de un fenómeno conocido por los vulcanólogos y climatólogos como un "evento de velo de polvo", la presencia de demasiada ceniza en la atmósfera, que sigue a una gran erupción volcánica, o a una colisión meteórica que hace que la brillantez del sol disminuya y parezca "sucio". De hecho, Ovidio hizo que Gaia llorara. "¡Una cantidad como esa de cenizas sobre mis ojos, demasiado, también, sobre mis rasgos"! Escribe que Júpiter intenta castigar a la pecadora humanidad con "el fuego del cielo", pero, cuando ve que todo el universo está en peligro de destrucción, cambia de parecer y convierte la catástrofe en un Diluvio. Sin duda, esto es la destrucción de la Atlántida, indicada por la referencia de su epónimo rey: "El mismo Atlas está luchando y difícilmente puede soportar los resplandecientes cielos sobre sus hombros. . . . Grandes ciudades sucumbieron junto con sus fortificaciones y las llamas convirtieron naciones enteras en cenizas".[27]

Cataclismo

Nonnos, un poeta griego del siglo V, escribió que Zeus lanzó una conflagración mundial a los Titanes (Atlas, junto con sus nueve hermanos atlantes), quienes fueron finalmente abrumados por la inundación que siguió.[28] Lucrecio, una temprana autoridad romana, habló del Diluvio que llegó como consecuencia del choque de Faetón. "Las aguas, de acuerdo con la leyenda, llegaron a la cima de cada montaña y sumergieron muchas ciudades".[29] Sin embargo, la descripción de Hesíodo permanece como la más catastrófica: "La Tierra dadora de vida chocó incendiándose. Toda la tierra bullía, igual que las corrientes del océano. El mundo y el cielo se abrazaron en un choque tan ruinoso, que toda la Tierra fue llevada al caos, mientras que los cielos se lanzaron hacia abajo desde la altura".[30] Es significativo que nuestro "cataclismo" provenga de kataklysmos, la palabra griega, no para alguna catástrofe general, sino específicamente para "diluvio". No menos relevante, la palabra "desastre" se toma de la griega que significa "estrella maligna". ¿La misma terminología empleada para discutir el destino de la Atlántida, podría derivar de las palabras usadas originalmente para describir esa destrucción en sí misma?

Al escribir sobre el mito de Faetón, los connotados astrónomos Clube y Napier concluyen, "Parece poco probable que esta historia esté basada en nada. Cuando se descarta el componente 'poético', en esencia el corazón del mito es el mismo para todos los autores y es la clara descripción de un impacto. . . . En especial, el mito de Faetón proporciona una unión entre un gran impacto y una gran conflagración seguida por una gran inundación".[31] Víctor Clube y Bill Napier fueron secundados por otro destacado astrónomo, Rodolfo Englehardt: "Por lo tanto, de las fuentes tendremos que concluir que la ardiente catástrofe que se interpretó como la caída de Faetón, en realidad fue seguida por una inundación de corta, pero extensiva vida, que terminó con las vidas de tantos hombres, que uno podría hablar de una destrucción de la humanidad".[32]

Un siglo antes, Ignatius Donnelly concisamente caracterizó a Faetón para su generación y las siguientes: "Esta es la historia de la conflagración como la trató una mente civilizada, explicada por medio de un mito y decorada con las flores y follaje de la poesía. Despoje a este poema del mito de Faetón y tenemos una muy fiel tradición del conflicto del mundo, causado por un cometa".[33] Por supuesto, el mismo Ovidio se dio cuenta de que el mito que volvía a contar, era la descripción poética de un evento astronómico, cuando él caracterizó el descenso de Faetón como "una estrella que cae desde el otrora sereno cielo".[34]

LA ATLÁNTIDA BÍBLICA

Si la historia del insensato hijo del dios sol fuera la única en haber sobrevivido hasta el presente, todavía habría suficiente evidencia para concluir que el mundo atlante fue llevado a su violento final, por medio de una inundación disparada desde el cielo. Pero dada la magnitud de los esencialmente idénticos relatos de cientos de sociedades alrededor del planeta, esa catástrofe de catástrofes de hace mucho, asume un profundamente inquietante sentido de la realidad. Mejor conocida que Faetón puede ser la historia hebrea de Noé. Pero mucho menos famosos son la Atlántida y los cometarios componentes sobre su mito.

Igual que los atlantes, a la generación de Noé se le representa como pecadora que no siente remordimiento y Dios determina exterminar a la mayoría de ellos. Cuando Noé advirtió a sus vecinos de lo que podrían esperar, respondieron arrogantemente: "¿Cómo es este diluvio? Si es uno de llamas, tenemos asbestos que son a prueba de fuego. Y si fuera un diluvio de agua, tenemos láminas de metal para restringir cualquier inundación que pueda dividir la Tierra. Sin importar qué tan grande fuera este evento, somos tan altos que no puede alcanzar nuestros cuellos." Aquí encontramos la misma clase de prefiguración hallada en el *Timeo*, con sugerencias de "un diluvio de fuego" seguido por "uno de agua". Las "láminas de metal" de los pecadores sugieren las poderosas paredes de los atlantes, generosamente adornadas con escudos de armas con metales preciosos. Esos "altos personajes" de la isla, como los describe Platón, pueden haber sido lo que quiso significar, cuando la ciudadanía dijo que ellos eran "tan altos que no puede alcanzar nuestros cuellos", es posible, ya que a las cumbres de las montañas se les consideraban como lugares de refugio contra una calamidad como esa.[35]

Los eventos que precedieron inmediatamente al Diluvio, parecen haber sido sísmicos y celestes: "la Tierra se sacudió, sus cimientos temblaron, el sol se oscureció, los relámpagos brillaron, los truenos resonaron y una ensordecedora voz como nunca se había escuchado antes, se deslizaba por la montaña y la llanura". La actividad sísmica sin precedentes, fue acompañada por un evento de velo de polvo y explosiones celestes. Estos efectos se explican cuando Dios "abrió las compuertas del Cielo al quitar dos de las Pléyades; así permitió a las Aguas Superiores e Inferiores —los elementos masculino y femenino de Tehom, que Él había separado en los días de la Creación— para volver a unirse y destruir al mundo en un abrazo cósmico".[36]

En este pasaje parece, que aunque el Padre Celestial castigó a la humanidad principalmente por medio del agua, Él también "hizo llover fuego sobre los malhechores". La constelación de las Pléyades está asociada con la lluvia y las inundaciones, entre culturas tan desiguales como los antiguos hebreos de Medio Oriente y los Aztecas en México. Yahvé lanzó un par de "estrellas" (meteoritos) desde las Pléyades para iniciar el Diluvio.[37] (*Tehom* viene de la diosa babilónica, *Tiamat,* personificación del caos fundamental que reinaba antes de la creación del mundo.) Más al caso de nuestra investigación, las Pléyades son Atlantises, Hijas de Atlas. En el mito griego, una de ellas, Electra, desaparece después de mandar a su hijo, Dárdano, lejos de su patria mientras ésta se hunde en el mar.

Después en el Antiguo Testamento, la destrucción de la Atlántida se toma otra vez en las palabras de un superviviente de esa catástrofe. Si Dios pudiera salvarlo del peor de todos los desastres, lo protegerá de cualquier mal. Las palabras del Salmo 18:7–16 reflejan gráficamente una abrasadora lluvia de cometa o meteoro que estalla en las profundidades del mar; "Luego la Tierra se sacudió y estremeció. Las fuentes de las montañas temblaron y se desbordaron porque Él estaba enojado. Su cólera fluyó en oleadas de humo negro y Su cara estaba toda en llamas, de la que caía carbón. Él inclinó los mismos cielos, que se vinieron abajo, mientras que la oscuridad estaba bajo Sus pies. Y Él montó volando sobre un querubín. Remontó el vuelo en las mismas alas del viento. Se cubrió a sí mismo en una capa de oscuridad. Su vehículo fue la penumbra de las aguas y las gruesas y negras nubes. Fuera de la negrura de esta capa llovían piedras de granizo y carbón en llamas. El Señor rugió estrepitosamente alto en los cielos. Luego, los canales de las profundas aguas se vieron y los cimientos de la Tierra yacieron desnudos. Sin embargo, me rescató de las grandes aguas".[38]

La Atlántida en *Revelación*

El Génesis y los Salmos no contienen la única referencia bíblica de la catástrofe atlante. Es posible que *La revelación de San Juan el divino* ofrece la más vívida descripción de la destrucción de la Atlántida, encontrada en toda la antigua fuente material. Este último libro del Nuevo Testamento es por lo general, el menos leído y el menos entendido, probablemente que sea debido a que es una mezcla apocalíptica de visiones, simbolismos y alegorías. Aparentemente fue escrito por autores anónimos en el último cuarto del siglo I d.C., que confiaron en los textos antiguos y tradiciones extranjeras, de los cuales se deriva el Antiguo Testamento, en particular el Génesis, Daniel y Ezequiel.

Revelación fue escrito para predicar lecciones de moral por medio de ejemplos históricos, como lo fue *Diálogos* de Platón. Cuando Juan de Patmos clama contra "la ciudad pecadora" y se regocija en su castigo divino, él está advirtiendo a las civilizaciones contemporáneas y futuras que Dios los juzgará no menos severamente. Llama a "Babilonia" la ciudad débil, pero la evidencia interna del texto revela que no es la misma antigua metrópolis, cuyas ruinas aún pueden verse cerca del actual al-Hillah, en Irak. Bahb-Ilim, como esta ciudad del Cercano Oriente se conoció por sus habitantes, por mil años después de su establecimiento durante el principio en el siglo I a.C., nunca estuvo sobre una isla, nunca fue quemada por un cometa destructivo ni desaparecida en el mar, todo esto se describe en *Revelación*.

La confusión se aclara cuando uno se da cuenta de que los escritores bíblicos no limitaron el nombre de "Babilonia" a la capital del Imperio Babilónico. Como el famoso Obispo Reverendo Fulton J. Sheen, una autoridad en la Biblia, explicó: en el Nuevo Testamento, "Babilonia" se usa para cualquier gran ciudad.[39] Cuando discuten una capital poderosa, los autores bíblicos se referirán a ella como "una Babilonia". En otras palabras, no saben el verdadero nombre de la ciudad que representan. Para ellos, la ciudad fue "una" Babilonia, un lugar espléndido, cuya precisa identificación se había perdido mucho antes de que los moralistas empezaran a escribir, en algún momento cerca del año 175 d.C.

Caroli señala que "'Babilonia' no es el único nombre utilizado en este contexto. En los últimos años se incluyó, 'Roma'. Pero otros nombres como esos fueron 'Sodom', 'Tiro' y 'Egipto'. Los motivos por los que escritores hebreos y los primeros cristianos utilizaron estos nombres es muy obvia. Pero, si en realidad *Revelaciones* fue escrito en algún momento antes del siglo II a.c., no se puede referir a Roma, porque, por la era macabea, Roma aún no estaba involucrada en el Cercano Oriente. Si el libro fue el producto del siglo III ó el V a.c., una analogía romana es todavía menos probable".[40] De todos modos, mucha de la historia sobre vivió para que sus autores la moldearan en una alegoría espiritual. Y la "Babilonia" que ellos muestran puede sólo ser la Atlántida descrita por Platón.

Bel-usur, también conocido por su nombre griego de Berosus, tradujo la *Babilónica,* un trabajo de tres volúmenes, que continuó la historia y la cultura de su ciudad en griego. Ahí, él escribe que la palabra "Babilonia" fue regularmente empleada por los historiadores como un título descriptivo y como el verdadero nombre de la ciudad. En consecuencia, hubo muchas "Babilonias". En otras palabras, fue común describir a una ciudad por el nombre de otra grande y famosa metrópolis.

Mas convincente para los aspectos atlantes de *Revelaciones* es la afirmación que hizo Berosus en *Babilónica,* que con regularidad sus amigos los sacerdotes caldeos utilizaron el nombre "Babilonia" para significar una ciudad antediluviana. Esa "primera ciudad", para usar sus palabras, no podría haber sido otra que la Atlántida, como se evidenciará a través de la pertinente selección de pasajes de *Revelaciones.*

Ven, te mostraré la condena de la gran ramera que se sienta en muchas aguas [Atlántida es mujer—hija de Atlas. Se sentó en el centro de una remota talasocracia que se esparció por el océano Atlántico del Norte], con quien los reyes de la Tierra cometieron adulterio y la gente de la tierra se emborrachó con el vino de su adulterio. Él [un ángel] me llevó lejos para que pudiera contemplar a una mujer sentada en una bestia escarlata, inscrita con escritura blasfema y ella tenía siete cabezas y diez cuernos. Y esta mujer estaba adornada con violeta y escarlata [Platón escribió que los Atlantes usaban ricas vestiduras púrpura, en especial para sus reyes] y se ataviaban con oro, piedras preciosas y perlas. [El Critias describe las paredes y los sagrados edificios públicos de la Atlántida, como haber estado profusamente decorados con metales y piedras preciosas.] Ahora, las siete "cabezas" de la mujer, fueron en realidad las siete montañas sobre las que se sienta [se suponía que la Atlántida había estado rodeada mayormente por colinas y montañas] y sus diez cuernos fueron sus diez reyes. [Los reyes, como la Atlántida pero totalmente diferente a la Babilonia histórica, surgieron del mar. Platón escribió que hubo diez reyes de la Atlántida, correspondiendo a los diez reinos relacionados por lazos de sangre.] Y la mujer que viste era la gran ciudad que domina a los reyes de la Tierra. (Rev. 17:1–2)

Los mercaderes de la Tierra se hicieron ricos a través del poder de su comercio. [Los atlantes controlaron el comercio de cobre, lo que hizo posible la Edad de Bronce.] Su maldad se elevó al Cielo, donde Dios conocía sus pecados. "Por lo tanto", Él dijo, "sus plagas deben llegar en un solo día". [Compare esto con los Diálogos de Platón, donde Zeus está ofendido por la degeneración de los atlantes, quienes fallecieron "en un solo día".] (Rev. 18:5)

Y ahí apareció otro signo en los cielos. Y vea, hubo un gran y abrasador dragón con siete cabezas coronadas y diez cuernos. [Una obvia descripción de un gran cometa.] Y su cola oscureció un tercio de las estrellas, que empezaron a caer hacia la Tierra. (Rev. 12:3) Las estrellas celestes cayeron a la Tierra, igual que la higuera, sacudida por los potentes vientos, salvajemente tira sus higos al suelo. Y los mismos cielos se separaron, como un rollo desdoblándose, mientras que todas las montañas e islas fueron sacudidas de sus lugares. Y todos los reyes de la Tierra, los hombres de estado y los jefes militares, los ricos y poderosos, así como los esclavos y libertos, se escondieron en las cuevas y en las grietas de las montañas. (Rev. 12:6, 12:15)

Y el ángel tomó su incensario lleno con fuego y lo arrojó a la Tierra. [Una caída de meteoro]. Y llegaron gritos y truenos, relámpagos y temblores no naturales. Y seguidos después de granizo, fuego y agua todos juntos cayendo a cántaros sobre la tierra. Y un tercio de la Tierra fue quemado, mientras que otra tercera parte de todos los árboles se incendiaron y todo el pasto se quemó. Un gran monte, todo encendido cayó al océano y un tercio del mar se ensangrentó, porque una tercera parte de las criaturas que vivían en las aguas murieron y un tercio de todas las naves fueron destruidas. Luego el segundo ángel se escuchó y una estrella cayó del cielo, toda en llamas como una gran lámpara y descendió sobre un tercio de los ríos de la Tierra y también los manantiales de sus aguas, destruyéndolas. (Rev. 8:5–11)

Y un fornido ángel levantó una roca como una gran piedra de molino y arrojóla al mar, diciendo, "¡Así esa gran ciudad Babilonia deberá ser abrumada con la violencia y ya no aparecerá más!". (Rev. 18:24) Y se sintió un fuerte terremoto, tal, y tan grande, cual nunca hubo desde que hay hombres sobre la tierra. Con lo cual, la gran ciudad se dividió en tres partes y las ciudades de las otras naciones colapsaron. Y a la misma hora ocurrió un gran terremoto, en el cual la décima parte de la ciudad cayó y el número de las personas muertas fue de siete mil. Y todas las islas desaparecieron y no quedó rastro, sus montañas. (Rev. 16:17–18)

Entonces llorarán y harán duelo sobre ella los reyes de la tierra que vivieron amancebados con ella y en deleites, al ver el humo de su incendio. Puestos a lo lejos por medio de sus tormentos, dirán: "¡Ay, ay de aquella gran ciudad de Babilonia, de aquella ciudad poderosa! ¡Que en una sola hora ha llegado tu juicio"! (Rev. 18:9)

Y los mercaderes marineros de la Tierra llorarán y llevarán luto por ella, porque ya nadie compra sus mercancías. Nunca más habrá cargamentos de oro, plata y de piedras preciosas y las perlas o finos linos y sedas púrpuras y escarlatas, ni toda clase de maderas finas, todo de fino trabajo manual de marfil, ni las maravillosas cosas hechas con costosas maderas, bronce, hierro ni mármol. (Rev. 9:13)

Y los capitanes de todas las naves y sus pasajeros, junto con los marineros se pararon a lo lejos, y dieron gritos cuando vieron su incendio y llanto, "¡Qué ciudad hubo semejante a ésta en grandeza!" Y arrojaron polvo sobre sus cabezas, lamentando: "¡Ay, ay de aquella gran ciudad, en la cual se enriquecieron con su comercio todos los que tenían naves en la mar, debido a su preciosidad! ¡Ve, cómo fue asolada en una sola hora!" (Rev. 18:17–19)

Entonces el sol se volvió negro, como un saco de cerda, y la luna se volvió toda roja como sangre. [Gruesas nubes de ceniza filtrarían la luz de luna, dándole una apariencia "sangrienta".] Y la tercera parte del sol se eclipsó, así como un tercio de todas las estrellas, de la luna y de la tierra, y el día se oscureció. [Un evento de velo de polvo fue la consecuencia del cataclismo.][41] (Rev. 6:12)

Esta selección de pasajes de *Revelación* describen gráficamente la destrucción de la Atlántida. Existe una descripción similar en el libro de Ezequiel del Antiguo Testamento, en los capítulos 27 y 28. En ese pasaje, el nombre "Tiro" reemplaza a la Atlántida, igual que "Babilonia" fue sustituida en *Revelación*. La actual ciudad de Tiro fue un puerto en la costa sur de Líbano, durante todos los tiempos clásicos y sobrevivió hasta el final del siglo XIII d.C. La ciudad y la destrucción descrita en Ezequiel, no tiene ninguna semejanza física a la Tiro histórica, pero gráficamente representa el destino de la Atlántida.

En los tiempos cuando seas destruida y sumergida en las profundidades del mar, tu mercancía y toda la gente en tu centro caerán. Por lo tanto, mira, haré venir contra ti gentes extranjeras [los victoriosos micénicos griegos de la guerra atlante-ateniense de Platón], las más fuertes de las naciones [un título que de ninguna manera podría haber sido aplicado a Tiro], y desenvainarán sus espadas contra tu preciado saber y mancillarán tu gloria. Te llevarán a la ruina. Te matarán y destrozarán y morirás la muerte de aquellos que perecen en combate naval. (Ezequiel 27:34–35, 28:7–8)

Y yo te destruiré, Oh querubín que cubrías el trono, de en medio de las piedras resplandecientes como el fuego. [Querubes o querubines se derivan del hebreo *keruvim,* un sirviente alado de Dios, que habita en los más altos cielos y hace Su voluntad. Aquí el término es una metáfora de un fenómeno celestial que amenaza destrucción.] Por lo que haré salir de en medio de ti un fuego que te devorará y te convertiré en ceniza sobre la tierra, a la vista de cuantos tienen puestos sobre ti los ojos. Todos los demás que te vean, quedarán pasmados sobre ti: reducido serás a la nada y nunca jamás volverás a existir. (Ezequiel 28:16, 28:18–19)

CREPÚSCULO DE LOS DIOSES

Las descripciones bíblicas de la catástrofe cometaria no son las únicas de tales tradiciones. Los escandinavos tenían su propia historia catastrófica. En el poema noruego *Edda,* Odín, rey de los dioses, murió o desapareció en el Ragnarok, la destrucción final del mundo. Esta fue una catástrofe cósmica con alusiones decididamente atlantes.

Difícil es el mundo. Los pecados sensuales crecen enormes. Existen las eras de espada y las de las hachas. Los escudos son partidos en dos. Las eras de tormenta y las de crimen. [Aquí está la misma causa moral, una civilización degenerada, para el desastre venidero, como se encuentra en Platón y en la Biblia.] Los avances de Fenriswolf con la boca bien abierta. Su mandíbula superior alcanza el cielo y la inferior está sobre la Tierra. El fuego sale por sus ojos y fosas nasales. Las estrellas serán lanzadas desde el cielo. [El cometa que se acerca es hecho mito como un lobo celestial, feroz y letal.] Ya las estrellas estaban llegando a la deriva desde el cielo y cayendo desde el firmamento. Se parecían a las golondrinas, cansadas de un largo viaje, que caían y se sumergían en las olas.

Las montañas se hicieron añicos juntas, los héroes se fueron por el sendero de Hel y el cielo se partió en dos. El sol se oscurece, la Tierra se hunde en el mar. El océano corre sobre la Tierra, para que la serpiente Midgaard se retuerza en un gigante rugido y busque ganar la tierra. Pero en esta inundación, Naglfar sale a flote. El gigante Hrym es su timonel [Naglfar fue un espectral barco de dimensiones descomunales, hecho por completo de uñas de hombres muertos. La nave era una metáfora para la destrucción del mundo y la extinción masiva. Hrym fue una combinación escandinava de la Parca y el Charón, el remero del bajo mundo en la mitología griega.] Entonces sucede lo que parecerá un gran milagro, que el lobo devora al sol y esto se considerará una gran pérdida. [La oscuridad del sol causada por una masiva extrusión de cenizas a la atmósfera, desde la erupción de la Montaña Atlas y los efectos de la colisión celeste se repiten.] A partir de entonces, la luz del sol ennegrece en los veranos y el tiempo es malo. Cuando la nieve llega desde todos los cuartos, las heladas son muy severas, los vientos tan cortantes, no hay dicha en el sol. Hay tres de esos inviernos seguidos sin la intervención de ningún verano. [El clima que siguió es convincentemente descrito, y recuerda la erupción del Tambora, de Indonesia, que fue tan severa; el momento de su detonación en 1815 se conoce como "el año sin verano", porque sus nubes de cenizas bloquearon la luz del sol lo suficiente como para causar una caída de temperatura a nivel mundial.][42]

A pesar de la carnicería y de las difíciles condiciones posteriores, dos personas sobrevivieron, Lif y su esposa, Lifthraser: "Ni el mar ni el fuego de Surt les hicieron daño y ellos habitan en las llanuras de Ida, donde antes estuvo Asgaard". Las historias insinúan varias veces que Asgaard, la residencia de los dioses, no estaba en el cielo, sino en una paradisíaca isla en el océano Atlántico; la identidad de su Atlántida parece mucho más clara debido a su hundimiento durante Ragnarok. Se decía que las "llanuras de Ida", eran lo que quedaba de la sumergida Asgaard, que debe ser Tenerife en las Islas Canarias. Su montaña volcánica, Teide, ya era conocida para los nativos como Aide. Estas personas, los misteriosos Guanches, fue gente racialmente europea que contaba su propia historia de la Atlántida. Fueron exterminados por los españoles en el siglo XVI.

Cuando el *Eddas* se tradujo de la tradición oral, el lugar sobre el cual Ragnarok se encontraba se llamaba Ginnungagap, al Norte del océano Atlántico. Por lo menos un autor moderno escribe que Asgaard "colindaba" con ese lugar. La capa azul de Odin, su patrocinio de marineros y su papel como portadores de la cultura oceánica, son detalles que sugieren su identidad atlante. Probablemente, antes de que se hundiera en el olvido, Asgaard *era* la Atlántida y sólo poco a poco, a través de los siglos, se transformó por medio del mito en una posición en los cielos. De acuerdo con Donnelly, "Es posible que el Olimpo Escandinavo fuera la Atlántida".[43]

Los más antiguos mitos escandinavos conocidos datan de cerca del 1200 a.C. y se encuentran en el *Voelupsa* (transcrito de la tradición oral en el siglo XIII). Describe un evento de fin del mundo de una magnitud cósmica: "El sol se vuelve negro. La Tierra se hunde en el mar. Las estrellas encendidas fueron lanzadas del cielo". *The Deluging of Gylfi* [El diluvio de Gylfi], que aparece después, habla del mismo cataclismo en un lenguaje similar: "El sol se volverá negro, la Tierra se hundirá en el mar, el cielo se despojará de sus estrellas brillantes. El humo se enfurece y el fuego, lanzando llamas, lame el mismo cielo".[44]

ALBIÓN ATLANTE

Numerosas tradiciones británicas de inundaciones, que sobrevivieron mucho después de sus semi-históricos y legendarios orígenes en la antigua Edad de Bronce, se perdieron. Detalles míticos de eras, ampliamente esparcidos, fueron fusionados dentro de la épica nacional, como las historias de Camelot. Mientras que al Rey Arturo se le podría seguir la huella como un antiguo personaje medieval, las raíces de Merlín van mucho más atrás, a los druidas pre-cristianos; algunos de los elementos en su mito implican elementos neolíticos. La mayoría de estas tradiciones, existentes desde hace mucho tiempo, se refieren a Inglaterra como "Albión", un nombre tomado del hermano gemelo de Atlas, cuya parte del imperio atlante era Britania.

El poeta inglés del siglo XVIII, William Blake, perpetúa esta antigua tradición en su propia épica, *America, a Prophesy* [América, una Profecía.] "El ángel de Albión se paró junto a la piedra de la noche y vio el terror en forma de cometa. El espectro irradió su horrorosa largura, manchando el templo con rayos de sangre. Sobre aquellas enormes montañas sombreadas, entre América y la costa de Albión, ahora cerrada por el océano Atlántico, llamadas montañas atlantes, porque de sus brillantes picos se puede pasar al mundo dorado, un antiguo palacio, arquetipo de poderosos imperios, alza sus inmortales pináculos". Blake asocia el acercamiento de un cometa amenazador, visto desde tan lejos como Britania, con el destino de la Atlántida.

DE LAPONIA A AMÉRICA

Al norte de la Britania de Merlín y de los bardos escandinavos que cantaban de Ragnarok, los lapones del remoto Círculo Ártico aún hablan de Jubmel, un terrible dios de venganza que deseaba castigar a todos los seres humanos por sus debilidades. Su mito contiene algunas de las más coloridas descripciones de la caída de un cometa y la horrible inundación que generó.

> El mismo señor de los cielos descendió. Su terrible enojo se encendió con el rojo, azul y verde de serpientes, todas encendidas. Todos se fueron a esconder, mientras que los niños lloraban de miedo. El dios habló con su enojo, "¡Juntaré a todo el mar sobre sí mismo, le daré la forma de una altísima pared de agua y lo arrojaré en contra de ustedes, perversos hijos de la Tierra, exterminándolos, a ustedes y a todas las cosas vivientes!", haciendo espuma, chocando y levantando al cielo la pared de agua sobre el mar, destrozando todo en su camino, hasta que el sol ya no revele más las montañas ni las tierras altas, las que no podrían brillar en el cielo. Las quejas de los moribundos llenaron

la Tierra, el hogar de la humanidad y los cadáveres rodaron hacia las oscuras aguas.[45]

Si parece importante hacer comparaciones cercanas entre la Biblia semítica del Cercano Oriente con el Eddas Escandinavo y los mitos Lapones del norte de Europa, qué tanto más lo son las descripciones del diluvio atlante, encontradas en el otro lado del océano entre los nativos de las Américas. Mientras que en esencia, todos cuentan la misma historia, los detalles varían de una versión a otra, sugiriendo que las narraciones se originaron más o menos independientemente unas de otras. Son demasiadas para repetirlas aquí, sin embargo, unos cuantos ejemplos representativos deberían demostrar qué tan profunda y vívidamente, un diluvio catastrófico se grabó en la memoria popular de prácticamente todas las naciones nativas del continente Norteamericano.

El héroe de la inundación Pima, Suekha, escapó de un descomunal tsunami creado cuando un colosal "relámpago-centella" golpeó el mar. Los indígenas de Oklahoma hablan de una brillante luz que repentinamente apareció en el cielo, "pero eran olas tan altas como montañas, que se acercaban con rapidez". A partir de entonces, "la Tierra se sumergió en la oscuridad por mucho tiempo".[46]

Existe un ancestral mito, común a todas las tribus de los Grandes Lagos Superiores en ambos lados de la frontera norteamericana-canadiense, que aún se venera como una de sus más sagradas tradiciones orales. Habla de un tiempo cuando los humanos alcanzaron la grandeza al vivir en armonía con la ley de Dios. Sin embargo, después de mucho años de abundancia, se volvieron egoístas, corruptos y groseros con la prodigalidad de la naturaleza. En lo alto de su libertinaje, una "estrella barbada" cayó vertiginosamente del cielo, estrellándose en la Atlántida, donde una isla que vio lo peor del abuso humano fue tragada por el océano. "Un enorme mar fue todo lo que quedó de la una vez poderosa y desarrollada área de los humanos", que fue azotada "en hirviente masa de olas". Unos cuantos supervivientes se dispersaron por la tierra seca que quedó, donde se prometieron a ellos mismos y a sus descendientes que siempre recordarían la horrible inundación, como una advertencia contra la repetición de los pecados del pasado.[47] Variaciones de la tradición de los Grandes Lagos ocurren a través del territorio Norteamericano, desde Florida a la Columbia Británica.

Los Apaches aún se refieren a su ancestral patria en el este, con el evocativo nombre de "la Isla de Fuego". Estaba lejos atravesando el Mar Amanecer, adornada con grandes edificios, canales, una fecunda llanura, palacios y templos, una alta montaña sagrada y puertos para "grandes canoas", que recuerdan mucho a la descripción de la Atlántida de Platón. El mito sigue para explicar que "el Dragón de Fuego se levantó y sus ancestros tuvieron que huir a las montañas muy lejos, al sur".

En una notable comparación, los antiguos egipcios escribieron sobre Aalu, la "Isla de Fuego", una gran isla en el mar del Oeste Distante. También era montañosa, con grandes canales, frondosos cultivos y una suntuosa ciudad rodeada por maravillosas paredes decoradas con metales preciosos. La más antigua referencia de Aalu aparece en *The Destruction of Mankind* (La destrucción de la humanidad), la historia de un Nuevo Reino (1299 a.C.) descubierta en la tumba del Faraón Seti I, en Abidos, lugar del Osireion, un monumento subterráneo de la Gran Inundación, descrito en el relato. Es obvio que ambos, los apaches y los egipcios, aunque estaban separados por miles de años y kilómetros, sabían de la misma Isla de Fuego, la isla volcánica de la Atlántida.

No menos asombroso, el nombre que los mayas utilizaron para describir su equivalente simbólico para el Aztlán Azteca, era Alau, de acuerdo con Augusto Le Plongeon, el primer hombre en excavar las ruinas mayas de Yucatán.[48] Está claro que el *Aalu* egipcio y el *Alau* maya, derivan de una fuente común que impactó a los dos pueblos, a pesar de estar separados por la distancia y el tiempo.

Los indígenas chehalis, vecinos de los apaches, recuerdan cuando "toda la Tierra ardía. Detrás del fuego llegó el agua y la inundó toda, hasta las montañas".

Los Nativos Norteamericanos recuerdan el Diluvio

La idea de que un cometa causó la Gran Inundación es especialmente aparente en un mito común, a varias tribus del norte del Río Grande. El cuento relata que un dios estaba durmiendo en el cielo, cerca de una estrella que él estaba usando como fogata cuando un demonio empujó su cabeza a las llamas. El dios con su largo cabello en flamas, despertó asustado. Corrió por los cielos en pánico, se tropezó y cayó a la Tierra. Corrió por los bosques y montañas, prendiéndoles fuego, hasta que todo el mundo se consumió en una horrible conflagración.

Conforme corría, algunos de sus cabellos cayeron a la tierra, donde echaron raíces y brotaron como tabaco. Esta única planta sobrevivió al holocausto. Al final, él llegó al océano y brincó el agua para extinguir las llamas de su cabello. Al hacer esto, produjo una enorme inundación que cubrió la tierra por completo y extinguió el fuego que había causado. De ahí que el tabaco se conozca como una planta sagrada, que se usa en las ceremonias que conmemoran la Gran Inundación o para garantizar la travesía segura cuando se cruzan aguas peligrosas. En las descripciones de todo el mundo, registradas por toda la historia, con frecuencia a los cometas se les llama "con cabellera".[49]

Una típica variante de la historia de la inundación atlante es conocida por los Cherokee, la gente iroqués que originalmente eran de los Grandes Lagos y que emigraron al este de Tennessee y al oeste de las Carolinas. Conservaron el relato de Unadatsug, "el Grupo", estrellas conocidas en el occidente como las Pléyades. Fue de esta constelación que una estrella con "una cola en llamas" cayó en la Tierra. En el lugar del impacto, una gigantesca palmera surgió de repente, y la extinguida estrella se transformó en un anciano que advertía sobre la llegada de un diluvio. La palmera es más bien una descripción poética de la nube de hongo que resultó del impacto del meteorito.[50]

El mito Cherokee es sorprendentemente parecido a la historia egipcia de Electra, la Pléyade perdida cuya caída presagió una inundación, y al relato del diluvio hebreo, en el cual Yahvé arrojó una estrella de las Pléyades para iniciar una catástrofe. Desde el Círculo Ártico hasta el Cabo

Horn, la constelación de las Pléyades se identificó con un diluvio mundial, desde el cual los portadores de la cultura sobrevivieron para fundar nuevas sociedades. Las Siete Hermanas fueron atlantises, hijas de Atlas y su generalizada asociación con un diluvio ancestral no sólo refuerza la realidad de la civilización hundida de Platón, sino que demuestra que jugó un papel seminal en las culturas americanas pre-colombinas.

Que las Pléyades se identificaran con Atlas, tanto en Norteamérica como en Europa, está establecido por el mito de Machito, de los indígenas Hopi. Igual que Atlas, él "cargaba el firmamento sobre sus hombros", luego convocó a las siete doncellas, que dieron vida a la luna al tejerla. Desde entonces, ellas subieron a los cielos para formar su constelación. "Machito designó los tiempos, las estaciones y las formas de los cuerpos celestes. Y los dioses del firmamento han obedecido las órdenes de Machito desde el día de su creación hasta el presente". Para los griegos, Atlas fue el inventor de la astronomía y la astrología. Y los Hopi y los griegos consideraban a las Pléyades como hermanas.[51]

El relato Hopi del diluvio es notablemente similar a la versión escandinava en el Eddas: "Las montañas se sumergieron en el mar con un gran estallido, mares y lagos se derramaron sobre la tierra". Inmediatamente después, todo el mundo "se congeló en hielo sólido".[52] Los hopi creen que la inundación destruyó una Tercera Edad de la humanidad recordada como *Kurskursa*, un término que también se refiere al tinte color rojo cobrizo o bronce que viene con el amanecer. La Kurskursa fue caracterizada como un largo periodo cuando se construyeron las grandes ciudades y los hombres pelearon unos con otros por largo tiempo, hasta que una catástrofe aniquiló a la mayoría de ellos y destruyó sus capitales. Otra vez, un fuerte eco del *Critias* de Platón, en la tradición Nativa Norteamericana.

Los sacerdotes aztecas utilizaron la salida de las Pléyades para marcar el principio del año nuevo; su aparición se identificó con la Cuarta Era, que precede inmediatamente a la nuestra, la era de una inundación mundial. Cada cincuenta y dos semanas calendario empezaban exactamente cuando las Pléyades cruzaban el Quinto Punto Cardinal (el cenit del cielo), a la media noche a mediados de noviembre. Entonces los sacerdotes se dirigían al Cerro de la Estrella, una cumbre sobre una península que sobresale en el mismo centro del lago de Texcoco, que rodeaba la capital azteca. Para confirmar su poder, cada nuevo emperador era obligado, como parte de sus obligaciones de coronación, a observar las Pléyades en el mismo momento cada año nuevo.[53]

El *Códice Fuenleal* relata cómo Tezcatlipoca fue originalmente un dios del sol. Su nombre significaba "espejo que humea", parecido al "Brillante" de los griegos, Faetón. Tezcatlipoca fue arrojado del cielo por un arpón lanzado por la mano de Huitzilopochtli, el dios de la guerra, igual a lo que le pasó a Faetón con el relámpago de Zeus. El dios del sol "descendió a las aguas", pero se levantó y transformó en una constelación —el mismo descenso de los cielos y estrellado renacimiento atribuible a Faetón.[54] El *Códice Chimalpopoca* describe un evento similar a la destrucción de la Atlántida de Platón, que ocurrió "en un solo día y una sola noche": "El cielo se acercó a la Tierra y en el espacio de un día todo fue cubierto por agua. . . . Repentinamente ahí surgieron las montañas de color de fuego."[55]

Otro Faetón azteca fue Piltzintli, el "Dios Buceador", que por miles de años ha sido conocido por prácticamente toda sociedad mesoamericana. Relieves esculpidos de él, se pueden ver en el centro ceremonial Maya de Tulum, en la costa de Yucatán y aún es adorado por todo el Valle de México, en su versión cristiana del Santo Niño de Atocha. Está representado por una figura masculina que cae desde el cielo, su cabello suelto en llamas y humeando y acompañado por una representación del sol. A Piltzintli se le considera como el divino patrón de migraciones masivas. Los aztecas creían que él conducía a sus antepasados de una ancestral patria, Aztlán, una gran isla en el Mar Amanecer, antes de ser inundada por un diluvio catastrófico. (La semejanza, filológica y de otras maneras, entre Aztlán y la Atlántida es aparente.) Hace tanto como en 1851, Arthur Schopenhauer escribió, "Encontramos una concordancia aún más sorprendente entre muchos nombres de origen americano y aquellos de la antigüedad europea, por ejemplo entre la Atlántida de Platón y Aztlán".[56] Los orígenes oceánicos del Dios Buceador se enfatizan por los regalos que sus adoradores le dejan —conchas de mar— y el camino ceremonial empedrado, o *scabe,* que conduce de su templo en Tulum directamente hacia las aguas.[57]

En el momento de la conquista española en el siglo XVI, la gente de Cholula era aliada de los aztecas; se localizaba a unos 160 kilómetros de la capital Tenochtitlán (hoy ciudad de México). El extraordinario rasgo de Cholula es su pirámide, en sus orígenes tenía 66 metros de altura y en su base, cerca del doble del ancho de la Gran Pirámide de Egipto. Se dice que "gigantes blancos" erigieron la gran estructura, después de un diluvio catastrófico que transcurrió "durante el día y la noche". En algún momento, en la cima de la pirámide de Cholula se erigió un templo (que desde la conquista española fue reemplazado por una iglesia) consagrado a un meteorito, "que había caído del cielo, envuelto en una bola de fuego". Antes de que se terminara la pirámide, "cayó fuego sobre ella, causando la muerte de sus constructores y el abandono del trabajo".

La leyenda Náhuatl de un dibujo azteca en el templo de Cholula dice, "Nobles y señores, aquí tienen sus documentos, el espejo de su pasado, la historia de sus ancestros, quienes, sin temerle al diluvio, construyeron este lugar de refugio o asilo por la posibilidad de la recurrencia de una calamidad como esa".[58] Los datos más antiguos de su construcción van sólo al siglo I d.C., haciéndolo contemporáneo del similar colosal monumento de Teotihuacan, la pirámide del Sol (ver capítulo 5). Cholula significa "Lugar de los Manantiales" y la pirámide puede haber sido erigida en memoria de un diluvio que ocurrió muchos siglos antes. Con su historia sobre un meteorito consagrado y relatos de inundaciones, la pirámide representa una de la más convincentes evidencias para un cataclismo atlante provocado por un evento celestial. La civilización Maya precedió a la de los aztecas y es contemporánea con la construcción de la pirámide de Cholula.

Entre los pocos documentos originales que sobrevivieron al fuego preparado por los misioneros cristianos, se encuentra el *Popol Vuh,* traducido a principios del periodo colonial por un maya con fluidez en el español. Escrito en Quiché, la lengua de los nativos guatemaltecos, es la

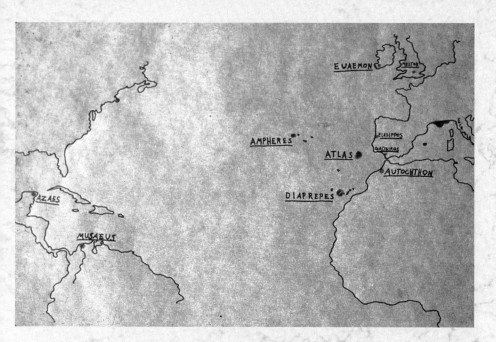

El Imperio de la Atlántida. Sus reyes, como los proporcionó Platón en los Diálogos, corresponden a lugares geográficos específicos y son los nombres de sus colonias.

Una torre etrusca en ruinas en las aguas fuera de Tarquinia. De acuerdo con Platón, los atlantes ocuparon el occidente de Italia, donde sus descendientes directos modelaron la cultura etrusca, después de la perdida civilización de sus ancestros marineros.

La reconstrucción fiel de un templo etrusco en la Vía Giulia de Roma, tiene un parecido muy cercano a la sagrada arquitectura atlante.

Un modelo del templo funerario de la reina Hatshepsut en Deir el-Bahri en el oeste de Tebas, en el Alto Egipto. El original fue inspirado por la construcción que sus mercaderes reales observaron durante sus grandes expediciones comerciales por África, cerca del 1479 a.C. y deja entrever el monumental estilo arquitectónico de la Atlántida. (Museo Rosacruz, San José, CA)

Un impresionante monolito que se encuentra en la costa de Lanzarote, más al este de las Islas Canarias. Mientras que la inscripción en un lenguaje desconocido, cerca de su base, es indescifrable, su diseño de círculos concéntricos alternando en cinco y seis anillos, combina los numerales sagrados y diseños emblemáticos de la Atlántida.

La arquitectura estilo atlante —definida por Platón como concéntrica, sus anillos interconectados por calzadas— aún se encuentra en Tenerife, la más grande de las Islas Canarias, como se muestra en este modelo del Museo de Las Palmas.

Una arquitectura atlante idéntica a los ejemplos encontrados en el otro lado del mundo, ocurre en lo alto de las montañas de los Andes, en el sitio ceremonial pre-inca de Sacsahuaman.

El edificio más antiguo del mundo, New Grange en Irlanda, está rodeado por tradiciones populares de los portadores de la cultura, venidas de un reino sumergido.

Stonehenge se ajusta al sagrado canon numérico arquitectónico concéntrico de la monumental construcción atlante. Hasta los parámetros de tiempo de los primeros sitios megalíticos británicos, equivale al surgimiento y caída de la Atlántida de la Edad de Bronce.

El diseño concéntrico de la pirámide pre-azteca de Cuicuilco al sur en las afueras de la Ciudad de México, fuertemente sugiere influencias atlantes, apoyadas por numerosos relatos nativos de los portadores de la cultura, que llegaron después de la destrucción de su patria en el océano Atlántico.

Una estatuilla de Tutankamón representada como uno de los ancestros del Faraón, el Mesentiu o "Arponero", que llegó al Delta del Nilo, desde el Distante Occidente, donde una catástrofe natural destruyó su reino de isla.

El Popul Vuh ("Libro del Cónsul") reportó que los ancestros de los mayas llegaron al oriente de México, cruzando el Océano Atlántico como refugiados de un desastre natural de talla mundial que destruyó totalmente su patria.

La Colina del Oso, de Dakota del Sur, fue escogida por los ancestros de las tribus de nativos norteamericanos, como el lugar para sus ceremonias que recordaban la Gran Inundación. La colina recuerda la isla en el mar, de la cual sus antepasados llegaron a las costas orientales de América del Norte.

El Lugar de Petroglifos de Jeffers, de Minnesota, muestra algo del más antiguo arte en piedra de Norteamérica. Aquí, la Gran Inundación se muestra en un círculo que representa a la ancestral isla sumergida. El gigante con cuernos sigue a una tortuga, ambos llevan a sobrevivientes humanos del Diluvio, a la seguridad de las costas de un nuevo continente, donde engendrarán a las tribus nativas de Norteamérica.

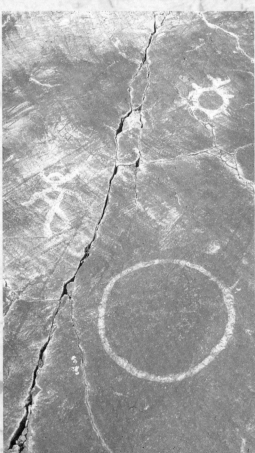

Karnak, en Luxor, en el Alto Egipto. En sus paredes, Ramsés II inscribió el texto de un pacto de no agresión con sus, en otro tiempo, enemigos Hititas, con quienes se alió en contra de los "Pueblos del Mar" de la Atlántida.

La entrada de Medinet Habú, un "Templo de la Victoria" se levantó en honor al triunfo egipcio sobre los invasores de la Atlántida.

Dama española de Elche muestra a una mujer adinerada (¿de la realeza?) que pertenece a la colonia atlante de Gadeiros, ahora Cádiz.

Esta funeraria de terracota, del siglo VII a.C., de una pareja etrusca, evidencia las caras ovales, ojos ligeramente oblicuos y cabello rojo característicos de sus ancestros atlantes.

Una representación de Solón, el gran legislador ateniense, quien aprendió de primera mano la historia de la Atlántida de los sacerdotes del templo egipcio. (Edificio Landmark, St. Paul, MN)

Copia romana del busto griego que representa a Platón, a quien por lo general todavía se le considera el más importante pensador de la civilización occidental y quien enfatizó la realidad histórica de la Atlántida.

Ignatius Donnelly, el fundador de la atlantología moderna del siglo XIX.

*Estatua clásica de
bronce del dios
del mar, Poseidón,
una personificación
mítica de las fuerzas
naturales que crearon
la isla de la Atlántida.
(Museo Nacional
de Arqueología de
Atenas)*

*Un buzo colocado
sobre una sección del
Camino de Bimini.
(Fotografía cortesía de
Joan Hanley)*

Suicidio en masa de lemmings en su alocada carrera al mar. ¿Persiste algún recuerdo de comportamiento de la perdida Atlántida, como un instinto migratorio del pasado?

Acercamiento de la parte central de la Piedra del Calendario Azteca muestra (en el cuadro) la representación de una fuerte lluvia sumergiendo una pirámide bajo un diluvio. Significa el catastrófico fin del cuarto Sol, cuando fue abrumada una civilización anterior.

Una representación de la destrucción de la Atlántida, de la Acrópolis del centro ceremonial Maya en Tikal, Guatemala. Después de su descubrimiento a principios del siglo XX, el arqueólogo Teobert Maler se volvió un apasionado atlantólogo.

Es probable que la isla de la Atlántida se parezca a este modelo de Tenerife, en las Islas Canarias. (Museo de Las Palmas)

El rojo (tufa), el blanco
(piedra pómez) y el negro
(lava) de Lanzarote, en
las Islas Canarias, fueron
los principales materiales
de construcción de los
atlantes, según Platón.

Una erupción volcánica
lateral, de la clase que
puede haber destruido
la Atlántida. (Fotografía
cortesía del Museo
Natural y Geológico de
Oslo)

Una escena que recuerda a los supervivientes atlantes contemplando los momentos finales de su desaparecida patria. Una madre islandesa y sus hijos observan la erupción y el hundimiento, parecidos a la Atlántida, de Surtsey en 1963. (Fotografía cortesía del Museo de Geología de Reykjavik)

Un meteorito del tamaño de un semi-remolque creó este cráter de un kilómetro y medio de ancho en Arizona hace cerca de 2,700 años antes, eventos similares, aunque en una gran escala, trajeron la destrucción de la Civilización de la Edad Bronce, de la cual la Atlántida formaba parte. (Fotografía cortesía del Museo del Cráter del Meteoro, Barringer, Arizona) más importante fuente de información sobre los orígenes e historia de los mayas. Al describir el Diluvio, el *Popol Vuh* cuenta que el dios destructivo, Huracán, apareció como un inmenso fuego en los cielos, antes de que cayera en el Mar Oriental, teniendo como resultado una destructiva inundación mundial: "Era ruina y destrucción. Hubo un gran estruendo de fuego sobre las cabezas de la gente. El mar se abrió. Hubo una gran inundación. La cara de la Tierra se volvió oscura".[59]

Aunque el Popol Vuh es el más completo documento maya de su clase, no es el único ejemplo sobreviviente. El *Chilam Balam*, o "La Destrucción Nunca Olvidada", en una parte dice, "Con un gran, repentino torrente de agua, la Gran Serpiente fue raptada de los cielos. Y la Gran Serpiente fue arrancada del cielo y la piel y piezas de sus huesos cayeron en la Tierra. El cielo cayó y la Tierra se hundió cuando los cuatro Bacabs surgieron para traer la destrucción del mundo. Entonces las aguas se elevaron en una terrible inundación. Y con la Gran Serpiente, el cielo cayó y la tierra seca se hundió en el mar. Al final, en un último soplido acuoso con forma de verde curvatura, se torció hacia atrás y llegó todo el océano. El cielo empezó a caer con vapor y fuego, y luego toda la tierra seca se hundió en las aguas envolventes" (Dr. R. Cedric Leonard, *The Quest for Atlantis* [La búsqueda de la Atlántida], New York: Manor Books, 1979, pp. 111, 112). El personaje atlante de esta tradición se acentúa por los Bacabs. Se les veía como hombres que soportaban los cuatro cuadrantes de los cielos sobre sus hombros, igual que lo hacía Atlas.

Siguiendo la catástrofe, los dioses, dieron tranquilidad a los supervivientes humanos: "Y un arco iris apareció como un signo de que la destrucción había terminado y una nueva era iba a comenzar". Compare este detalle del *Chilam Balam* con la historia del diluvio de Noé, del Antiguo Testamento: "Entonces Él colocó un arco iris en el cielo diciendo: ¡Cada vez que traiga las nubes de lluvia sobre la Tierra, este brillante arco recordará Mi promesa!".[60] La narrativa maya concluye, "Luego la Gran Madre Ceiba se levantó en el centro como un registro o recuerdo de la destrucción del mundo".[61] La ceiba es un árbol enorme que florece en Guatemala, en donde aún se venera como un ser sagrado, asociado

con la Gran Inundación que lavó la tierra costera de los primeros portadores de la cultura de América Central, Itzamna e Ixchel. Es posible que
la ceiba se conecte al compartir el mito de la leyenda Cherokee citada
con anterioridad, en donde una palmera gigante aparece en el lugar del
impacto del meteorito.

Algunas veces a Itzamna se le representa como un anciano Hombre
Blanco barbado, quien, con su esposa, Ixchel, la Dama Blanca, llegaron
a las costas de Yucatán con las artes y ciencias de una civilización que
había sido destruida por una inundación catastrófica allende el Mar
del Amanecer. En el código maya y en el arte del templo, a Ixchel se le
representa flotando en el agua; cerca, una especie de valija derrama su
contenido en el agua, un símbolo de pérdida material en el Diluvio. Los
indígenas Itzá toman su nombre de Itzamna. Ellos construyeron un gran
observatorio, el Caracol (debido a su forma redonda) de Chichén Itzá,
en memoria a Itzamna y como una réplica de su templo original, sobre
una isla que había sido destruida por la Inundación. Es interesante que,
a pesar de que por mucho tiempo a Itzamna se le conoció por haber sido
el inventor de la astronomía y la astrología, como lo fue Atlas, el uso de
El Caracol como un observatorio no se estableció sino hasta la década de
1960. En otra fuente maya, la pareja personificaba la Gran Inundación en
sí misma. El Código Dresden culmina, de forma lo suficientemente apropiada, con Itzamna como una enorme serpiente que cae arrojando fuego
en el mundo. En este negocio lo acompaña Ixchel, ahora representada,
no como un superviviente sobre las olas, sino como una feroz mujer con
una serpiente-cielo como tocado. Ella voltea un jarrón para vaciar las
aguas del Diluvio sobre la Tierra.[62]

Un El Dorado Atlante

Como Itzamna, el andino Kon-tiki-Viracocha fue un extranjero de piel
blanca, quien llevó la civilización a Sudamérica después de llegar reviviendo
de una terrible inundación. Él encarnó al caritativo portador de la cultura
y a la catástrofe misma, manifestando "Su poder al lanzar el relámpago
a las laderas y consumiendo los bosques".[63] Un mito peruano relata que

los Andes fueron estallados y sus cañones formados, cuando el cielo hizo la guerra con el mundo.[64]

Colombia, enfrente del océano Atlántico, debería ser rica en tradiciones de la inundación atlante. Los residentes indígenas muisca le dijeron al connotado botánico Cieza de León y al cronista real, el padre Anello Oliva, quienes por décadas trabajaron entre los indígenas, sobre una tribu de "gigantes blancos" que llegaron en "grandes canoas" en las costas orientales de Colombia: "Un ángel apareció en una masa de fuego desde el cielo y los mató a todos". El antropólogo norteamericano Adolph F. Bandelier concluyó, "Por lo que respecta a la forma en la que los 'gigantes' llegaron a ser exterminados, se puede decir que, mientras el fenómeno natural descrito, relacionado con su destrucción, parece indicar la caída de un meteoro de un tamaño inusual, la posibilidad de alguna perturbación volcánica no debería dejarse al lado".[65] De hecho, ambas alternativas formaron parte del mismo cataclismo, una engendró a la otra —colisiones de meteoritos con la Tierra produjeron actividad volcánica ampliamente generalizada.

En las montañas detrás de Bogotá, los muiscas condujeron ceremonias de iniciación real en Guatavita, un lago que se formó por un meteoro que hundió las tierras altas andinas. Miles de personas se reunieron en la costa, para la iniciación de un nuevo caudillo al que se refieren como el "Dorado". Lo llevaban remando al centro del Guatavita. Ahí, su cuerpo desnudo era bañado con resina y cubierto de pies a cabeza con un fino polvo de oro, hasta que brillara como una estatua viviente bajo el sol de mediodía. Al terminar, se sumergía en el lago, dejando un largo rastro de oro resplandeciente, a través de las extraordinariamente claras y brillantes aguas azules. Mientras tanto, en la costa, los agradecidos indígenas lanzaban estatuas de oro y otros objetos preciosos. Elevándose por las ovaciones de sus súbditos, estaba envuelto en una real capa azul majestad, por la primera vez.

Las conexiones atlantes a esta ceremonia se vuelven más aparentes después de leer la historia del diluvio de los indígenas del Orinoco, Catena-ma-noa, el Agua de Noa. A esta ciudad se le llamó "El Dorado" (el mismo nombre de la ceremonia Guatavita), la espléndida capital de una isla sumergida bajo el océano.⁶⁶ El recientemente instalado rey muisca se identificaba con la ciudad hundida Noa, conforme se sumergía en el centro del sagrado cráter del lago. El polvo de oro que caía lavado su cuerpo significaba las riquezas del Dorado perdidas en el mar, mientras la real capa azul de iniciación, recuerda la vestidura azul que usaban los reyes de la Atlántida, como lo describe Platón.

Los detalles atlantes, claramente asociados con Guatavita, se acentúan por los orígenes del lugar en sí. El lago es un astroblema, un cráter causado por la caída de un meteoro, ahora lleno de agua. Y mientras que se desconoce la fecha de su formación, el hecho de que su impacto fue concurrente con eventos cometarios en la destrucción de la Atlántida, está sumamente sugerido por las tradiciones orales y ceremoniales de las poblaciones locales. Los nativos reconocen que el Lago Guatavita es el resultado de una catástrofe celestial, a lo mejor por un gran fragmento de desechos de meteoro que acompañó al cometa; de ahí, la actividad ritual cargada con insinuaciones atlantes, que rodea el lugar desde los tiempos prehistóricos.

Los indígenas Arawak de Venezuela tienen relatos similares, que recuerdan el castigo impuesto a sus ancestros por el Gran Espíritu con "fuegos del cielo", seguido por un abrumador diluvio que venía del mar.⁶⁷ Yendo más hacia el sur, por la costa atlántica hacia Brasil, los Tupinamba adoraban a Monan, el Anciano, quien, ofendido por los seres humanos que creó, intentó exterminarlos primero con un terrible fuego que caía del cielo, seguido por una inundación mundial.

Los relatos Tupinamba cuentan cómo "Ardía el cielo y los fragmentos caían y mataban todo y a todos. El cielo y la tierra cambiaron sus lugares. No quedó nada con vida sobre la Tierra".⁶⁸ Cuando los frailes españoles les preguntaron sobre el origen de este mito, los Tupinamba decían que sus antepasados vinieron de la "isla blanca" de Caraiba, la que, antes de hundirse, cayó allende el mar en el este. (En otra asombrosa comparación, la tradición hindú habla de los orígenes ancestrales de la sumergida Attala, la "isla blanca".)

Los indígenas mataco, del Gran Chaco de Argentina describen "una nube negra" que cubrió el cielo en el tiempo de la Gran Inundación: "El relámpago golpeó y el trueno se escuchó. Pero las gotas que caían no parecían de lluvia. Eran como fuego".[69] Al extremo sur del continente, persisten relatos de tradiciones sobre una humanidad pecadora castigada en el antiguo pasado, con fuego celestial y una gigantesca inundación. Las tribus Yaman y Pehuenche, de Tierra del Fuego hablan de un tiempo como ese. La anterior afirmación del Diluvio empezó por una diosa luna, igual que la maya, Ixchel.[70]

ESTRELLA MALÉFICA SOBRE ASIA Y EL PACÍFICO

La misma historia se mueve al oeste sobre las islas del Pacífico Sur y la Polinesia. Se conoce desde Hawai a Tahití, más allá de Samoa y Micronesia, bajo diferentes nombres, pero todas las variaciones de un tema común. La versión de Samoa es peculiar: "Luego surgió un horrible olor. Se convirtió en humo, que se transformó en grandes nubes negras. De repente, el mar se levantó y, en una grandiosa catástrofe de la naturaleza, la tierra se hundió en el mar". Prácticamente toda la humanidad fue borrada de la existencia, excepto un hombre y una mujer que sobrevivieron en una nave hacia tierra, en algún lugar en el archipiélago de Samoa.[71] Un mito maorí habla de un sacerdote que oraba por la salvación de una gran flama celestial que amenazaba incinerar al mundo. Sus oraciones fueron contestadas con una colosal inundación que extinguió todos los fuegos, pero que desapareció una antigua civilización, matando a la mayoría de sus habitantes.[72] En el mito tahitiano, Taaroa, el dios del cielo, se enojó tanto con los humanos por la desobediencia de su voluntad, que él "Volcó el mundo en el mar", sumergiendo todo excepto unos cuantos *aurus*, o picos de montañas que se elevaron sobre el agua. Estos se convirtieron en las islas de Tahití.[73]

Un nativo de la costa Kona, le contó al capitán Cook una versión hawaiana de la historia del diluvio: "En ese momento, la Tierra se calentó, los cielos dieron la vuelta, el sol se oscureció al momento de la elevación de las Pléyades. Y la Tierra surgió de su desecho".[74] Los hawaianos aún hablan de Nu'u, quien metió familias y animales en una gran embarcación, en la cual escaparon de una inundación mundial causada por un monstruoso maremoto. Más tarde, el dios del mar, Kane, puso un arco iris en el claro cielo, como una señal de su supervivencia. El Noé bíblico, el Nata mixteco, el Noa del Orinoco, Nu-Mohk-Muck-*a-nah* de los indígenas Mandan de Norteamérica y el Nu'u de Hawai, junto con el motivo del arco iris, demuestran la validez de una experiencia cósmica compartida.

Para muchos polinesios, la historia del diluvio empieza con el Rangi, espíritus del cielo que hicieron la guerra en contra del dios de la tormenta, Tawhiri-Matea. Él, a su vez, atacó Tangaroa, el dios del mar. Al ir en defensa de su hermano, el dios Ua-Roa, Gran Lluvia, inundó toda la Tierra.

En el Lago Taupo, distrito de Nueva Zelandia, a Rongo-mai se le recordaba como un dios de la guerra, que atacó al mundo disfrazado de cometa. Después de traer una gran destrucción sobre la humanidad, se transformó a sí mismo en una gigantesca ballena y luego se sumergió en el mar. Los aborígenes australianos dicen que Yurlunggur, una colosal serpiente en el cielo, cubrió toda la Tierra con una inundación que sumergió largos tramos de tierra. Señaló el final de la catástrofe al contorsionarse en un arco iris.[75]

El recuerdo del cataclismo atlante se repite por toda Asia. Una variación de los mitos de la inundación conocidos en Vietnam, Burma y Laos se encuentra en la historia del norte de Tailandia sobre los Thens, dioses sinónimos con los poderes del cielo. Cuando los seres humanos se negaron a pagarles homenaje, ellos sumergieron al mundo en un diluvio del cual sólo tres familias escaparon, junto con su ganado, por medio de "una gran balsa con una casa que construyeron en lo alto de ella". De estos supervivientes, la tierra se volvió a poblar.[76] En el Archipiélago Mergui, fuera de la costa meridional de Myanmar, los nativos selung cuentan cómo "La hija de un espíritu maléfico lanzó muchas rocas al mar. Acto seguido, las aguas se elevaron y tragaron toda la tierra".[77]

Susa-no-wo de Japón fue al mismo tiempo, el dios del océano y de la destrucción. Luchó con un enorme dragón del cielo que había devorado siete hermanas y estaba a punto de comerse a una octava cuando el héroe le dio muerte. La sangre del dragón salió a borbotones sobre la Tierra, pero las almas de las doncellas que se comió fueron liberadas y subieron a los cielos.[78] En esta ciudad asiática, un mundo alejado de la antigua Grecia, a las estrellas se les considera como hermanas conectadas con un diluvio cósmicamente inducido, después de que había hecho su mal. La gran antigüedad de estos mitos se enfatiza por la apariencia de los mismos temas entre los Ainu, los aborígenes de Japón, originalmente caucásicos, cuya presencia en las islas retrocede por lo menos al siglo IV a.C. Hablaban de una inundación que destruyó a la mayoría de la humanidad.[79]

Tan recientemente como la visita de Marco Polo a China, la Biblioteca Imperial exhibía una colosal enciclopedia que se afirmaba que contenía todo el conocimiento de los antiguos tiempos hasta el siglo XIV, cuando todavía seguía siendo agrandada. El conjunto de 4,320 volúmenes incluía información sobre un tiempo cuando Tien Ti, el emperador del Cielo, el equivalente chino a Zeus, intentó exterminar a la pecadora humanidad con un diluvio mundial: "Los planetas alteraron sus cursos, la Tierra cayó en pedazos y las aguas en su seno subieron de prisa con violencia e inundaron la Tierra". Otro dios, Yeu, sintiendo lástima por los humanos que se ahogaban, hizo que una gigantesca tortuga surgiera del fondo del océano y se transformara en una nueva tierra. (Es notable que esta versión sea idéntica a un mito de la creación que se repite prácticamente por todas las tribus del norte del Río Grande. Casi todos los nativos americanos llaman a su continente la "Isla Tortuga" debido a que el Gran Espíritu hizo que la gigantesca tortuga surgiera del océano para salvarlos del diluvio.)

Otro texto chino explica cómo "Las columnas que soportaban el cielo se desmoronaron y las cadenas de las cuales se suspendía la Tierra se hicieron añicos. El sol, la luna y las estrellas cayeron en el noroeste, donde el cielo se vuelve bajo; los ríos, mares y océanos se dirigieron al sureste, donde se hundió la tierra. Una gran conflagración explotó. La Inundación rugió".[80]

"¡Peiroun! ¡Peiroun!"

Una leyenda de Taiwan describe a Mauri-ga-sima, un extenso y opulento reino de una isla de palacios y santuarios. Por muchos años, sus habitantes fueron virtuosos. Pero con el tiempo se volvieron ambiciosos, egocéntricos y arrogantes. Sólo Peiroun, el rey, y su familia, siguieron siendo amables y generosos. Una noche soñó que un terrible diluvio destruiría por completo a Mauri-ga-sima, si las estatuas de In-fo-ni-woo y Awun se ponían rojas. Estos dioses gemelos de la creación y la destrucción eran venerados en su propio templo. Pero la gente irreverente se rió de su sueño. Un hombre particularmente pecador, pensando en hacerle una broma a Peiroun se metió al templo después de que había sido cerrado y embadurnó las caras de las estatuas con pintura roja. A la siguiente mañana, el rey vio las figuras pintadas, reunió a su familia con todas sus cosas, y advirtió a la gente que se burlaba, que ellos se hundirían si no abandonaban su ruinosa isla, luego se embarcó junto con su familia a las costas del suroeste de China. Ahí estableció la primera dinastía de esa tierra. Pero mientras que su barco lo estaba llevando lejos, repentinamente Mauri-ga-sima desapareció, llevándose a todos sus habitantes al fondo del mar.

Blackett, citando a Kaempfer, reportó, "En este momento [1883], en particular en las provincias del sur, ellos [los pescadores chinos de la localidad] se echaban al mar en sus embarcaciones como si fueran a escapar lejos, gritando —'¡Peiroun! ¡Peiroun!'".[81] Este relato incluye todo lo del mito occidental y contiene temas comunes a los cuatros continentes, numerosos pueblos y diferentes culturas, desde los dioses gemelos de In-fo-ni woo y Awun (los reyes de la Atlántida, como los describe Platón, fueron gemelos), a los fundadores de nuevos reinos después de la destrucción de la civilización de una isla, al juicio de los dioses sobre la gente irreverente.

Es sorprendente la comparación de este cuento taiwanés con similares relatos que están muy lejos de los mares de China. Una variante egipcia de la Atlántida es la Tierra de Punt, en donde reinaba el rey Parihu.[82] En un antiguo relato popular francés, el rey Perion y su familia fueron los únicos sobrevivientes de Amadis, su hundido reino, del cual llegaron a

Britania para fundar una nueva dinastía.[83] Hasta parece que existe una genuina correspondencia filológica entre Amadis y la Atlántida. Cuando Hernán Cortés vio Tenochtitlán por primera vez, la comparó con Amadis, porque la capital azteca estaba rodeada por agua y la cruzaba un sistema de canales, todo construido de acuerdo al estilo de sus ancestros atlantes. No menos sorprendente es el perdurable poder de esta historia, como se ejemplifica en la leyenda de Bretón, utilizada por Jules Massenet como base de su ópera, *Amadis,* estrenada en Monte Carlo en 1922. Las tradiciones asiáticas, egipcias y francesas están tan profundamente enraizadas en la prehistoria, que se puede concluir que estos pueblos, tan ampliamente separados unos de otros, fueron visitados por miembros de una familia que llevaba la cultura (Peiroun-Parihu-Perion) de la Atlántida, igual que otras familias atlantes con el nombre de Noah-Noa-Nata-Nu'u llegaron como supervivientes a diferentes partes del mundo.

India recuerda el desastre

En varios importantes mitos hindúes se describe un diluvio, pero en particular dos ejemplifican los aspectos cometarios de la inundación atlante. El *Mahapralaya,* "Gran Cataclismo" se encuentra entre las leyendas indostánicas más antiguas de supervivencia. En la historia se representa gráficamente el rápido acercamiento de un cometa:

> Por el poder de Dios ahí surgió de la esencia de Brahma [el cielo], un ser de forma parecida a un jabalí, blanco y extremadamente pequeño; este ser, en el espacio de una hora, creció al tamaño de un elefante del tipo más grande y permaneció en el aire. De repente [él] emitió un sonido como el más estrepitoso trueno y el eco reverberó y estremeció todos los cuadrantes del universo. Otra vez [él] hizo un fuerte sonido y se convirtió en un pavoroso espectáculo.
>
> Agitando la melena larga y suelta que cuelga hacia abajo de su cuello por ambos lados, y levantando los cabellos húmedos de su cuerpo, orgullosamente despliego sus dos extremadamente blancos colmillos. Luego, girando sus ojos de color vino y levantando su cola, descendió

de la región del aire y se zambulló de cabeza en el agua. Todo el cuerpo de agua se convulsionó por el movimiento y empezó a elevar en olas, mientras el espíritu guardián del mar, aterrorizado, empezó a temblar por sus dominios y a pedir misericordia.[84]

La más famosa épica de su clase es el *Mahabharata*. De acuerdo con la Enciclopedia Británica, está basada en hechos verdaderos que sucedieron del siglo XV al XI a.c., precisamente en el periodo de tiempo cuando la Atlántida alcanzó la altura de su poder y sucumbió en su perdición. La destrucción de Tripura se expone al principio de *Drona Parva* (Sección XI). Se describe como un rico y poderoso reino oceánico, cuya costa oriental da hacia la costa de África.

El *Mahabharata* la llama la "Ciudad Triple", en honor al tridente dado por el creador de la isla, Shiva, como un emblema a los residentes. La misma ciudad fue diseñada por Maya, "de gran inteligencia". Construyó dos más, configurando cada una en una masiva, opulenta escala y "le dio la forma de una rueda" (*chakrastham*, sánscrito para "circular"). "Y estaban formadas por casas, mansiones y elevadas paredes y terrazas. Y aunque abundaban los palacios señoriales unos muy cerca de los otros, las calles eran anchas y espaciosas. Y estaban adornadas con diversas mansiones y entradas. Otra vez, cada una de estas ciudades, tenían un rey por separado".[85]

Su identidad fue descrita como Daityas, pero, en un sentido más básico, también eran Asuras, seres que correspondían a los Titanes griegos —criaturas más grandes que los hombres pero menos que los dioses. Aunque eran originalmente una virtuosa raza, poco a poco se fueron corrompiendo con los deleites terrenales, insultando los poderes celestiales. "Intoxicados con la codicia e insensatez, y despojados de sus sentidos morales, empezaron cínicamente a hacer una exterminadora guerra contra las ciudades y pueblos establecidos por todo el mundo. Llenos de orgullo, los perversos Daityas consideraban al resto de la humanidad como inferiores y esclavos".

Los dioses se reunieron para decidir un apropiado castigo y Brahma, el Creador, ordenó a sus amigos inmortales lanzar hacia abajo un proyectil celestial que llevara "el Poder del Universo". Ellos lo obedecieron de inmediato. "Extendiendo su destreza, Mahadeva lanzó al mar la paradisíaca ciudad Daitya. Quemando a esos Asuras, los tiró al Océano Occidental".[86] Una enorme nube negra surgió de la escena de la catástrofe, cubrió los rayos del sol y lanzó a la tierra en una prolongada oscuridad. Las plantas se marchitaron, los animales murieron de hambre y los pocos humanos que sobrevivieron se consumieron. Para impedir que desapareciera toda vida sobre la tierra, Shiva inhaló la nube de oscuridad que cubría todo el planeta. Desde entonces, con frecuencia a su garganta se le describe de color azul índigo, por la gran nube de ceniza que inspiró voluntariamente para salvar al mundo.

No puede haber ninguna duda de que el evento descrito en el *Mahabharata* es la destrucción de la Atlántida. Muestra todos los rasgos básicos incluidos en los *Diálogos* de Platón. El mismo nombre de Tripura se deriva de su emblema, el tridente, el arma de Poseidón, el dios del mar que creó la Atlántida. Como se describe, las dos ciudades están llenas de mansiones, palacios y templos; estaban distribuidas en círculos, con altas paredes que las rodeaban; las dos fueron talasocracias que operaban desde una isla "en el océano Occidental" allende las costas de África. A sus habitantes se les llamaba Daityas, "aquellos de Aitya", los que en Grecia serían Atlantes, "aquellos de Atlas".

Los Daityas fueron Asuras, Titanes; Atlas y sus seguidores fueron de igual forma titánicos. Las ciudades de los Daityas estaban gobernadas por su propio rey, el mismo tipo de confederación imperial esbozado en el *Critias*. Su sociedad se volvió materialista e hicieron una guerra de conquista, justo como lo describe Platón. Hasta el *Mahabharata* detalla la convocación de los dioses, que Platón dijo que se llevó a cabo justo antes del cataclismo. Brahma es el equivalente hindú de Zeus y ambos ordenaron a un poder enviado del cielo, para caer sobre Tripura-Atlántida, sumergiéndola bajo el mar. El medio de destrucción es "el Poder del Universo", en la forma de un proyectil que cae, una maravillosa caracterización del cometa que se acerca trayendo consigo el desastre en su estela.

EL CATACLISMO RODEA AL GLOBO

Al sur, la historia de un diluvio en Sri Lanka dice que los veinticinco palacios y cuarenta mil calles "fueron tragadas por el mar".[87]

El *Zend-Avesta* es un libro sagrado del Zoroastrismo persa, con raíces en el sigo XIII a.C. En la sección *Vendidad,* que es parcialmente un relato del principio de la humanidad, el profeta Zoroastro escribió de Tistrya, una estrella de tres cabezas que cayó del cielo: "el mar, todas las costas y el centro del océano hirvieron". Curiosamente, hace una específica referencia a lo que parece ser el Atlántico medio, mencionado en otros numerosos mitos históricos como el lugar donde un cometa o un meteoro cayó en el mar.[88]

En la Costa de Oro de África occidental existen varios relatos del Diluvio entre la gente Yoruba. Cuentan como Olokun, el dios del mar, se enojó con los seres humanos pecadores y buscó provocar su extinción, al instigar una inundación que sumergiera el mundo. Muchos reinos desaparecieron, hasta que un gigante héroe, Obatala, se paró en medio de las aguas y a través de su *juju,* poderes mágicos, enlazaron a Olokun en siete cadenas. Los mares ya no subieron sobre la tierra y la humanidad se salvó.

A Atlas se le puede percibir en este Obatala africano, como un gigante en medio del mar, mientras que las "siete cadenas" que señalan el final del Diluvio, puede coincidir con las siete Pléyades.

En la remota región del Congo bajo, la tradición oral habla de un antiguo tiempo cuando "el sol se encontró con la luna y le lanzó lodo, lo que la hizo ser menos brillante. Cuando esto sucedió hubo una gran inundación".[89]

El cuento del marinero náufrago

Lejos al norte del Congo, los antiguos egipcios contaban varios mitos del diluvio. El más conocido se puede trazar confiablemente a mediados del siglo III a.C., aunque con certeza es más antiguo y sufrió revisiones a través de los siglos.

"El cuento del Marinero Náufrago" habla de un hombre joven a bordo de una embarcación, en compañía de sus camaradas mineros de cobre. Todos se pierden después de que su barco se hunde durante una tormenta, excepto el héroe, quien se convierte en un náufrago en una lejana isla: "Repentinamente, escuché un ruido como un trueno, que pensé era una ola del mar rompiendo en la costa. Pero los árboles se sacudían con violencia y la tierra tembló".

Estos movimientos geológicos anunciaban la llegada del Rey Serpiente, una enorme criatura barbada cubierta con oro y lapislázuli. Con cuidado levantó a su desventurado invitado "en sus grandes quijadas" y lo llevó a su "lugar de descanso". Ahí le habló sobre "esta isla en el mar y cuyas costas están en medio de las olas . . .una isla del bendito, donde no falta nada y que está llena de todas las cosas buenas . . .un lejano país, del cual los hombres no sabían". Él es el monarca del reino de una isla, con su familia de compañeras "serpientes" . . . "sin mencionar a una joven niña que me trajeron por casualidad y en quien el fuego del cielo cayó y la convirtió en cenizas".

Después de una permanencia de cuatro meses, el rey llenó de regalos a su no convidado invitado. "Pero cuando dejes este lugar", le advirtió, "nunca más verás esta isla. Será cambiada en olas".[90]

En esta historia, al Rey Serpiente se le llama el "Príncipe de la Tierra de Punt". Su isla era sísmica ("la tierra tembló"), en medio del mar ("las costas están en el centro de las olas") y "un lejano país que los hombres no conocen" —todo lo que sugiere la inestabilidad geológica y localización de la Atlántida, en medio del océano.

La impresión se profundiza cuando el rey se refiere a su dominio como "una isla del bendito", una caracterización griega y romana utilizada para referirse generalmente a las islas del Atlántico y a la Atlántida en especial. Su rica y natural abundancia ("donde no falta nada y que está llena de todas las cosas buenas") asimismo, hace reminiscencia de este pasaje del *Critias*: "la misma isla proporcionaba mucho de lo que requerían para los usos de vida . . .Todos estos que una isla sagrada que yace bajo el sol, trajo belleza y maravilla en infinita abundancia". Ciertamente, las palabras del Rey Serpiente no dejan lugar a dudas sobre la identidad atlante de su isla: "será cambiada en olas".

¿Entonces por qué la isla del Rey Serpiente se llamaba Punt? Como aclara Kenneth Caroli, los egipcios conocieron varios lugares de esa descripción y sin duda el nombre nunca se utilizó para designar a un solo sitio geográfico.[91] Igual que los escritores del Nuevo Testamento emplearon "Babilonia" para describir cualquier ciudad opulenta, los egipcios llamaban Punt a las tierras extranjeras de abundancia, y con las cuales comerciaban en términos amistosos.

El Rey Serpiente es mucho más que alguna creación fabulosa. Los Textos de la Pirámide dicen, "Vos, Osiris, sois grande en tu nombre del Gran Verde [el mar]. Mira, vos sois redonda como el círculo que circunda el Hanebu". Howey comenta, "Por lo tanto, Osiris fue la serpiente que, yaciendo en el océano, rodeaba el mundo".[92] Esta descripción de Osiris como un hombre-dios y portador de cultura, que viajaba por todo el mundo, predicando las virtudes de la civilización y su propio culto misterioso de renacimiento, es en sí mismo atlante por completo. En el mito egipcio, a Osiris se le representó como un "rey serpiente". Su apariencia acentúa su imperial personaje, no como una gigantesca serpiente, sino como un poderoso gobernador. La barba que usaba era un distintivo de dignidad real. (Hasta la reina Hatshepsut tenía que usar una barba falsa en alguna ocasión durante su reinado.)

Naturalmente, sus "escalas" de oro y lapislázuli fueron su indumentaria real, su usual atuendo de joyería de los mismos materiales. La transportación del náufrago a su "lugar de descanso" (esto es, el palacio) en "las grandes quijadas" (guardias armados con afiladas armas) se refiere al poder de mando del rey. El marinero parece haber sido comprometido en el lucrativo comercio del cobre que supuestamente volvió a la capital atlante rica e influyente. Que su barco cargado de mineros debería haberse movido lo suficientemente cerca para que él alcanzara la isla del Rey Serpiente, implica que se encontraba en la inmediata vecindad de la Atlántida.

El rasgo más convincente y por lo demás inexplicable, de la historia del Rey Serpiente, es la "joven niña —sobre quien el fuego del cielo cayó y la convirtió en cenizas". Atlántida significa "hija de Atlas". ¿Es *La Historia del Marinero Náufrago* un recuerdo en mito de una catástrofe, "el fuego del cielo", que golpeó la atlante "isla del bendito", "y la quemó hasta convertirla en cenizas"?

Con esta versión egipcia del desastre, la historia atlante ha sido trazada por todo el mundo, en temas míticos comunes que conectan virtualmente a todas las sociedades de la tierra. Sin embargo, estos ejemplos representan sólo una fracción de los cientos de relatos conocidos de inundaciones. Pero aún aquí, la impresión acumulativa empieza a formar un cataclismo global que tocó a toda la humanidad tan profundamente, que la memoria fue congelada de súbito en la consciencia popular de la humanidad. Es imposible que tantos elementos compartidos vívidamente, que describen el mismo evento y a los que con frecuencia se les considera sagrados por la gente que preserva su recuerdo por generaciones, no estén relacionados, que sean sólo una coincidencia. Por el contrario, cuando se ve desde una perspectiva global, el mito del Diluvio en todas sus variaciones representa un testimonio de esa catástrofe natural —y de la gran ciudad que destruyó.

El fenómeno de nostofilia fue una urgencia instintiva en los animales, al forzar su regreso a alguna remota patria o tierra de reproducción, mencionada en el capítulo 3. Ciertas anguilas, roedores, aves y hasta mariposas, continúan reuniéndose en un área abierta del océano Atlántico, el lugar de una grande y anterior isla, sumergida hace mucho tiempo al fondo del mar. ¿Es posible que también nosotros tengamos una especie de nostofilia por una remota y perdida patria? Mientras que otros animales actúan de acuerdo a su recuerdo en un comportamiento autodestructivo, es posible que los humanos lo expresen en el mito universal del Gran Diluvio.

CINCO

¿Cómo se destruyó la Atlántida?

Desde su base profundamente enraizada la Isla de Fuego
el severo Poseidón hizo temblar y hundió bajo las
olas a sus impíos habitantes.
Fragmento de un poema de Dionisio de Rodas

Los mitos son los lúcidos sueños de la humanidad. Como sueños personales, se pueden llevar con detalles concretos y realistas, pero el sentido del tiempo es oblicuo. Los mitos preservan las verdades históricas envueltas en capas de metáfora poética, aunque los eventos que ellos tan coloridamente y hasta con exactitud describen, no pueden estar sujetos a ningún periodo específico. La función del mito es describir el pasado, no fecharlo. Fijar creíbles parámetros de tiempo en los sucesos antiguos, es el trabajo del arqueólogo, el historiador, el geólogo y el astrónomo, pero no del mitólogo. Les toca a los "científicos severos" determinar cuándo y cómo tuvo lugar la catástrofe mundial, que prácticamente todas las sociedades humanas volvieron mito.

La investigación de los científicos para el Cuándo y Cómo de esa catástrofe, empieza en Egipto. Ahí, en Tebas occidental, en el Valle del Nilo todavía se puede visitar el mejor conservado complejo ceremonial del Nuevo Reino. Conocido como Medinet Habú, el Templo de la

Victoria (posiblemente, "Victoria en contra de Hanebu"), fue construido por Ramsés III cerca del año 1180 a.c., para conmemorar su triunfo sobre la más peligrosa invasión marítima que jamás había enfrentado su reino. El Hanebu, también conocido como Meshwesh, Pueblos del Mar, fueron una talasocracia extranjera, un poder amenazador cuyas embarcaciones deambulaban por todo el mar Mediterráneo, tan lejos como "El Noveno Arco", que es probable sea el equivalente egipcio al Estrecho de Gibraltar.

Un número de tribus relacionadas o posiblemente divisiones de los Meshwesh, incluían a los Denyen, Kel, Peleset, Sheklesh y demás —nombres que en ocasiones correspondían a territorios específicos, tales como Palestina o Sicilia. Al parecer los nombres de estos sitios fueron puestos en honor a varios Pueblos del Mar, siguiendo su ocupación de estos lugares en el periodo subsiguiente a la guerra contra Egipto. Las inscripciones del Templo describen la enorme ambición de gran alcance de estos navegantes armados: "Pusieron las manos sobre países en cada lugar de la Tierra".[1]

Medinet Habú se erigió en una gran escala. Un espectacular espécimen de la arquitectura faraónica, aún muestra rasgos de su pintura original después de más de tres mil años. Las inscripciones en su templo no son mito, sino historia, aunque en ocasiones se utilizaron figuras míticas para que los escribas que copiaban los reportes oficiales de la victoria egipcia, describieran los eventos en una emocionante escala. Escribieron que en el año de la coronación de Ramsés, 1198 a.C., un terrible augurio cayó sobre la tierra: "Los hombres vagan viéndose como aves gema [cuervos], porque ellos no son los que llevan ropajes blancos en estos tiempos. Todos están derribados por el terror".[2] La luz del sol disminuyó drásticamente, los cielos siempre estaban oscuros y el frío del aire era inusual, debido a "una gran oscuridad" que eclipsó a Egipto.

Otros documentos que han sobrevivido hasta nuestros días, como el *Papiro Ipuwer,* habla de que el mundo parecía haberse puesto de cabeza en un cataclismo cósmico. El Libro del Éxodo, del altar de Al-Arish, escrito por un judío, Midrashim, repite las narraciones egipcias.[3]

Los eventos inusuales eran considerados como horribles presagios para su reino y, seguramente, cinco años después, los egipcios del Delta del Nilo fueron enfrentados desde el noroeste [la misma dirección de donde llegó la nube de ceniza] por la más grande flotilla de invasión que jamás habían visto.

El Hanebu, guiando una confederación de otro Meshwesh, lanzó una serie de enfrentamientos navales mayores y desembarcos armados. Con rapidez, se pasaron al lado de las defensas costeras egipcias e invadieron la tierra en varios puntos, a lo largo de la boca del Nilo. La inercia de la invasión siguió sobre todos los obstáculos militares o los pasó en su camino. Al principio, la fuerza de Hanebu, que se contaba en decenas de miles, parecía una irresistible marea de hombres armados y navíos de guerra. Tomaban una ciudad tras otra, matando, demoliendo o capturando a los defensores. Pero a través de la brillante estrategia de Ramsés III y la habilidad de sus arqueros, los invasores fueron derrotados y los hicieron retroceder hacia el mar. Se tomaron muchos prisioneros y sus retratos grabados en las paredes del Templo de la Victoria. Les ataron las manos por la espalda o sobre la cabeza. Encadenados, un desafortunado miserable tras otro, por una larga cadena engarzada entre collares, desfilaron ante el faraón, su familia, la corte, soldados y multitudes de espectadores.

Antes de su ejecución, se interrogó a los oficiales Hanebu y se registró su testimonio. Se les preguntó ¿por qué invadieron Egipto? El enemigo vencido replicó que estaban desesperados después de perder su patria. Las inscripciones de Medinet Habú dicen, "La cabeza de sus ciudades se había hundido bajo las olas. El gran calor de Sekhmet se mezcló con el suyo, así que sus huesos se quemaron a la mitad de sus cuerpos. La meteorita fue implacable al perseguirlos . . .una antorcha muy poderosa lanzó llamas desde los cielos para buscar sus almas y devastar su raíz. El Kel y el Meshwesh del mar, fueron hechos como aquellos que ya no existen. La tierra del Meshwesh fue destruida toda en un momento".[4]

Esta última línea se compara con la descripción de Platón de la duración del cataclismo atlante —"en un solo día y una sola noche".

La sustancia que ennegreció con humo la ropa blanca de los egipcios y provocó la fría oscuridad que atemorizó a la gente, fue una lluvia radioactiva de pesadas nubes de cenizas, efectos de la erupción de la Montaña Atlas, dirigidas por los prevalecientes vientos del oeste, que cruzaban el Mediterráneo hacia el Valle del Nilo. Sekhmet fue la diosa egipcia de cabeza de leona, de apasionada aniquilación. Y la patria de la Gente del Mar que ella destruye se llamó Netero, la Isla Sagrada. Su descripción es similar a la de la sumergida capital de Platón. En Medinet Habú, los más importantes elementos asociados con esa ciudad perdida —la guerra atlante contra Egipto y el evento celestial que trajo el diluvio de su isla— llegaron juntos, no es un especulativo mito, sino una historia registrada. Está claro que el único evento en la antigua historia, que encaja en este retrato gráfico, es la destrucción de la Atlántida.

"UNA CADENA DE DESTRUCCIÓN"

El testimonio escrito en piedra en el Templo de la Victoria de Ramsés, abre una única puerta al pasado que había estado escondido hasta este momento. Ofrece la perspectiva necesaria para ver a la Atlántida en el contexto del mundo real y, por lo tanto, la enfoca más claramente que nunca. La época en la cual el Pueblo del Mar invadió Egipto y Netero se hundió bajo las olas, fue una de destrucción generalizada, no limitada al océano Atlántico. La magnitud de la aniquilación fue nada más que trans-continental. Su alcance fue horrible y devastador. Antes de la repentina llegada de la catástrofe, la Civilización Occidental había alcanzado un alto nivel de excelencia cultural. Egipto estaba en la cima de su esplendor. Los griegos micénicos, descritos en las épicas de Homero, gobernaban el Mediterráneo Oriental, mientras que sus rivales troyanos dominaban los comercialmente estratégicos Dardanelos desde su opulenta capital de Ilios. El imperio Hitita se esparció por toda el Asia Menor y los Asirios hacia el sur, controlaron la parte central del Cercano Oriente. La lenta decadencia interna que infectó a tantas sociedades desde entonces, no fue evidente. Por el contrario, todos estos reinos tenían una próspera economía, eran militarmente vigorosos, contaban con una riqueza artística y estaban en la cima de sus poderes.

Sin embargo, en unas cuantas décadas, todos ellos (con una sola excepción) fueron destruidos, sus capitales y la mayoría de sus ciudades incendiadas, sus poblaciones supervivientes se escondieron en las altas montañas. Sólo Egipto se escapó de la destrucción, pero sufrió un declive pronunciado del cual nunca se recuperó. Junto con los mejor conocidos poderes, los Kassites babilonios, una gente formidable que por siglos tuvo problemas con los hititas, desaparecieron, igual que Elam. La dinastía Shang en la lejana China, que fue inundada con lluvias de ceniza, colapsó repentinamente. Los cortos años que unen al siglo XIII y al XII a.C., fueron testigos del olvido y abandono de literalmente cientos de ciudades y pueblos por todo el mundo civilizado. Los mismos cimientos de la civilización fueron destrozados y con rapidez, la humanidad regresó a la edad oscura del salvajismo, anarquía e ignorancia, por los siguientes quinientos años. Gobierno, ciencia, arte, arquitectura, literatura, medicina, marina, economía, agricultura —todo lo que había llevado a elevados estratos de logros entre los años 3000 y 1200 a.C. desapareció en un instante.

En Anatolia (la actual Asia Menor), todos los lugares de la Edad de Bronce y muchos otros insignificantes, incluyendo todos los importantes asentamientos que pertenecían al hasta ese momento invencible Imperio Hitita, fueron completamente destruidos por el fuego, en algún momento cerca del 1200 a.C. En los siglos que siguieron, unas cuantas ciudades fueron ocupadas por puñados de precaristas; el resto quedaron en el olvido, hasta que arqueólogos modernos las descubrieron. En las ruinas de Hattusas, la capital imperial, los investigadores encontraron grandes cantidades de cenizas, madera carbonizada y chatarra de ladrillos de lodo, fundidos a alguna temperatura inconcebiblemente alta —evidencia de un intenso fuego. Cerca de Alaca Hoeyuek se encontró un testimonio idéntico, donde una gruesa capa de ceniza cubría toda la metrópolis. La ciudad fortificada de Alishar, su inviolable poderosa pared defensiva aún en pie, había sido aniquilada por un monstruoso fuego.

A cerca de 96 kilómetros al este, la fuertemente construida frontera de puesto de avanzada, de Mashat Hoeyuek, que por siglos se mantuvo como un exitoso bastión contra invasiones, se quemó como un cerillo. Lejos al oeste, la gran ciudad de Milawata que vigilaba la costa egea desde atrás de sus impenetrables murallas, también ardió en llamas que consumieron todo, en algún momento cerca del año 1200 a.c. En ese mismo momento, a cientos de miles de kilómetros al sureste, las ciudades fortificadas de Tarsus y Mersin fueron arrasadas por una conflagración común y al igual que una desconocida ciudad castillo hitita que guardaba a las estratégicas cabeceras del Río Seyhan. Numerosos fuertes, ciudades y pueblos por todo el Río Éufrates al este de Anatolia, fueron quemados en lo que los Drews llaman "amplias destrucciones del lugar". Lidar Hoeyuek, Tille Hoeyuek, Norshuntepe —la lista de grandes y pequeños asentamientos es un completo catálogo de implacables exterminaciones por llamas.

La evidencia física de destrucción por toda Anatolia, probó que los antiguos historiadores habían escrito la verdad cuando registraron las agitaciones cataclísmicas en Asia Menor, justo después de la Guerra Troyana. Los eruditos romanos Plinio el Viejo y Estrabón y anteriormente, los griegos Pausanias y Democles, reportaron que "pueblos enteros desaparecieron" durante una serie de violencia geológica sin precedentes, que golpeó Lydia, Ionia y el Tróade.[5] Describieron que Troya fue "sumergida" durante este tiempo y que, repentinamente, los pantanos se agrandaron hasta convertirse en lagos. Es probable que estas abruptas transformaciones fueran causadas por un gigantesco tsunami, puesto en movimiento por un extraordinariamente poderoso terremoto o la caída de una gran meteorita en el Mar Ionio, en las afueras de la costa noroeste de Anatolia.

En la *Eneida* de Virgilio, Eneas y su familia fueron testigos de la caída de una poderosa meteorita, en el último día de la Guerra de Troya. De hecho, se ha establecido la evidencia de un serio daño geológico en Ilios. (Aquí se debe mencionar que "Troya", aunque tradicionalmente se utiliza en el mismo contexto de su ciudad líder, fue en realidad el nombre del país que rodeaba Ilios, la capital troyana.)

Ahí cerca, la Montaña Sípilo "fue derribada". Mientras colapsaba, una ciudad en sus laderas se estrelló en las profundidades de un abismo, que estaba lleno por una inundación, y que se convertiría en el Lago Saloae. Según Pausanias, las ruinas de la ciudad se podían ver en el fondo del lago, hasta que con el tiempo, se cubrieron de lodo.

Ugarit se encontraba entre las más antiguas, grandes y poderosas ciudades del Cercano Oriente. En el momento de la Guerra de Troya, también estuvo sujeta a una conflagración tan violenta y que lo abarcó todo, que la vida diaria se detuvo de inmediato. Los actuales excavadores que trabajaron en el lugar arqueológico, encontraron tabletas de arcilla en un horno, como si sus creadores hubieran sido sorprendidos en medio de sus tareas diarias. Mucho más pequeño, un pueblo costero cercano, Ras Ibn Hani fue destruido de forma similar. Por todo lo largo del Río Orontes, ciudad tras ciudad fue devastada en carbonizados tumultos de ruinas ardientes. Típico fue el más pequeño lugar de Alalakh, descubierto por el famoso arqueólogo Leonard Wooley. A pesar del milenio que lo separa de la destrucción, se sintió sobrecogido por lo que encontró: "las ruinas quemadas de los techos de las casas muestran que la ciudad compartió el destino de sus más poderosos vecinos".[6]

El holocausto alcanzó el Levante del Sur, devorando la gran ciudad de Lachish en llamas y bañando en fuego la total superficie del territorio, desde Siria hasta la frontera de Egipto, conocido en los posteriores tiempos romanos, como la Vía Maris. Todas las posesiones imperiales del faraón egipcio en esta amplia área, grandes ciudades y pequeñas aldeas, centros comerciales y fortalezas, fueron reducidos a pilas de cenizas. B. Hrouda, un arqueólogo que por veinte años excavó lugares en el Levante, escribió sobre los depósitos de cenizas. "estos estratos calcinados son la evidencia de una catástrofe mayor".[7] Wiesner, quien también por décadas excavó lugares de la Edad de Bronce en el Cercano Oriente, escribe sobre "una cadena de destrucción" desde Troya hasta Palestina.[8]

LA INCINERACIÓN DE LA GRECIA HOMÉRICA

En Grecia, "casi todos los grandes centros continentales habían sido destruidos por el fuego, después de eso, varios fueron desocupados", de acuerdo con los arqueólogos de mediados del siglo XX, que excavaron docenas de asentamientos en el Peloponeso, dieron como fecha el final de la Edad de Bronce.[9] De las 320 ciudades y pueblos griegos que existían en el 1200 a.c., quizá cuarenta siguieron habitados diez años después. Desde el palaciego lugar lejos al norte de Iolkos, hacia la ciudad portuaria de Xeropolis en la costa Euboean, los asentamientos humanos fueron reducidos a calderos de llamas del tamaño de una ciudad. La misma Micenas ardió tan completamente, que ningún centímetro cuadrado dentro de la Ciudadela quedó sin quemarse. La misma mampostería se fundió a temperaturas difíciles de comprender. En la distante Argólida, en el noreste del Peloponeso, unos cien asentamientos de diversos tamaños e importancia fueron evacuados a toda prisa o convertidos en cenizas en su totalidad.

La magnífica Tirinto, su formidable baluarte recién erigido en contra de alguna amenaza mayor desde el mar, fue volada con tanta fuerza, que la metrópolis y todo en sus inmediatos alrededores, incluyendo la vecina ciudad de Midea, fueron prácticamente pulverizados por el calor. Entonces, las ruinas fueron anegadas por una devastadora inundación, igual que Iolcos. La ciudad ribereña de Menelaion, junto con su grande y fortificado palacio, fue consumido por completo por las llamas y su carbonizada tierra vacía por los siguientes cuatro siglos. En la misma Grecia, igual que en el Peloponeso, las estimaciones de asentamientos incinerados y abandonados son muy extensas. Tantas como doscientas ciudades o pueblos, la mayoría de ellos pequeños, repentinamente fueron evacuados al mismo tiempo que el fabuloso Palacio de Nestor, en Pilos, era consumido por el fuego. Un idéntico destino golpeó a todas las grandes ciudades de la región, hasta el Golfo Mesiánico.

El cataclismo del 1200 a.C. no fue, de ningún modo, confinado a la tierra. Arrasó por todo el Egeo. La ciudadela de la isla de Paros se incendió hasta sus cimientos, mientras que Creta sufrió no menos que la Grecia Micénica. Las ciudades palaciegas de Cnosos y Mallia, junto con centros más pequeños como Kydonia, fueron destruidos por el fuego. Sin excepción, toda gran ciudad en Chipre se quemó hasta quedar irreconocible o abandonada al mismo tiempo.

EGIPTO SUFRE

Egipto puede haber sido más afectado por estos eventos vecinos de lo que hasta ahora revela la evidencia física. El *Papiro Ipuwer* dice, "Puertas, columnas y paredes fueron consumidas por el fuego. El cielo está en confusión".[10] Y los textos de la pared de Medinet Habú reportan, "La Casa de los Treinta [un enorme y lujoso palacio para los jefes nobles] se destruyó. La Tierra tiembla. Toda el agua no sirve".[11] Caroli ha sugerido que "los cometas contienen metales y gases venenosos que se podrían liberar durante un impacto o una explosión en el aire, contaminando la tierra y el agua".[12] El texto Medinet Habú continúa de la misma forma: "El Nilo fue secado y la tierra cayó víctima de la sequía. Egipto se quedó sin pastores".[13]

Estos cuentos egipcios se acentúan en el Segundo Libro de Moisés, del Antiguo Testamento. Mejor conocido como Éxodo, por lo general los eruditos están de acuerdo en que describe las condiciones en el Egipto, durante la mitad del siglo XIII a.c., precisamente el periodo del cataclismo mundial. Lo que dice el Medinet Habú "Toda el agua no sirve" está apoyado en el capítulo 7, versículos 20 y 21: "Todas las aguas que estaban en el río se convirtieron en sangre. Y los peces que estaban en el río apestaban y los egipcios no podían beber el agua del río. Y había sangre por toda la tierra de Egipto". Explosiones volcánicas de gas resultan en enormes cantidades de ceniza, que con frecuencia es de color rojo sangre, debido a los altos niveles de tufa rojiza. En los ríos y lagos caen los suficientes volúmenes de ceniza, como para volverlos de color escarlata y hacerlos no bebibles.

Además de esta generalizada contaminación del agua, "durante tres días hubo una profunda oscuridad en toda la tierra de Egipto. No se veían unos a otros" (Éxodo 10:22, 23). Otra vez, el Éxodo se asemeja mucho a los registros faraónicos y de forma similar describe un evento de velo de polvo, causado por una actividad volcánica a gran escala o la colisión de un cuerpo extraterrestre con la tierra. Ya que en el Valle del Nilo nunca hubieron volcanes, las nubes de cenizas se movieron de fuentes externas, o pueden haber surgido del desperdicio celestial que caía sobre Egipto. También se sabe que las plagas de animales se encontraban entre las ocasionales consecuencias de una agitación geológica mayor. Por ejemplo, la repentina aparición de miles de serpientes en China en aquel entonces, ha sido utilizada por mucho tiempo por los sismólogos, para anticipar una inminente actividad telúrica.

En el Éxodo 9:23, 24 y 25 se describe gráficamente la devastadora caída de una meteorita: "Y el Señor mandó el rayo y granizo, y el relámpago corrió por la tierra. Y el Señor hizo llover granizo sobre la tierra de Egipto. Así que había granizo y fuego fundiéndose con el granizo muy lastimoso, como nunca había sido en toda la tierra de Egipto, desde que éste se convirtió en una nación. Y el granizo golpeó por toda la tierra de Egipto a todo lo que estaba en el campo, hombre y ganado. Y destruyó todas las hierbas del campo y rompió todos los árboles".

Las inscripciones del Templo de la Victoria de Ramsés describen condiciones aún peores en Libia, a la que, hasta entonces, se le consideraba un país fértil y próspero: "Libia se ha convertido en un desierto. Una terrible antorcha lanzó fuego desde el cielo para destruir sus almas y asolar su tierra. Sus huesos se quemaron y asaron dentro de sus extremidades".[14] El lenguaje es sumamente similar al utilizado para describir la destrucción de Netero, el término egipcio para la Atlántida.

EUROPA EN LLAMAS

En efecto, Grecia, Creta y las islas más pequeñas del este del Mediterráneo, Anatolia y el Cercano Oriente (y, hasta un desconocido, aunque probablemente menos extenso, Egipto y Libia) ardieron en flamas al mismo tiempo. Porque eran las áreas más civilizadas y más densamente pobladas de Europa y el norte de África, sus relatos de la catástrofe están muy bien documentados. En otras áreas menos civilizadas, los investigadores necesitan confiar en pistas adicionales. Mucho de Alemania se quemó. Los pantanos de musgo esfagnal de los Alpes orientales, que se encuentran a 2,340 metros sobre el nivel del mar, contienen restos de bosques que, de acuerdo al análisis de polen, ardieron antes del siglo XI a.C.

El análisis del polen también reveló que toda la región del Bosque Negro, en donde predominaron los pinos hasta cerca del 1200 a.C., fue envuelta en llamas. Los pinos de las montañas no se pueden prender por medio del rayo, tienen que quemarse deliberadamente. Pero el Bosque Negro no tenía una gran población humana en ese momento, así que algo más debió de haber sido el responsable de la devastación. Los restos de musgo turba, datados en el final del siglo XII a.C., indican que es posible que Europa Occidental fuera abrasada por la más grande sequía que jamás experimentó.[15]

LA GRAN MATANZA

Desapareció algo mucho más allá que palacios e imperios. Es imposible estimar con precisión cuánta gente sucumbió en la catástrofe. Se puede tener una idea de la pérdida de vida por el hecho de que, hace treinta y dos siglos, Anatolia, Grecia y hasta Britania fueron despobladas casi en su totalidad. La población griega se redujo a sólo un centésimo de su tamaño antes del 1200 a.C. Caroli escribe que en sólo unos cuantos años, "las poblaciones en las áreas afectadas cayeron de un cuarto a un décimo de sus números anteriores".[16]

Datos climáticos y geológicos apoyan la evidencia arqueológica de una extraordinaria devastación, ocurrida cerca del 1200 a.C. Muchos de los lugares condenados a la ruina sufrieron daños telúricos, algunos severos. Pero muy pocos otros no muestran signos de actividad sísmica. Aún más, todos los lugares, cerca de centros de población o en áreas remotas, fueron destruidos por algún fuego sumamente intenso, que con certeza en muchos casos estuvo acompañado por actividad telúrica. Sin embargo, la principal causa de destrucción no parecen haber sido los sismos; sólo los cimientos de piedra de algunos de los sitios estaban muy dañados, debido a los temblores.

A la mayoría de los eruditos se les hace difícil, posiblemente están renuentes, a explicar la ardiente aniquilación que ocurrió durante la Edad de Bronce. Sus especulaciones van desde prologadas sequías hasta terremotos. Pero ninguna de estas causas podría haber efectuado la enormidad del cataclismo que diezmó la civilización.

Algunos creen que la llegada de la nueva tecnología de armas, en especial los implementos en el diseño y fabricación de espadas, fue la responsable de la despoblación de la región del Mediterráneo. Tienen la hipótesis de que anónimos bárbaros armados, con rapidez derrotaban a sus víctimas más civilizadas.

En verdad es cierto que algunos de los lugares destruidos por las llamas, fueron víctimas de invasores involucrados en la Guerra Atlante descrita por Platón. Pero las ciudades que golpearon los invasores fueron costeras y estaban concentradas en una pequeña fracción de todos los lugares destruidos. Ilios fue quemada por los aqueos griegos, pero no tan completamente como muchos otros sitios por toda Anatolia, porque la capital troyana se volvió a ocupar durante el resto del siglo XII a.C., poco antes de que fuera saqueada. No existe una verdadera evidencia de que bárbaros anónimos supuestamente hicieran caer la civilización, sin que opusieran resistencia. Hasta las grandes conflagraciones, todos los reinos de la Edad de Bronce estaban en la cima de su fuerza. No parece lógico que los Micénicos, frescos por su victoria en Troya, o los Hititas, conquistadores de la mayoría de Anatolia, hubieran caído sin pelear contra unos salvajes indisciplinados, sin importar qué tan bien equipados estuvieran estos.

Los que creen en ataques de hordas, también deben aceptar que estos desconocidos bárbaros fueron tan ignorantes, que quemaban grandes ciudades y pequeños pueblos sólo por deporte; los invasores no intentaron ocupar los lugares victimados, ni llevarse objetos de valor con ellos. Aventureros interesados sólo en saquear habrían pasado por alto los pueblos y aldeas insignificantes, prefiriendo las riquezas de las grandes ciudades. Pero los pequeños asentamientos en Grecia, Anatolia y demás, fueron devastados por el fuego igual que los lugares palaciegos.

La evidencia de fuego se extiende más allá de los asentamientos destruidos, hasta el mar. Una expedición sueca en 1947–48 condujo a Hans Peterson a taladrar muestras centrales del fondo del Mediterráneo y sacó depósitos de foraminíferos (pequeño crustáceo) cubiertos con gruesas capas de ceniza que datan del final del siglo XIII a.C.[17] Por lo tanto, la ceniza que cubre los lugares de tierra, no podrían ser el resultado de la acción humana. Se hubiera necesitado de muchos millones de supuestos invasores, para devastar un área tan enorme en tan sólo unos cuantos años. En vista del alcance mundial de la catástrofe, todas las explicaciones militares quedan reducidas a nada.

La causa de una catástrofe tan generalizada, repentina y completa debe de recaer en algo más. Cerca del 1200 a.C., la temperatura de Europa del sur cambió súbitamente a más fría y húmeda, mientras que el Mediterráneo se volvió árido debido a las grandes cantidades de ceniza que traía la atmósfera. Los registros del clima para el océano Atlántico, revelan un agudo frío instantáneo que empezó en el siglo XIII a.C., que instigó en el 1159 a.C., con la erupción masiva del volcán Hekla en Islandia.[18] Este evento no es un incidente geológico aislado, sino que señaló el final de una serie de cataclismos relacionados, que habían estado sucediendo por cuarenta años.

El clima frío no estuvo limitado al Atlántico; las temperaturas cayeron a nivel mundial. Por toda la costa oeste de Norteamérica, desde la actual California del Sur hasta Alaska, los climatólogos han documentado una repentina tendencia enfriadora que empezó en el 1200 a.C. Los arqueo-climatólogos encontraron que el nivel del Gran Lago Salado, de súbito bajó en ese momento. Al mismo tiempo, a lo que llaman la Fase Eayan (un prolongado periodo de temperaturas estables y cálidas), como se evidencia por las costas orientales de la Isla de Vancouver, terminó abruptamente. Los arqueólogos notaron que el dramáticamente cambiante clima, coincidía con el rápido abandono de la gente de la cultura Windmiller, de California central. Se supone que su población se dispersó en todas direcciones. Los investigadores han encontrado evidencia de violentas muertes masivas y extensas zonas quemadas.[19]

La fase de frío de la tierra alcanzó su punto máximo cerca del 1100 a.C., y duró apenas los siguientes cuatrocientos años. Este periodo de reducida luz de sol y las muy bajas temperatura fueron causadas por un masivo evento de velo de polvo, que coincide casi a la perfección con la apropiadamente llamada Edad de Oscuridad, que separó el final de la Edad de Bronce, del principio del Periodo Clásico. Una gráfica de la revista *Science* muestra la dramática desviación en la temperatura, que ocurrió con una premura única en el 1200 a.C.[20] Es interesante que la Región Mediterránea, una vez tan cálida como el Caribe, se volviera fría después del año 1200 a.C.

El climatólogo sueco, Otto Peterson, demostró que el clima de la Edad de Bronce en Britania, fue permanentemente alterado después del 1200 a.C. Una enorme área de baja presión descendió sobre Britania, dando como resultado lluvias tan fuertes que sólo se pueden describir como diluvios. En la cercana Irlanda, los anillos de los árboles prácticamente desaparecieron durante este periodo de tiempo.[21] Caroli observa, "Lo peor es que hubo dos eventos de velo de polvo con efectos mundiales, el primero en el 1628 a.C. [la erupción del Thera], la otra más de cuatro siglos después. Combinados, representan la más grande liberación de gases o vapor de la Época del Holoceno y significa uno de sus principales cambios. Ya que todo el Holoceno está separado sólo por cuatro principales divisiones climatológicas, este hecho señala la extrema destrucción geológica del segundo milenio a.C. Si los impactos catastróficos tuvieron lugar en el agua, el vapor hubiera sustituido el polvo para una considerable sobrevivencia. El vapor de agua que no se convirtió en el tan nombrado 'polvo diamante' en la atmósfera superior, caería de nuevo sobre la tierra, como torrenciales aguaceros en la escala de un verdadero diluvio".[22]

ERUPCIONES VOLCÁNICAS ALREDEDOR DEL MUNDO

La catástrofe y su abrasadora devastación traspasaron los límites de Europa, para afectar el resto del mundo. Un nivel de volcanismo sin precedentes acompañó las conflagraciones y a las nubes de cenizas. Caroli escribe, "Este periodo sobrepasó en violencia hasta a los peligrosos siglos V y VIII. Hubo más erupciones conocidas aquí que en cualquier otro momento en el Holoceno. El paso cercano de un cometa mayor, así como los verdaderos impactos meteóricos, agravarían las tensiones en la corteza terrestre. Los límites de las placas eran particularmente vulnerables. De forma similar, el volcanismo sería instigado por impactos y/o cercanos pasos cometarios. En el acercamiento de un cometa, la total masa de su cuerpo, junto con su relativa distancia desde la superficie de la Tierra, fue crucial".[23]

La masa del cometa asesino de la Edad de Bronce habría sido suficiente para aplicar una tremenda presión sobre la sísmicamente activa Tierra. El investigador histórico Joseph Jochmans señala, "Recientes simulaciones de computadora revelan que si un cometa o asteroide golpeaba la Tierra en un lado, las olas sísmicas que generaba, serían transmitidas a través del interior planetario. Al estar enfocado debido a la curvatura de la Tierra, las olas se juntan en el otro lugar, directamente en el lado opuesto donde ocurrió el impacto y la alta presión de la energía liberada podría desestabilizar el área de la superficie, provocando un tremendo flujo de actividad volcánica".[24]

En el suroeste de Italia, el Vesubio, notorio por la destrucción de Pompeya y Herculano en el 79 d.C., fue agitado violentamente por tres violentas erupciones empezando en el 1200 a.C. que duraron los siguientes cien años. Otro volcán italiano despertó de repente en Ischia. En el mismo momento, un volcán no identificado en el sur de Arabia, que había estado inactivo antes y después, empezó una prolongada y masiva liberación de gases o vapor. Cerca del océano Pacífico, en el lejano oriente de Rusia, los volcanes Avachinsky y Sheveluch, en la Península Kamchatka explotaron en llamas. Mientras tanto, en Japón el grupo de volcanes

Omuroyama-amagi en Honshu, entraron en actividad. Entre ellos, el inmenso Atami-san hizo erupción y toda su pared oriental colapsó en el mar. (Atami-san es tan grande que la moderna ciudad de Atami, con más de quince mil residentes, se encuentra dentro de su dormido cráter.)

A través del océano Pacífico, las Américas fueron sacudidas con actividad volcánica. El Monte Santa Elena arremetió en tres erupciones mayores: la primera empezó en el 1200 a.c., la siguiente cincuenta años después y la última cerca del final del siglo XII a.c. El Monte Baker, de Washington, despertó en una demostración protoclástica más o menos en el mismo tiempo. Desde el 1200 al 1100 a.C., el Monte Shasta de California, el Volcán Newberry de Oregon y el Cráter Belknap iluminaron el noroeste. En América Central, el volcán San Salvador, de El Salvador también hizo explosión.

La investigadora Henriette Mertz postuló una causa geológica y agregó un elemento adicional a la catástrofe. Propone que "La placa caribeña de hecho colisionó con la de Norteamérica en algún momento cerca del 1200 a.C . . . y aquella se dobló deslizándose bajo la orilla principal de la placa del norte, estrujando las orillas mientras se desintegraba en las profundidades de la zanja de Puerto Rico. ¡Qué trágicas consecuencias habría creado a lo largo del litoral Atlántico, y de la Costa del Golfo! ¡Qué tsunami tan grande! ¡Qué tan inconcebiblemente alta habría sido esa ola y con qué fuerza habría viajado por la tierra y el mar!"[25]

Como evidencia de la ola sísmica, ella cita la profunda Gruta Russell de Alabama, la que se anegó con una incomprensiblemente masiva inundación hace 3,200 años.[26] Ciertamente Mertz tenía razón en sostener las masivas agitaciones geológicas para el Caribe, dentro de las fechas que ella calculó. El Monte Pelée, en la isla de Martinica hizo erupción durante este tiempo, como lo hizo Saba en San Eustasio y existe una similar evidencia para un evento volcánico en Grenada, además de otras tres erupciones conocidas, de una magnitud indefinida en las Antillas.

Muestras de centros de hielo, tomadas de Groelandia y la Antártida indican una ascendiente capa de cenizas que empieza cerca del 1200 a.C., y se encumbra en el 1159 a.C. con la erupción del volcán Hekla de

Islandia.[27] Fue aquí, en el Atlántico, que se situó la escena para la más grande concentración de violencia volcánica. Desde la Isla Ascensión en el sur del Atlántico hasta Hekla en el norte, el océano estuvo en conmoción. La Isla de Candlemas, en el Atlántico sur, hizo erupción con tal violencia que lanzó cenizas por lo menos a 4,000 kilómetros. Lejos, al norte, el Monte Furnas (Furna de Fernão Jorge), en las Azores, estalló con una explosión de nivel 4, una magnitud más grande que la erupción que destruyó Pompeya y Herculano. Una fecha calibrada para el evento en las Azores, es cerca del 1178 a.C. Hace tanto como en 1935, el investigador James Churchward conectó directamente la erupción del Monte Furnas con la catástrofe atlante.[28]

Desde que las primeras investigaciones modernas del piso del mar empezaron, a finales de los años 40s del siglo pasado, los oceanógrafos se han asombrado de encontrar prodigiosas cantidades de ceniza en el fondo del Atlántico. La presencia de tantas gruesas capas, prueba que un fenomenal vulcanismo alguna vez tuvo lugar a través de los 24,135 kilómetros de la Cordillera del Atlántico medio.

Las Canarias, las islas más cercanas al supuesto lugar de la Atlántida, fueron en especial golpeadas con fuerza. Gran Canaria, Fuerteventura y Lanzarote, todas sufrieron a través de la explosiones volcánicas. Estas combinadas liberaciones de gases o vapor fueron tan masivas que todos los 7,252 kilómetros cuadrados de las siete islas fueron cubiertos con capas de lava y ceniza. Vigas de madera y troncos de árbol en Gran Canaria, tenían incrustada lava de hace 3,075 años, cien años más o cien años menos, de acuerdo con el Dr. H. O. Schminke del Instituto Alemán de Mineralogía en Bochum. El centro del hielo de Groelandia, fechado por tres impresionantes eventos que van del 1191 al 1194 a.C., veinticinco años más o menos, prácticamente atinando a la fecha postulada de la destrucción de la Atlántida. Al mismo tiempo, dentro de la vista de Lanzarote, la costa del norte de África se retorció en espasmos geológicos.[29] El historiador griego del siglo I a.C., Diórodo Sículo, escribió que prolongados terremotos deformaron las costas por toda Mauritania (actual Marruecos) en los años posteriores a la caída de Troya. Su testimonio fue confirmado más de dos mil años después, por el equipo investigador de los geólogos Borchard y Herrmann, quienes descubrieron que el margen de la costa atlántica a lo largo del noroeste de África (la Depresión Draa) cayó repentinamente "como el resultado de grandes movimientos de fallas" cerca del 1250 a.c.[30]

LA DESTRUCCIÓN ATLANTE: UN CATACLISMO MUNDIAL

Desde el punto de ventaja de un imaginario satélite que orbita la Tierra justo después del año 1200 a.c., un impresionante espectáculo se desplegó. Una conflagración transcontinental tragó a Alemania del sur, los Balcanes, Creta y el este del Mediterráneo, Anatolia, el Cercano Oriente y posiblemente partes del Bajo Egipto y Libia. Al oriente de este llameante holocausto, los volcanes hicieron erupción desde Arabia hasta Rusia y Japón. También detonaron volcanes a través del noroeste americano, al sur de las Antillas y en El Salvador. Las ruinosas cenizas que cayeron transformaron el clima y mataron a miles de personas en Britania y China. Pero el más horrible signo se habría presentado en el Atlántico medio, donde se concentró la ferocidad volcánica. Aún después de que la total furia de la destrucción se consumió, elevó gruesas oleadas de humo y cenizas que envolvieron a todo el planeta en un velo de polvo, reduciendo la luz del sol y las temperaturas del mundo.

Estos simultáneos desarrollos representaron, en el consenso de los eruditos, "una catástrofe que fue una de las peores en la historia del mundo",[31] entre "las más espantosa en los anales del planeta".[32] La Atlántida tuvo la desgracia de estar localizada en el vórtice central de esta calamidad. Pero ¿qué es lo que probablemente podría haber causado una destrucción como esa, por toda la tierra? Las explicaciones geológicas parecen muy inadecuadas. Sin embargo, recorrer los mitos del mundo que describen la Gran Inundación es el tema consistente de algún precursor celestial, con frecuencia representado como un terrible cometa, que chocó en el mar para iniciar el Diluvio.

Los relatos históricos contemporáneos con los eventos desastrosos de finales del siglo XIII y principios del XII a.c., reportan del mismo modo la apariencia de un cometa notablemente atemorizante. Los textos de la pared en el Medinet Habú dicen, "La estrella fugaz fue implacable al perseguirlos [los invasores Pueblos del Mar] . . .una poderosa antorcha lanzó fuego desde los cielos para buscar sus almas y destruir sus raíces".[33] Se dice que Sekhmet, la diosa de cabeza de leona, de la llameante destrucción, fue quien puso en movimiento este cataclismo. De acuerdo a las inscripciones que datan del reinado de Seti II (entre los últimos faraones de la XIX Dinastía, él reinó hasta el año 1210 a.c.), a Sekhmet se le consideraba como "una estrella circulante que lanzó su fuego en llamas, una flama encendida en su tormenta", arrojaba calor que "quemó los bosques y praderas en los Nueve Arcos".[34]

No está claro si todos los territorios dentro de los Nueve Arcos (desde el Estrecho de Gibraltar a Siria) se incendiaron o sólo la tierra localizada específicamente en el Noveno Arco. Si es esto último, es una definitiva referencia a la inmediata vecindad de la Atlántida, una interpretación más convincente al hacer mención de "bosque y praderas" que, como Platón afirmó, fueron abundantes en la isla. Wainwright cita un antiguo texto egipcio que dice, "El fuego sería el final del cielo y el de la Tierra", lo que, en vista de la magnitud mundial de la catástrofe, no es una exageración. También hemos visto que los egipcios creyeron que los libios fueron sacrificados porque "una terrible antorcha lanzó fuego desde el cielo, para destruir sus almas y asolar su tierra".[35]

La inscripción de Ras Shamra de Ugarit, en Siria, una espléndida ciudad completamente incendiada a principios del siglo XII a.C., parece predecir el amenazante destino: "La estrella Anat ha caído de cielo. Asesinó a la gente de la tierra siria y confundió a los dos crepúsculos y los asientos de las constelaciones".[36] Caroli comenta, "[el término] 'Siria' se utilizaba principalmente para la llanura este del Orontes y el oeste de la curva del Éufrates. Posteriormente, hasta a la región cercana a Hattusas también se le llamó 'Siria', así que ésta muy bien sería una oblicua referencia de la aniquilación de la patria de los Hititas, que estaba gobernada por Ugarit".[37]

Mientras que los ejércitos Asirios peleaban con los Hititas por el control del norte de Irak en 1244 a.c., su emperador, Shalmaneser I, se asombró por la señal de un enorme cometa que iluminaba los cielos y que él tenía registrado el suceso en tabletas de arcilla.[38] Su nieto Ashurdan I hizo que los relatores de la corte escribieran sobre el horrible cometa, que pasaba como rayo a través de los cielos de su imperio asirio que se estaba derrumbando cerca del año 1179 a.c.[39] En Babilonia, un alarmante cometa preocupó al reinado de Nabucodonosor I cerca del 1124 a.c., su apariencia fue debidamente registrada por los escribas de su palacio.[40] Hasta el mismo cometa apareció en un registro contemporáneo de China, donde se caracterizó como "una gran estrella cuyas llamas devoraron el sol".[41]

A mediados del sigo XIII a.C., el mundo civilizado se encontraba en el apogeo de su esplendor cultural. Hacia el final del siguiente siglo, el remoto imperio Hitita se convierte en cenizas, Egipto entró en una decadencia de la cual nunca se recuperaría y la Edad Homérica de Grecia y Troya se redujo a cenizas, mientras que los grandes bosques de Europa Occidental ardían en llamas. La destrucción de la Atlántida que describe Platón formó parte de este extenso cataclismo. En las ruinas excavadas en el Cercano Oriente y entre los hallazgos de turba de Bavaria, se encontraron restos chamuscados que testifican la naturaleza de esta catástrofe, la más devastadora que jamás haya experimentado el hombre civilizado. Sin embargo, del destino de los atlantes nada sobrevive, sólo el mito.

EL SIEMPRE PRESENTE POTENCIAL DE UN DESASTRE GLOBAL

¿Qué tan creíble es la posibilidad de un cometa lo suficientemente poderoso para haber provocado el final de la civilización hace más de tres mil años? Hasta hace muy poco, la mayoría de los científicos ridiculizaban la idea de que tal cosa hubiera pasado en realidad. Hasta la mitad del siglo XIX, el "catastrofismo", la creencia de que desastres naturales juegan un papel que da forma a los asuntos humanos, hizo furor entre los investigadores profesionales y los aficionados. Pero la teoría de la evolución postuló que el cambio en la naturaleza es gradual, llevándose a cabo durante millones de años. Los geólogos hicieron de esta observación darwiniana un dogma de su propia ciencia, resultando en un punto de vista conocido como "uniformitarianismo".

Postulantes del nuevo dogma concebían a la Tierra como un estable mecanismo, donde las alteraciones físicas se llevaban a cabo con lentitud progresiva durante épocas de tiempo. Para estar seguros, los terremotos, las erupciones volcánicas y hasta los raros impactos de meteoritos ocurrían con una imprevista destructividad. Pero se estimaban que sus efectos no eran más que incidentales para los fundamentales procesos geológicos y evolutivos, que avanzaban lentamente con una inercia casi ilimitada.

El uniformitarianismo dominó a las ciencias naturales durante casi todo el siglo XX. A principios de la década de 1980 sus defensores aún estaban predicando el pacífico gradualismo, aunque, por ese entonces la inconsistencia de su doctrina era frecuentemente obvia. Un ejemplo que viene al caso fue la serie *Cosmos*, televisada a nivel nacional en los Estados Unidos de la que el Dr. Carl Sagan, el más publicitado astrónomo de Norteamérica, escribió el guión y fue el anfitrión. Al principio del cuarto episodio, se burló de las tradiciones del mundo que retrataban a los cometas como fenómenos peligrosos y los comparó, en lugar de algo sucio, como unas maravillosas "bolas de nieve" que dan vueltas inocentemente alrededor del sol. Más tarde, en el mismo episodio, Sagan dijo a su audiencia con cara seria que el Evento Tunguska de 1908, una explosión de doce megatones que aplanó mil ochocientos kilómetros de bosques en Siberia, fue causado por los desechos de un cometa que pasó. Entonces continuó para lamentarse de que si un evento similar tuviera lugar durante la guerra fría, la Tierra sería destruida porque el impacto podría confundirse con un ataque nuclear, dando inicio a un vengativo y exterminante intercambio mutuo. Si la explosión Tunguska hubiera ocurrido sobre Londres, habría matado a trescientas mil personas y derribado todos los edificios dentro de un radio de 20 kilómetros de la ciudad. ¡Demasiado para la peculiar inocencia de los cometas!

En la década de 1970, un turbio pensamiento como ese ya se había contemplado, cuando la evidencia material demostró que algún impacto celestial exterminó a muchas especies. Las teorías sobre la repentina desaparición a nivel mundial de los dinosaurios, causada por un solo gran objeto, posiblemente un asteroide que cayó en el Mar Caribe, o una "abundancia" de grandes meteoritos que bombardearon a todo el globo con una andanada de artillería celestial. O por una combinación de los dos. En cualquier caso, las décadas que siguieron a este descubrimiento, han puesto de manifiesto una abundancia acumulativa de sustentable evidencia y hasta los más escépticos se han visto forzados a admitir alguna colisión cósmica, que disparó una extinción masiva hace sesenta y cinco millones de años.

La general aceptación de alguna catástrofe provocada por el cielo, como la culpable de un abrupto cambio por todo el planeta, lanzó al dogma del uniformitarianismo a una dudosa luz, la que brilló más una semana de julio de 1994, cuando un cometa impactó nuestro más grande planeta vecino, a plena vista de los telescopios de la Tierra. El Shoemaker-Levy chocó con Júpiter, dando como resultado una serie de explosiones equivalentes a cuarenta millones de megatones. Si no se hubiera impactado en ese planeta y hubiera chocado en nuestro mundo, todas las cosas vivientes sobre la faz del globo habrían sido exterminadas. Para los astrónomos y científicos de todos tipos, este cometa fue una llamada de atención. Aún antes de ese despliegue gráfico de colisión astronómica, algunos notaron una molesta correlación entre varias repentinas extinciones masivas conocidas sobre la Tierra y los periódicos asteroides y cometas del pasado, que por poco chocan. Se preguntaron si la evolución de la vida sobre nuestro planeta había sido formada por las recurrentes visitas de cataclismos celestiales.

De forma general, se ha aceptado que de todas las especies de criaturas que alguna vez existieron sobre la Tierra, algo así como los dos tercios de ellas se extinguieron debido a un cataclismo extraterrestre. Unos cuantos intransigentes uniformitarianos tratan de argumentar que, de hecho, Júpiter protege a la Tierra de esas calamidades, porque el potencialmente peligroso desecho es empujado hacia su gran masa. Pero fracasan al apreciar la desventaja de su Teoria Joviana: su enorme campo gravitacional también actúa como una lejana red de pescador, lanzando cometas o asteroides y meteoritos hacia los planetas internos del sistema solar.

A nosotros nos gusta pensar que la Tierra viaja con seguridad a través del espacio. Y aunque en efecto suceden catástrofes como la que hizo desaparecer a los dinosaurios, muchos millones de años separan a eventos como esos. Así, la oportunidad de que un acontecimiento similar tenga lugar en la historia de la civilización, por no decir de nuestro propio tiempo de vida, es tan remoto, que es prácticamente imposible. Esa feliz suposición fue rudamente desvanecida tan sólo hace unos cuantos años, el 23 de marzo de 1989, cuando el astrónomo Henry Holt, utilizando el telescopio Schmidt del Monte Palomar, descubrió que un asteroide no había golpeado nuestro planeta por sólo 724,500 kilómetros.[42] Eso puede parecer un margen muy seguro, pero si hubiera cruzado nuestra órbita sólo seis horas más tarde, el objeto habría colisionado con la Tierra y destrozado la civilización. El asteroide tenía un diámetro de entre 150 y 300 metros; su impacto habría causado una explosión de dos mil megatones y tormentas de fuego dentro de un radio de ochenta kilómetros.

El fallido choque de 1989 no fue un encuentro caprichoso. En febrero de 1936 otro asteroide pasó rozando nuestro planeta. Pertenecía al Grupo Apolo, un enjambre de asteroides que orbitan en relativa cercanía a la Tierra y era un monstruo de 10 kilómetros de lado a otro. El asteroide se acercó tanto a nuestro planeta que su propia órbita se deformó un poco. Si hubiera chocado, ninguna criatura viviente sobre la Tierra podría haber sobrevivido al impacto.[43] El número de septiembre 1986 de *National Geographic* contenía una maravillosa fotografía tomada el 10 de agosto de 1972. Muestra un enorme meteoro, pasando con rapidez a través de los cielos a la luz del día, sobre el Lago Johnson en Wyoming. Los astrónomos estudiaron la fotografía y concluyeron que el objeto no dio sobre la tierra por un escaso margen, porque su trayectoria fue marginalmente desviada por la gruesa ionosfera de la Tierra. Ellos calcularon su peso en cerca de 1,000 toneladas, masa suficiente para haber explotado con la fuerza de una bomba de 5 megatones. Si su posición hubiera estado en un ángulo mejor definido con el de la ionosfera, nos habría golpeado.[44]

Ciertamente los eventos catastróficos celestiales se han llevado a cabo en tiempos históricos. En el 1490 d.C., unas diez mil personas murieron durante una lluvia de meteoritos que cayó sobre el centro de China. El 22 de septiembre de 1979, un satélite rastreador norteamericano observó una pequeña explosión "nuclear" al sur del Atlántico, a unos 624 kilómetros al sureste de Cape Town, en el área de la Isla Príncipe Eduardo. Al principio se acusó al gobierno de África del Sur, de probar en secreto un artefacto atómico. Pero antes de que terminara el año, los científicos se dieron cuenta de que el evento fue en realidad el resultado de un gran meteorito impactando al mar.[45] Si hubiera caído a unos 322 kilómetros más al suroeste, hubiera chocado con la Cordillera atlántica-hindú, un ramal de la geológicamente inestable Cordillera del Atlántico medio. En ese caso, el mundo habría sido el testigo del mismo tipo de cataclismo, la reacción sísmica en cadena que destruyó la Atlántida.

Con los rápidos desarrollos tecnológicos en los modernos telescopios espaciales, los astrónomos están empezando a identificar a los asteroides que están lo suficientemente cerca de la insegura Tierra. A mediados de la década de 1990, observadores de la Inspección Geológica Norteamericana y la Universidad de Arizona supieron de 150 cuerpos "del tamaño que podría eliminar a la sociedad humana".[46] Por lo menos seis tienen un diámetro de más de ocho kilómetros, tan grandes como para eliminar de raíz a nuestro mundo de humanos. El estudio de los astrónomos está lejos de completarse, pero estiman que tantos como cuatro mil asteroides, cada uno con más de 800 metros de diámetro, cruzan la órbita de la Tierra cada año. El impacto de uno de ellos acabaría con la civilización. Por lo menos cincuenta meteoros más pequeños, y sin embargo potencialmente mortales, con diámetros que van desde 4.8 a 48 metros, pasan a unos 386,400 kilómetros, más cerca de nosotros que la luna, de acuerdo con David Rabinowitz de la Universidad de Arizona.[47] Un meteorito con un diámetro de 45 metros creó el Cráter Barringer hace veintisiete siglos (ver capítulo 2). Si hubiera impactado en Atenas en lugar del desierto de

Arizona, la civilización Clásica habría perecido en su infancia y el curso del desarrollo humano cambiado inconcebiblemente.

Los astrónomos están determinando los movimientos de literalmente miles de cometas y asteroides, cuyos caminos interceptan el nuestro. La gran mayoría no se encuentran en cursos de colisión con la Tierra, a pesar de un puñado de llamadas cercanas. Sin embargo, se está haciendo mucho más claro que asteroides de todos los tamaños, son suficientes en número para formar una nube en la vecindad de nuestro planeta, como muchos avispones zumbando alrededor de un nido. Si otro cuerpo celestial con una masa y velocidad suficientes, pasaran a cierta proximidad de esta nube, muchos de los asteroides serían lanzados tambaleándose hacia la tierra en un "enjambre" de meteoritos que podrían devastar la civilización humana, si no toda la vida. Ya ha pasado antes. Es posible que con más frecuencia de lo que sabemos. Un gran objeto que preocupa a los astrónomos, sigue un curso por toda la órbita de la tierra y con el tiempo podría colisionar con nuestro planeta. Oficialmente se le conoce como el "asteroide Hathor 2340", es irónico que sea el mismo nombre que los egipcios dieron a la amenaza extraterrestre que destruyó la Atlántida, la isla hogar de los Pueblos del Mar.

No será posible calcular las probables colisiones, hasta que todos los amenazantes objetos en el espacio cercano se hayan identificado. Aún entonces, factores externos, como un cometa, pueden echar por la borda cualquier estimación. Aún así, los científicos y las autoridades gubernamentales están tomando más en serio a una amenaza extraterrestre, en especial desde la experiencia de Júpiter con el Showmaker-Levy. En 1992, en una conferencia de destacados astrónomos, físicos y políticos en Los Alamos, Nuevo México, Edward Teller, el Padre de la Bomba H, delineó varias propuestas para seguir las huellas y destruir a los asteroides que se aproximen. A la clausura de la conferencia, el grupo de expertos de la NASA apoyó un plan "mantener a distancia", en el cual, un artefacto atómico enviado por un proyectil dirigido se detonaría enfrente del amenazador objeto, para desviar su curso lejos de la Tierra. Hasta se ha hablado de utilizar el programa Guerra de las

Galaxias, como una defensa contra los desechos extraterrestres.[48]

Los distinguidos astrónomos Víctor Clube y Bill Napier concluyen que hubo por lo menos "una posibilidad entre dos", de una colisión cósmica registrando de mil a diez mil megatones durante los pasados tres mil años.[49] Una explosión de la magnitud que mencionan, habría producido los efectos catastróficos que en realidad azotaron al mundo al final de la Edad de Bronce.

EL TORO DEL CIELO

Pero, ¿en realidad la astronomía o la geología ofrecen alguna evidencia verdaderamente creíble, sobre si un cometa o un asteroide causó esos efectos? Indicios de esta respuesta se pueden encontrar al estudiar una lluvia de meteoros que tiene lugar todos los veranos y otoños, cuando los cielos nocturnos están cubiertos de estrellas fugaces de la constelación de Tauro. Debido a su aparente origen, se refieren a ellas como las Táurides. Algunas de las bolas de fuego son lo suficientemente brillantes para iluminar por un momento el paisaje, pero parecen inofensivas. La corriente del meteoro Táuride está formada de un pálido desecho, que individualmente brilla pero en su mayoría son granos inocuos, "los remanentes fósiles", como los describe Clube, de una gran serpiente cósmica que una vez dominó los cielos de la Tierra.[50]

Un cometa cuyo nombre hace honor al astrónomo que calculó su órbita, Johann Franz Encke, acompaña a las Táurides en sus visitas bianuales. Habiendo determinado que tiene el periodo orbital más corto (cerca de 3.3 años) de cualquier cometa conocido, también descubrió su singularidad. Todos los demás cometas están tan afectados por los choques cercanos con Júpiter, que con el tiempo son sacados del sistema solar. Sólo Encke continua en una órbita estable fuera del control gravitacional de Júpiter y es posible que lo haga el fenómeno más antiguo de su tipo. También es el único cometa en una órbita del Grupo Apolo, que lo acerca a la Tierra más que cualquier otro cometa.

Con el tiempo, Encke ha perdido masa y se ha debilitado tanto que es sólo una pálida luz celestial, a pesar de su recurrente proximidad. Los años han tomado sus bajas sobre lo que, sólo hace diez siglos, era un evento mucho más impresionante. Durante los tiempos medievales las "Táurides eran la más poderosa lluvia"; de acuerdo con los astrónomos rusos Ivan Astapovic y Dimitri Teranteva, arrojaba cuarenta y dos bolas de fuego. "Ninguna lluvia, ni las más grandes, podrían compararse con ellas en su actividad". Es claro que el Encke que apenas vemos ahora, ha pasado por una gradual desintegración desde su originalmente formidable intensidad o la de su progenitor. En el año 1200 a.C., el tiempo de la catástrofe que puso fin a la Edad de Bronce, proto-Encke debe de haber parecido un monstruo en llamas, la más espantosa aparición que los humanos hayan visto en el cielo.

El debilitado Encke de ahora, tiene un compañero de viaje conocido como Oljato, una inusual roca de un kilómetro y medio de lado a lado. Aunque parece ser un asteroide, de hecho es la cabeza cortada de un cometa muerto, tal vez el más cercano predecesor de Encke. En 1982 y otra vez el siguiente año, la nave espacial sin piloto *Pioneer Venus* sometió a Oljato a una cercana investigación; los magnetómetros de a bordo detectaron abruptos cambios en el campo magnético del objeto. Estas lecturas implicaron que la sonda espacial, cuando sigue de cerca detrás del asteroide, entraba en una corriente de gas magnetizada —una huella digital química de un cometa. Hasta los observadores atados a la tierra utilizando telescopios, pudieron ver la débil cola de gas fluyendo desde Oljato. Clube y Napier insisten en que las oportunidades de que sólo tres asteroides compartan una órbita con Encke, son menos de una en un millón. Sin embargo señalan que, tantos como doscientos asteroides, cada uno de menos de un kilómetro de diámetro, pertenecen a la corriente Táuride del meteoro de Encke.

Rodeando toda la corriente de Táuride, se encuentra un gran sobre con forma de tubo, formado de pedazos meteóricos más pequeños. Nombrada en honor a su descubridor checo, la corriente Stohl está dividida, como resultado de una colisión de asteroides que ocurrió hace casi cinco mil años, cuando la corriente se estaba moviendo en su más altamente alargada órbita entre Marte y Júpiter. Esta inmensa y bizarra colección de polvo, gas, asteroides y billones de fragmentos de meteoritos, todos viajando juntos y por lo regular a punto de chocar con la Tierra, es el esqueleto cósmico de un cuerpo de unos noventa y seis kilómetros de largo que alguna vez palpitó con fuego astral. Así es como el cometa de Oljato apareció en el momento en que la Atlántida fue destruida. Ninguna otra causa podría justificar los terremotos, inundaciones, erupciones de los volcanes, dramáticas alteraciones climáticas, incendios, sequías, velos de polvo y caídas de cenizas que empezaron cerca del año 1240 a.c. y continuaron con una creciente intensidad, durante casi cien años.

Tan recientemente como en el otoño del 2001 se descubrió el gatillo celestial que parece haber llevado a una cercana colisión del curso de Encke-Oljado con nuestro planeta. De acuerdo con Caroli, "Las recalibraciones determinadas y publicadas por los astrónomos en el Laboratorio de Propulsión Jet de California (*J.P.L. Newsletter,* vol. 13, no. 11, 30 de septiembre de 2001, La Jolla) revelan que la Tierra pasó a través de la cola del Cometa Halley en el 1198 a.C., cuando el faraón Ramsés III registró el llameante hundimiento de Neteru, una aparente referencia a la Atlántida. El mismo tipo de encuentro cercano se llevó a cabo a principios del siglo XX, con consecuencias menos desastrosas. Pero el roce con el cometa Halley y con Encke-Oljato 3,100 años antes, agregaron el ímpetu extra gravitacional necesario para empujar al último cometa a una actitud más antagónica con la Tierra. El arribo de dos principales cometas en el 1198 a.C., hace coincidir todo demasiado bien con la destrucción en masa, conocida por haber azotado al mundo en ese momento". (Caroli, correspondencia personal, 9 de noviembre del 2001.)

El amenazador cometa se debe de haber visto por años, siendo atraído más cerca hacia la Tierra con cada paso. Regresando al Éxodo, "Y el Señor se puso delante de ellos [los hebreos] de día en una columna de nube, para conducirlos por el camino; y de noche en una columna de fuego, para darles luz y que pudieran viajar de día y de noche. La columna de nube de día y la columna de noche nunca dejaron de ir delante de la gente". (13:21–22). Otra vez en el capítulo 14, versículo 24: "El Señor apareció ante la armada egipcia en una columna de fuego y de nube, y lanzó a la armada egipcia a la confusión".

Un amenazante asalto desde los cielos fue sin duda obvio para los observadores humanos, mucho antes de que empezara. Cuando llegó, es posible que la catástrofe no estuviera formada por un solo asteroide colisionando con la Tierra, sino en una descarga casi regular de desecho extraterrestre variando en magnitud, desde gruesas lluvias de bolas de fuego, la mayoría de ellas incendiadas en su descenso a través de la mesosfera (una capa de nuestra atmósfera a 48 kilómetros sobre la Tierra), a meteoritos de probablemente cientos de metros de un lado al otro y tan largos como para alcanzar la superficie de la tierra. Es posible que la mayoría de este material extraterrestre caiga en el mar, porque dos tercios de la superficie de la Tierra está cubierta por agua. Pero la prolongada intensidad del ataque, que ha continuado cada verano y otoño por casi un siglo, ha hecho inevitable la colisión en la tierra. En cualquier caso, los resultados fueron desastrosos. Aunque sólo una pequeña fracción de meteoritos alcanzaran la superficie de la Tierra, la cantidad y número de impactos en el mar y la tierra habrían sido catastróficos, dado los cientos o hasta miles de rondas de artillería del cielo, que el temible cometa era capaz de enviar en ese entonces.

Aunque algunos atlantólogos concluyen que la Gran Inundación fue causada por un evento celestial, no fue sino hasta 1997 que la comunidad científica admitió de forma global, que un cometa asesino fue el responsable de que desapareciera la civilización de la Edad de Bronce. Durante un simpósium que se llevó a cabo durante tres días en el mes de julio, destacados astrónomos, geólogos y climatólogos se reunieron en la Universidad Fitzwilliam en Cambridge, Inglaterra, en una conferencia internacional de la Sociedad Para Estudios Interdisciplinarios. Los expositores incluían a astrofísicos tan notables como Mark E. Bailey, director del Observatorio Armagh en Irlanda del Norte; Marie-Agnes Courty, una geóloga del Centro Francés para la Investigación Científica y Bas Van Geel, un paleo-ecologista de la Universidad de Amsterdam. Muchos de los cien participantes vinieron de lugares tan lejanos como Japón, Norteamérica y Australia. Llegaron a un consenso general de que una abundancia de evidencia física y cultural confirmó que periódicos encuentros cercanos con un gran cometa, desde el siglo V hasta principios del siglo XI a.c. fueron los responsables de varias eras de destrucción difundida en la superficie de la tierra, incluyendo el final de la Edad de Bronce.

El físico sueco Lars Franzen de la Universidad de Goeteborg y el arqueologista Thomas B. Larsson de la Universidad de Umea, señalaron que ese enfriamiento general, sobre la precipitación promedio y una inundación catastrófica antes del año 1000 a.c., fueron señales de un cataclismo celestial. Concluyeron, "Es obvio que estos eventos fueron repentinos y ocurrieron a nivel mundial". Mencionaron que en Europa, las Américas, el Cercano Oriente, tan lejos al norte como Alaska y al sur como el Antártico se notó un cambio particularmente sostenido en el clima, cerca del 1200 a.c. Los niveles de los lagos aumentaron de manera drástica; el Lago Van de Turquía alcanzó los 72 metros. Larsson dijo que la abrupta elevación en los niveles de los lagos se había verificado en Suiza (Federsee), Irlanda (Loughnashade), los Estados Unidos (Great Salt Lake), Canadá (Wald Sea Basin), Bolivia (Titicaca) y en Argentina (Lago Cardiel). Franzen habló de cómo los robles de zonas pantanosas de Suiza, Inglaterra e Irlanda conservan un registro de una repentina lluvia por encima del promedio, cerca del año 1000 a.C. En Steng Moss, en Northumberland, hubo un aumento de seis veces en la acumulación de musgo de turba.

Mientras que por lo general el público ignora tales hallazgos, los climatólogos llevan mucho tiempo reconociéndolos como condiciones del Periodo Plenard, que va del 1250 hasta el 1000 a.C. Las temperaturas del mundo repentinamente cayeron casi dos grados centígrados y la precipitación de lluvia era prodigiosa. El antropólogo británico Richard Desborough dijo del Periodo Plenard, "Los cambios que ocurrieron fueron un poco menos que fantásticos. Parece que los artesanos y artistas desaparecieron casi sin dejar huella: existen pocas nuevas construcciones de piedra de alguna clase, mucho menos algún gran edificio; las técnicas de los trabajadores del metal se revierten a lo primitivo y el alfarero, excepto en sus primeras etapas, pierde su propósito e inspiración y el arte de la escritura se olvida. Pero el rasgo sobresaliente es que al final del siglo XII a.C., la población parece haber disminuido cerca de un décimo de lo que había sido casi un siglo antes. Esto no es un decline normal y obviamente, las circunstancias y eventos tienen un considerable vínculo con la naturaleza de las subsecuentes edades oscuras y en parte debe ser, por lo menos una causa de su existencia".[51]

Franzen y Larsson localizan el foco de la catástrofe de la Edad de Bronce, en la vecindad de la misma Atlántida. "Sugerimos que asteroides o cometas relativamente grandes (c. 0.5 kilómetros de diámetro) golpearon en algún lugar en el este del Atlántico, es posible que en el arrecife de la costa oeste del Atlántico de África/Europa . . . afectando principalmente las partes mediterráneas de estos continentes, pero también a todo el globo".[52]

UNA MINUCIOSA DESCRIPCIÓN DE LA CATÁSTROFE ATLANTE MUNDIAL

Conforme la Tierra giraba sobre su eje, el cometa proto-Encke, Oljato, bombardeó todo desde arriba del Ecuador hasta abajo del Círculo Ártico, dependiendo del ángulo de inclinación del cometa, en relación a la Tierra. Pasando sobre el Caribe, disparó un objeto que medía un kilómetro y medio. Moviéndose a cien veces más la velocidad de una bala de 9 mm, el asteroide se sumergió en el agua y explotó con una fuerza igual a un millón de megatones, excavando un cráter de 270 metros de profundidad en el piso del mar. La resultante pared de agua de 300 metros de alto invadió la tierra hasta Alabama, matando toda cosa viviente a su paso. La explosión activó volcanes desde las Antillas hasta El Salvador.

Sobre Norteamérica, el cometa soltó un bombardeo que creó un evento nuclear parecido a una bomba, en el Valle de Ohio y disparó una infernal serie de erupciones volcánicas en Washington, Oregon y Wyoming. Las bombas cósmicas que caían por el océano Atlántico elevaron rugientes paredes de agua que aniquilaron a toda la población de la isla. En las Islas

Hawaianas de Lanai, Maui, Molokai y Oahu, una monstruosa pared de agua colocó depósitos de coral no consolidado, a cerca de 300 metros por encima del nivel del mar. Los tsunamis, olas puestas en movimiento por terremotos submarinos, nunca llegan a acercarse a la oleada de 300 metros de alto que se necesitó para bañar las islas hawaianas. Sólo una ola provocada por el desplome de un gran meteorito o asteroide podría haber alcanzado proporciones tan enormes como esas.

Al acercarse a Asia, Oljato provocó devastaciones volcánicas y sísmicas a través de todo Japón y el este de Rusia. La cara de China se oscureció por tormentas catastróficas de corrosivas cenizas, como el atomosférico nitrógeno y oxígeno combinados con ácido nítrico, liberados por los implacables impactos de desechos celestiales a miles de kilómetros. La India y el Medio Oriente fueron atormentados con violencia geológica de la despiadada acometida de más arriba.

Pero en especial Europa y el Cercano Oriente, las cunas de la civilización occidental, fueron golpeados fuertemente por Oljato. Conforme pasaba sobre Anatolia, el momento del "Fuego desde el Cielo" había llegado. Un creíble diluvio de llamas descendió en olas de explosiones desde allá fuera del cielo. Hattusas, la capital del poderoso imperio Hitita, hizo erupción en un llameante holocausto. Cientos de ciudades y pueblos con cientos de miles de sus residentes por toda Asia Menor, fueron abruptamente incinerados. Los centros comerciales de Palestina y las fortalezas de Siria fueron quemados en grandes destellos de flamas. Implacables terremotos convirtieron a los monumentales templos faraónicos en humeantes ruinas, mientras que la cólera divina amenazó al Bajo Egipto con una muerte por fuego. Libia, su una vez fértil vecina, fue abrasada por un árido desierto.

A través del Mar Egeo, la gente de Creta subió a las altas montañas para escapar del destino de llamas y los temblores de sus ciudades y pueblos bajos. En la tierra de Grecia, la luz de la civilización se apagó; reemplazada por un monstruoso resplandor, sus asentamientos, ciudadelas, palacios y templos fueron ceñidos en flamas. Las conflagraciones en las ciudades costeras y puertos fueron apagadas por avasalladoras inundaciones, que no fueron menos devastadoras. El mismo mar que nutrió a los griegos por mil años, se había convertido en su asesino.

Varios grandes ríos que convergían en la llanura de Hungría repentinamente salieron de sus bancos e inundaron esta gran área de tierra baja. Toda la región fue cubierta con una feroz inundación que hizo desaparecer varias prósperas culturas de la Edad de Bronce. Había llegado, en las palabras del arqueólogo sueco Adolf Aberg a "un inesperado final, después del cual el país se queda sin un signo de ocupación que se pueda descubrir y parece desierto".[53]

El más grande fuego de Europa consumió el Bosque Negro hasta los Alpes Suizos. Una caída de cenizas cubrió Britania, matando a la mayoría de todas las cosas vivientes.

Todavía estaba por venir lo peor. Dejando el continente en llamas, Oljato lanzó una salva de bombas cósmicas hacia el océano a 32,200 kilómetros por hora. Como todas rompieron la barrera del sonido, llenaron el aire con estruendos reverberantes. Por lo menos un meteorito golpeó la geológicamente sensible Cordillera del Atlántico medio. Despertó como la enfurecida Serpiente Midgaard del mito escandinavo. Los terremotos marinos causaron tsunamis de 150 metros de alto rompiendo a 240 kilómetros por hora por la faz de la profundidad. Los volcanes rugieron en furiosos coros de ríos de magma y acumulando bancos de nubes de cenizas desde Ascensión y las islas Candlemas en el Atlántico del Sur, hasta Hekla en Islandia en el norte. Las islas Canarias de Gran Canaria, Fuerteventura y Lanzarote explotaron en flamas, mientras que la cercana costa de África del Norte se retorció en un angustioso temblor.

Pulsante como un dolor agudo a través de nervios a carne viva, la violencia geológica se disparó por toda la longitud de la Cordillera del Atlántico medio y a través del límite de la falla en la cual la Atlántida estaba situada. Un vibrador que se mueve cerca de la velocidad del sonido golpeó los cimientos submarinos de Atlas, detonando la sagrada montaña. Imposibilitado para descargar la repentina fuerza de demasiado magma en erupción, una pared del volcán explotó lateralmente. Una inconcebible pared del mar se apresuró a la herida abierta, donde el agua y el fuego se combinaron para destruir toda la isla. La opulenta, poderosa y corrupta capital, con la mayoría de sus bulliciosos habitantes, se hundieron en el fondo del océano que había dominado por siglos —el mismo al que le había dado su propio nombre.

EL GRAN MONTÍCULO SERPIENTE

Conforme Oljato hacía llover una destrucción generalizada, los supervivientes de la tierra conservaron la experiencia por medio del mito. Una cercana falla cometaria habría atemorizado a los observadores humanos. Habría sido lo suficientemente dramática para dejar una indeleble impresión en las tradiciones de cualquier población que atestiguó y sobrevivió a un cataclismo como ese. Debido a su gran tamaño, cercana proximidad e intensidad, Encke-Oljato se habría visto durante las veinticuatro horas del día, una atemorizante luz, con brillo suficiente después del atardecer, para dispersar la oscuridad con un absoluto y extraño crepúsculo.

Pero ¿qué otra evidencia existe que muestre que algunos eventos cósmicos fueron en realidad la causa de la catástrofe? La mayoría de los meteoros se perdieron en el mar; aquellos que sí golpearon la tierra se han erosionado desde entonces. De los pocos vestigios que quedan, tres ofrecen un increíble testimonio del peor desastre natural en la historia de la civilización. En el Museo de la Ciudad de Nueva York se muestran veinte toneladas de meteorito. Su pieza compañera se puede encontrar en Copenhague, Dinamarca. Originalmente, los dos pertenecieron a un objeto de doscientas toneladas de níquel-hierro que cayó en Cabo York, fuera de la costa noroeste de Groelandia, en algún momento antes del año 1000 a.C. La gigantesca ola que sin duda produjo, estuvo al mismo nivel de destrucción con el cataclismo celestial que dirigió al meteorito de Cabo York y a sus aniquiladores compañeros a nuestro planeta.

Otro lugar de impacto, y un raro ejemplo, es uno de los primeros parques arqueológicos de Norteamérica. Localizado cerca de Locust Grove en el Valle de Ohio, el extraordinario montículo de la Gran Serpiente es un efigie de tierra, de 372 metros de largo de una monstruosa serpiente retorciéndose en siete jorobas a través de una alta y arbolada cordillera. Vomita un huevo de sus abiertas quijadas. Tiene 1.5 metros de alto, con un ancho promedio de 6 metros, su cola termina en una larga espiral. Aunque claramente apreciable a nivel tierra y aún mejor desde una torre de observación de trece metros de alto, proporcionada por el museo local, la efigie se puede contemplar por completo desde el aire a sesenta o noventa metros sobre la tierra. Sin embargo, desde cualquier punto de vista, sus perfectas proporciones confirman la técnica y artística sofisticación de sus creadores.

Sin importar quienes hayan sido, desaparecieron por completo. Al excavar en la vecindad del montículo no se han encontrado huellas de herramientas, implementos o armas de ninguna clase. La construcción involucró un cuidadoso plan. Piedras planas de río se seleccionaron por tamaño y uniformidad y montones de arcilla se colocaron por toda la tierra para formar el patrón de la serpiente. Luego, canastas de lodo se apilaron sobre el patrón y esculpieron su forma. La efigie no sólo implica la cooperación de una organizada fuerza de trabajo con un genio artístico y de ingeniería, sino un sistema estándar de medición y orientación. A principios de la década de 1990, los arqueo-astrónomos determinaron que las jorobas de la serpiente están alineadas con varios fenómenos celestiales significativos, incluyendo el amanecer de los solsticios. El lugar nunca fue habitado, así que debe de haber servido como un centro ceremonial.

El Gran Montículo Serpiente es único por algo más que la sobresaliente perfección de su construcción. Se asienta en lo alto de una singular formación. Dentro de un círculo de 6.4 kilómetros de diámetro, el lecho de roca tiene enormes grietas. Algunos de los bloques resultantes fueron forzados en pendiente hacia abajo, otros abruptamente hacia arriba. Los primeros investigadores concluyeron que sus rasgos fueron creados por la presión ascendente de una fuerza volcánica desde abajo, que nunca alcanzó la superficie, de ahí, su descripción de "criptovolcánico". Desde entonces, se ha concluido que sólo el impacto de un objeto de aproximadamente 60 metros de diámetro, viajando a unos setenta y dos kilómetros por hora, podría haber producido las grietas y bloques similares a los rasgos encontrados en el Cráter Meteoro de Arizona. En vista del lugar del Gran Montículo Serpiente, en la cima de la cordillera de un mayor astroblema, parece que su efigie recuerda el gran evento cósmico responsable de su cráter. La orientación celestial de las siete jorobas acentúa una conexión con el cielo.

Los indígenas Mandan, las primeras personas que se sabe que han vivido en la vecindad del montículo, decían que fue levantado por una raza que los precedía. Eran los poderosos, hasta temibles, descendientes de los supervivientes de una "inundación de marea" en el Golfo de México.⁵⁴ A los Mandan no sólo se les prohibía visitar el Gran Montículo Serpiente, sino que ni siquiera se les permitía ver hacia ese lugar. Con el tiempo, no soportaron las condiciones bajo los dominantes constructores del Montículo y emigraron al oeste hacia el Río Missouri. Lo que es en particular admirable sobre sus recuerdos del Montículo Serpiente, es que los Mandan, todos de las tribus de las Llanuras, conservaron la más elaborada ceremonia para conmemorar el Gran Diluvio. George Catlin, un artista del retrato y explorador de la temprana América Occidental, fue testigo de esta celebración conocida como el Okipa y la documentó en palabras y pintura; describe cómo todo un pueblo Mandan recreaba el drama del Diluvio. Los indígenas se pintaban con tintes hechos de fibras de plantas, para representar a los supervivientes de cabezas rojas y caras blancas que llegaron en una gran arca de madera. Una recreación de esta misma embarcación era colocada en el centro del pueblo.⁵⁵

Los símbolos del huevo y la serpiente no aparecen en la cultura tribal de ninguna otra nación indígena de las Llanuras, aunque varias tribus en el suroeste, igual que los Hopi, practicaban la ofiolatría, culto a las serpientes.⁵⁶ La versión Hopi del Gran Montículo Serpiente contiene muchos elementos atlantes. Ellos dicen que sus ancestros fueron criados por el Clan Serpiente, una tribu emparentada, que escapó de la destrucción de su isla-hogar que se encontraba lejos en el océano Oriental. Recordado como "la Tercera Emergencia", la migración del Clan Serpiente fue posible por medio del liderazgo de Pahana, el "Hermano Blanco". Él amontonó a personas y animales en flotillas de grandes embarcaciones de bejuco, que los llevaron flotando a una nueva vida en América. Pronto, después de arribar a la Costa Oriental, construyeron un santuario al dios serpiente, dando gracias por su supervivencia de la catástrofe. Después de todo, la serpiente era el espíritu de regeneración y ellos habían escapado de la violenta destrucción de su patria.

Migrando hacia el oeste, pasaron por el Valle Ohio, donde erigieron el Gran Montículo Serpiente, dándole el nombre de Tokchii, el Guardián del Este, conmemorando la dirección de la cual escaparon del Diluvio. Los descendientes del Clan Serpiente, aún usan conchas marinas para recordar sus orígenes oceánicos.[57] Es increíble que los Hopi se digan descendientes de este clan, supervivientes de una isla perdida en el océano Atlántico y diseñadores del Montículo que representa a una serpiente vomitando un huevo. Los griegos, separados de los Hopi por medio mundo y miles de años, registraron que sus antepasados fueron los Ofitas, La Gente Serpiente, del Mar Occidental, cuyo emblema era una serpiente con un huevo en la boca.[58]

EL MONTÍCULO SERPIENTE ESCOCÉS

El Gran Montículo Serpiente de Ohio tiene una contraparte material en, de todos los lugares, Escocia. Se encuentra en la costa de Loch Nell, cerca del pueblo costero de Oban y muestra una serpiente vomitando un huevo por sus quijadas, aunque está muy erosionada. La serpiente escocesa tiene como treinta metros de largo y tres jorobas. Pero su cola, igual que la estructura de Ohio, termina en un espiral. La formación parecida a un huevo, de la efigie de Loch Nell es un montón de piedras apiladas, una aparente diferencia con la oval de tierra del Montículo de Ohio. Sin embargo, "una pequeña elevación circular de largas piedras quemadas, una vez existieron en su centro [la efigie de Ohio], pero habían sido tiradas y esparcidas por algunos ignorantes visitantes, bajo la difundida impresión de que probablemente había oro escondido bajo de ellas".[59] El montón de piedras de Escocia también fue utilizado como un altar y se ha descubierto material quemado (tierra, cáscaras de nuez chamuscadas y huesos).

La ceremonia Okipa de los Mandan y las tradiciones Hopi del Clan Serpiente arrojan luz al geoglifo de Ohio. Pero de su hermano Loch Nell, la tradición local es silente. El preciso lugar de la Serpiente escocesa es Glen Feochan, al oeste de Escocia, en la aldea de Dalnaneun, o Lugar de Pájaros y con seguridad las gaviotas aún se agrupan en gran número en ese lugar. A unos cuantos kilómetros tierra adentro de la costa de Hebridean, cerca de las playas del tranquilo Loch Nell, el bioglifo se retuerce por la parte baja de la montaña, en vista del triple cono de la Montaña Ben Cruachan.

Por mucho tiempo, la efigie ha inspirado un miedo regional. George Blackie, un poeta del siglo XIX, de cierto renombre, escribió, "por qué yace aquí la poderosa serpiente, permitirle que hable al que sabe; con su cabeza hacia la tierra y su gran cola cerca de la costa del tranquilo Loch Nell".[60]

Es posible que a noventa metros del montículo se encuentre un pequeño templo subterráneo de piedras circulares. Dalnaneun ha sido continuamente ocupado desde los primeros tiempos Neolíticos, hasta la desaparecida Edad de Bronce y fue famoso por toda la Argyllshire prehistórica debido a su trascendencia cultural, de acuerdo con los hallazgos conservados en el Museo Arqueológico de Oban. Se estima que la figura de Ohio fue construida cerca del año 1200 a.C. El parecido entre la serpiente americana y la escocesa y sus edades similares, tienden a confirmar la identidad atlante de ambas estructuras. Igual que el geoglifo del bosque Locust parece representar el cataclismo meteórico que provocó el paisaje "cripto-volcánico" en el cual se encuentra, el montículo de la serpiente escocesa sugiere su inmediato ambiente. La región que lo rodeó alguna vez, estuvo viva con una violencia geológica, visible en los grandes flujos de lava que todavía se ven por kilómetros alrededor de Oban, en particular la extensa línea costera de magma petrificado. Parece que estas dos efigies notablemente similares, separadas por el océano Atlántico pero unidas en tiempo, simbólicamente retratan una catástrofe natural tan enorme, que al mismo tiempo impactó a los dos continentes.

De forma tradicional, a los cometas se les representa como dragones o serpientes, de la Biblia al mito Azteca. Su sinuoso movimiento por el cielo lleva una obvia semejanza con la serpiente. La medida de la de Ohio, junto con el "huevo" que está siendo arrojado de su boca, sugiere fuertemente que sus creadores intentaron representar a un cometa, expulsando el meteorito que excavó el cráter en el cual se encuentra la efigie. Los constructores del Gran Montículo Serpiente deben de haber atestiguado la caída del meteoro. El movimiento de tierra se ha fechado en el año 1000 a.c., 200 años mas ó 200 años menos y por lo tanto, fue causado por el "fuego del cielo" que diezmó la Tierra.

Una serpiente del cielo escupiendo un meteorito oval, se puede encontrar más allá del Valle de Ohio y Escocia. Los griegos clásicos hablaban de sus predecesores atlantes, llamándolos Pelasgos, el mismo Pueblo del Mar documentado por los escribas del faraón Ramsés III en su Templo de la Victoria en Tebas occidental. Se dice que los Pelasgos habían emergido del Huevo Cósmico vomitado "desde los colmillos de Ofión".[61]

El más antiguo mito de la creación en Grecia sostiene que Ofion (serpiente) estaba nadando sola en el mar primitivo, antes de empezar el tiempo, cuando Boreas, el dios del viento del norte, por accidente dejó caer una semilla en las aguas. Ofión la tragó e inmediatamente después el Huevo Cósmico salió de su boca. Parece claro que esta historia contiene las mismas ideas implícitas en el Gran Montículo Serpiente, situado en lo alto del borde occidental de un astroblema. La "semilla" que por accidente cayó de Boreas, personificación del tumulto en el cielo, fue el meteorito que cayó en el océano, disparado por las agitaciones geológicas de las cuales los Pueblos Atlantes del Mar surgieron como supervivientes y portadores de la cultura.

LA BOLA DE FUEGO DE SIBERIA

La capacidad de Encke-Oljato para traer un cataclismo mundial hace tres mil doscientos años, fue verificada a principios del siglo pasado. Debido a su antigua acometida, el viejo cometa ha perdido casi, si no todos, sus poderes destructivos. Seis años antes de la catástrofe de la Primera Guerra

Mundial, hecha por el hombre, un objeto detonó a ocho kilómetros sobre Yuzhnoya Boloto, un pantano sureño en la llanura central de Siberia. Su fuerza explosiva igualó un estallido de veinte megatones y quemó tres mil cien kilómetros de bosques, incinerando a mil quinientos venados a cuarenta y ocho kilómetros de su punto de destello y quemando a personas a una distancia de noventa y seis kilómetros. De unos ciento veinte a ciento cincuenta metros de diámetro, el objeto siberiano liberó una energía igual a la erupción del Monte Santa Elena en 1980. Las causas de lo que desde entonces se ha conocido como el Evento Tunguska fueron muchas y diversas, desde un enorme trozo de hielo cósmico (¡sombras de Martin Hoerbiger, como opinaba Carl Sagan, de toda la gente!) hasta el choque de una nave espacial de otro planeta. Un análisis muy cercano de los árboles dañados por el choque, efectuado ochenta años después de la misteriosa explosión, estableció que el culpable había sido un asteroide.[62]

Meteoritos Táurides Beta, asteroides y numerosas pequeñas piezas de desechos, azotan nuestro planeta cada verano entre el 24 de junio y el 6 de julio. La cantidad de material que cae en la atmósfera de la Tierra alcanza su máximo el 30 de junio, la misma fecha en que ocurrió el Evento Tunguska en 1908. Entonces, está claro que éste es un cometa peligroso, aunque ya de edad avanzada. Lo que fue capaz de producir en su florecimiento, hace treinta y dos siglos, excede los límites de la imaginación.

SEIS

¿Cuándo se destruyó la Atlántida?

Por ti, eres divino y tienes los regalos de la memoria
e historia. Pero sólo el más vago eco del
gran cuento ha llegado hasta mí.
Virgilio, La Eneida, *Libro VII*

Muy a menudo a la Atlántida se le ubica en un continente que repentina-mente se hundió hasta el fondo del océano Atlántico, hace 11,600 años. A un evento como ese, deben de haber precedido siglos de desarrollo cultural, ya que se dice que los atlantes lograron altos niveles de civili-zación antes de su desaparición. En consecuencia, su sociedad podría haber surgido en el siglo XI a.C., o aún antes.

Por desgracia para los defensores de una Atlántida continental, su posición ha sido progresivamente dañada, debido a una tecnología sub-marina de rápida evolución, que ha proporcionado a los oceanógrafos un amplio punto de vista del mundo bajo las olas. No existe ninguna evidencia de algo remotamente parecido a un verdadero continente, en el Atlántico medio. Una isla muy grande, que era casi del tamaño del Portugal de hoy, puede haber existido ahí hace tan sólo dos o tres millones de años. Sin embargo, pocos atlantólogos sugieren que algo que se acerque a una civilizada sociedad, estuviera presente en ese entonces. Mientras más de ellos están empezando a admitir que la Atlántida podría haber estado sobre una isla, otros aún creen en un continente perdido que todavía no se ha encontrado.

Es difícil imaginar cómo todo un continente puede seguir siendo eludido por las extensivas exploraciones y mapeo satelital del fondo del océano, emprendidos por investigadores altamente entrenados, de una docena de naciones, desde la década de 1940. La Institución Scripps de Oceanografía publicó en 1995 una compilación de estos hallazgos.[1] Estos mapas no muestran nada que sugiera un continente sumergido en el Atlántico. Revelan que no hubo ninguno perdido —los mecanismos tectónicos de nuestro planeta no permiten a las grandes masas de tierra haber existido y luego hundirse cuándo y dónde sus defensores claman que sí.

Mientras que muchos atlantólogos están deseosos de rebajar al lugar de la Atlántida de un continente a una isla, todavía se mantienen en la fecha señalada para su destrucción, de mediados del siglo X a.C. Esto, por implicación, coloca a la fecha para el establecimiento de su civilización aún más temprano, casi con certeza más de doce mil años antes. Los humanos que vivieron en el Paleolítico Superior o la Antigua Edad de Piedra, pertenecen a la cultura magdaleniense y fueron cazadores nómadas. Se refugiaban en cuevas en el invierno y en carpas durante el verano.

De vez en cuando, estos grupos nómadas se reunían en temporales pueblos ribereños de hasta seiscientos habitantes.[2] Los magdalenienses fabricaron herramientas de piedra y las ajustaron a agarraderas de hueso o cornamentas. Vestían pieles de animales y collares de conchas. Su logro sobresaliente fue la creación de pinturas policromadas en cuevas, que representaban escenas de caza. Aunque los animales eran dibujados con un realismo magistral, las imágenes humanas nunca avanzaron más allá de figuras de palo. Los mejores ejemplos del arte de esta Edad de Piedra, se encuentran en las pinturas de las paredes de Lascaux en Francia y Altamira en España. Los artistas paleolíticos también diseñaron pequeños objetos de culto, estilizadas estatuillas de mujeres sin rostro, con un énfasis en la sexualidad y la fertilidad. Estas figurillas de Venus, parecen haber significado un intento de los cazadores por ganar algún grado de control sobre las fuerzas de la naturaleza.[3]

Por lo tanto, el nivel de cultura que se alcanzó en el Paleolítico Superior Tardío fue por lo general, similar al alcanzado por los indígenas de las Llanuras de Norteamérica, antes del arribo de los europeos en el siglo XVI. Los magdalenienses no construyeron ciudades, no cruzaron grandes porciones de agua, ni crearon monumentales estatuas; tampoco tenían un lenguaje escrito, ni trabajaron los metales, mucho menos sabían de agricultura ni irrigación. Aunque usaron el fuego de fuentes naturales y muchos hasta entendieron algo sobre las propiedades del pedernal, no tenían herramientas para iniciar el fuego, el bastón de simulacro de incendio no se inventaría sino hasta dos mil años después.

Tecnológicamente, fueron muy primitivos comparados con la civilización atlante de los *Diálogos*. Es interesante que, en lo que se refiere a la cultura, no se puede decir que los magdalenienses hayan creado algo parecido a una civilización, pero sí representaron la cima del logro humano de su tiempo. Aún así, estos no son los marinos constructores del imperio atlante, de Platón. Objetos tales como agujas de coser y el arco y la flecha fueron nuevas ideas. Los carruajes atlantes, aún las carretas jaladas por caballos, estaban a muchos miles de años de distancia. No habían barcos, puertos ni canales. La Atlántida descrita por Platón es una identificable ciudad de la Edad de Bronce, no un lugar de la Antigua Edad de Piedra.

LA FANTÁSTICA ATLÁNTIDA

Sin duda, los humanos del Paleolítico Superior cruzaron el puente de tierra aún existente desde el actual Portugal, a la casi isla de Atlas. Pero las condiciones que ahí encontraron no concordaron con aquellas que se describen en el *Critias,* que habló de una temperatura de un clima casi balsámico, que permitía sembrar todo el año. El Cuarto (Wuerm) Periodo Glacial, un tiempo de baja luz de sol y un intenso frío seco, prevalecía desde hacía once mil años. Poca pero esmirriada maleza podría enraizarse en la tierra congelada.

Si uno cree que la civilización de la Atlántida existió durante la Antigua Edad de Piedra, también debe aceptar que no hizo ningún impacto en la cultura europea ni en la africana, durante los siglos en los que se decía que había dominado partes de los dos continentes. Una Atlántida del Paleolítico Superior habría estado situada tan por encima de todas las otras sociedades humanas, que tuvo que haber sido totalmente eliminada del contexto de los tiempos en los cuales se supone que floreció. Visualizando una sociedad tan avanzada como esa, en la Edad de Piedra Tardía, es comparable a imaginar que Noé salió del Diluvio en el Queen Elizabeth II. No existe evidencia de los tiempos magdalenienses que denote una Atlántida contemporánea. En lo que respecta a los registros arqueológicos y antropológicos, la isla y su civilización fueron invisibles. No parece lógico que una abundancia de artefactos de pequeñas y dispersas poblaciones de cazadores paleolíticos, tenga una mejor oportunidad de sobrevivir en nuestro tiempo, que un solo palo de una civilización que supuestamente floreció por siglos o milenios, sobre gran parte de la Tierra.

Colocar a la Atlántida en el Paleolítico inflinge un completo caos en relación con la narrativa de Platón. Los archivos Saite, de los que él dice que contienen el relato original, seguramente no tenían ocho mil años de antigüedad. Como Caroli señala,

Los investigadores que insisten en las fechas literales de la Atlántida, deben mostrar evidencia de que no sólo había escritura hace doce mil años, sino que se conocía en Egipto, y en los tiempos Clásicos aún podía leerse coherentemente. No existe evidencia de una escritura reconocible de ninguna clase, en el Valle del Nilo, anterior al final del cuarto o principios del tercer milenio a.C. Para aceptar las fechas literales de Platón debemos creer que la escritura existió ahí de cinco a siete mil años, sin dejar una sola huella y que los egipcios de cerca de los años 570 al 385 a.C., aún poseían estos antiguos archivos, que pudieron leer perfectamente y luego traducirlos sin errores, al griego.

De acuerdo con los educados sacerdotes de Sais, donde Solón y/o Platón escucharon la historia de la Atlántida, fueron los egipcios los que probablemente debieron haber sido capaces de traducir los antiguos documentos a lenguas extranjeras. Pero la noción de que registros de

ocho mil años de antigüedad sobrevivieran intactos y hasta que fueran
fácilmente traducibles, extiende la credibilidad mucho más allá del
punto de ruptura.[4]

La sola mención de leíbles registros escritos en la discusión de Platón
sobre la Atlántida, limita la oportunidad de su argumento al final del
cuarto milenio a.c. cuando mucho. Las más antiguas listas de reyes egipcios se extienden hasta Hor-Aha y Scorpión, gobernantes que precedieron
inmediatamente a Menes o Narmer, el primer faraón en gobernar sobre
un reino unificado en el año 3100 a.c. Es posible, si no probable, que
los registros fueran de varios siglos antes, quizá de la institución de los
primeros nomes o gobiernos en el Valle del Nilo, empezando cerca del
3500 a.c. Aún existen referencias escritas del *Smsu-Hor,* "seguidores de
Horus" y el *Mesentiu* "Arponeros", portadores de la cultura que fundaron
la civilización egipcia.

Si las condiciones en Europa occidental fueron sombrías durante la
fallecida Antigua Edad de Piedra, cuando algunos investigadores discuten
el florecimiento de la Atlántida, la situación en el Mediterráneo oriental era
peor. "Entre cerca del 9600 a.c. y acaso el 5600 ó 5200 a.c.", de acuerdo
con Caroli, "la 'historia' egipcia está casi en blanco, al igual que la egea.
Prácticamente no existe ninguna evidencia de que Grecia estuviera habitada
a mediados del siglo X a.C., mucho menos para que pudiera luchar en una
guerra mayor".[5] En otras palabras, el periodo asignado por Platón para la
guerra atlante contra Atenas y Egipto, ocurrió miles de años antes de que
la ciudad de Grecia fuera construida y el Valle del Nilo civilizado.

UN ERROR DE TRADUCCIÓN

Una Atlántida continental de la Edad de Piedra se invalida a sí misma. La
ciudad que Platón describe tan meticulosamente en el *Critias,* podría no
haber existido nunca en los tiempos del Paleolítico Superior. Las condiciones climatológicas y el relativamente bajo nivel cultural magdeleniense
suministran una anormalidad a la Atlántida de Platón.

Sin embargo, los edificios encontrados en la Atlántida de Platón son típicos de la construcción palaciega de la Edad de Bronce encontrada en la Grecia Micénica, Tiro o Troya. La Atlántida difiere de estos lugares en que parece haber sido sobrepuesta sobre (o crecido de) un Neolítico temprano o en los asentamientos concéntricos de la Nueva Edad de Piedra, típicos de los lugares de la Atlántida como las Islas Canarias (Gran Canaria), la costa de Marruecos (Zora), Britania (Stonehenge) e Irlanda (New Grange). Estas ruinas circulares de piedra datan desde el final del siglo IV a.c. La Atlántida se convirtió en una civilización enteramente de la Edad de Bronce, según la descripción de Platón. Y esto sólo se puede encontrar dentro del contexto del periodo que va del 3000 al 1200 a.c.

Desde hace mucho tiempo los investigadores han tenido problemas por la deslumbrante disparidad en el relato de Platón —detalles reales y fechas ficticias. A principio de la década de 1950, Immanuel Velikovsky decidió, "Aquí hay demasiados ceros. No sabemos de ningún vestigio de cultura humana, aparte de aquella de la era Neolítica, ni de alguna nación navegante, nueve mil años antes de Solón".[6] Más o menos al mismo tiempo, en su monumental libro *The Ancient Atlantic* (El Antiguo Atlántico), L. Taylor Hansen confesó su confusión: "Tenemos complicaciones en lo que hemos aprendido. Existen dos fechas para el diluvio o hubieron dos catástrofes".[7]

La fuente para una Atlántida de doce mil años de antigüedad no es otra que el mismo Platón. En los *Diálogos*, nos asegura en varias ocasiones que sus eventos narrados tuvieron lugar nueve siglos antes. De acuerdo a la cronología que establece en el *Timeo* y el *Critias*, Atenas se fundó en el mismo periodo en que se llevó a cabo la guerra con la Atlántida, nueve mil años antes del tiempo de Solón, que fue cerca del año 550 a.C. Una Atenas de esa gran edad está fuera de contexto. Nadie, ni siquiera los atlantes, fueron capaces de efectuar invasiones navales cada vez más grandes en ese tiempo. Claramente, algo está mal con las figuras que utiliza Platón.

Los revisionistas minoicos también lo pensaron y argumentaron que cometió un error de traducción. Platón o a lo mejor Solón, de forma accidental agregaron un cero al traducir del egipcio al griego, como Velikovski sugiere. Simplemente al dividir los nueve mil años de los *Diálogos* entre diez, la guerra de los atenienses con los atlantes tuvo lugar en el 1470 a.c., un conveniente resultado para cualquiera que desee creer que los imperios cretense y atlante fueron idénticos.[8] Por lo general, hasta el principio de la década de 1990 se aceptó esta fecha para la erupción del Thera y su colapso en el mar, junto con el supuesto "repentino final" de la civilización cretense, lo que supuestamente explicó la historia de la Atlántida. Esta interpretación parecía servir muy bien, hasta que la indisputable evidencia de las perforaciones del centro de hielo y la datación de los anillos de árbol, probó que de hecho la erupción del Thera fue 158 años antes. Con sólo quitar un cero al relato de Platón, haría que la Atlántida no encajara en el Egeo.

Los egipcios utilizaban cuatro calendarios diferentes al mismo tiempo. Uno solar para los asuntos civiles, que consistía en 360 días más cinco adicionales para dar cuenta de las celebraciones de los dioses más importantes. Los escribas de palacio usaban un calendario genealógico para registrar y verificar los linajes dinásticos, nacimientos, muertes, ascensiones, matrimonios, etc. Un calendario estelar de 365 días y un cuarto, se basaba en la elevación helicoidal de Sopdit, el nombre egipcio para Sirio, la Estrella Can. Para terminar, el clero del templo utilizaba un calendario lunar de meses de 29 y 30 días alternados. La I Dinastía los utilizaba todos, según una tablilla de marfil perteneciente al faraón Den (cerca del 3000 a.C.). No hay ningún signo de que con el tiempo se desarrollaran en Egipto, sino que parecen haber sido introducidos de forma repentina, como si fueran importados de alguna fuente civilizada allende el Valle del Nilo. Si el sacerdote egipcio no hizo ningún ajuste a su distinguido visitante, existe sólo una en cuatro oportunidades de que, en la traducción de la historia de Atlántida preparada por Solón, se utilizara un calendario solar.

Es posible que menos, si los sacerdotes egipcios utilizaron diferentes sistemas numéricos, como esotéricos o mágicos, así como otros métodos de calendario en su traducción, haciendo más arriesgada la tarea de calcular y recalcular apropiadamente el manuscrito original. Por lo tanto, cada vez que se refería a los valores numéricos, el trabajo de la traducción de la historia de la Atlántida estuvo lleno de un potencial de error.

Los griegos, como nosotros mismos, utilizaron un calendario solar para computar la longitud de un año. Lo mismo hicieron los egipcios, pero no así sus sacerdotes ni la realeza. Hace tan sólo unos años, en 1952, el rey Faisal y su casa real utilizaban un calendario lunar como lo hicieron los faraones hace miles de años.[9] Más cerca del periodo en cuestión, Eudoxo de Cnidos, uno de los primeros pioneros en la astronomía, que estudió en Egipto, describió la forma en que sus maestros, todos sacerdotes de varios templos, empleaban un calendario lunar.[10] Plutarco, el historiador griego del siglo II a.c., escribió en *Vidas,* "al principio, el año egipcio, dicen, tenía sólo un mes. Tienen el crédito de haber sido una de las naciones más antiguas e incluir en sus genealogías un prodigioso número de años que contenían meses, esto es, como años".[11] Herodoto, Manetón y Diódoro Sículo escribieron que lo que los egipcios querían decir era "mes/lunación" cuando hablaban de "años".[12]

Bailey escribe, "un antiguo uso semítico de la palabra 'año' fue 'mes' cuando la luna había sido el cuidador del tiempo del hombre prehistórico y su año no significaba un ciclo solar, sino uno lunar".[13] Un ejemplo convincente se encuentra en el cuento alegórico del Osiris egipcio, cuyo reinado de veintiocho "años", en realidad significó el mismo número de días en el mes lunar. Bailey cita el caso de Matusalén, quien de acuerdo al Antiguo Testamento, murió a la edad de 969 años; en los años lunares, habría vivido hasta sus ochentas. Sin duda, los sacerdotes a cargo del templo donde las columnas talladas o pintadas que cuentan la historia de la Atlántida, del mismo modo habrían usado un calendario lunar. Los griegos también conocían uno parecido a éste, así que el sacerdote que tradujo a Solón, podría haber asumido que su invitado entendió que él estaba hablando en términos de años lunares y no solares.

De acuerdo a los astrónomos Clube y Napier, "existe evidencia de que en este momento (500 a.C.) los griegos consideraban que los egipcios contaban en meses y no en años, aunque también es posible que ellos no comprendieran por completo la forma de calcular el tiempo de los egipcios, que se basaba en existentes listas de sacerdotes, que retroceden hasta la primera dinastía (alrededor del 3000 a.c.). Por lo tanto, es posible que la escala del tiempo de los egipcios debiera reducirse por un factor de doce o diez, aunque la exacta figura se desconoce aún. . . . De esta manera, el hundimiento de la Atlántida parece relatar los eventos que se observaron en el cielo en o antes del año 1200 a.c., la aparente inversión en el extendido mar zodiacal, eventos durante los cuales la humanidad también sufría en manos de las hordas invasoras de la banda zodiacal. Así, la historia de la Atlántida trata con un similar visible asalto del cosmos, cuya estructura fue ampliamente desconocida. . . ."[14]

El reconocido astrónomo, el profesor Harold, A. T. Reiche también ha fechado a la destrucción de la Atlántida en el año 1200 a.C.[15] Otros connotados investigadores que individualmente han llegado a la misma fecha son Jurgen Spanuth, James Bailey, Eberhard Zangerer, Henriette Mertz y Comyns Beaumont.

LA CATÁSTROFE DE LA ATLÁNTIDA, DEL 1240 AL 1159 A.C.

Durante las eras oscuras que ocurrieron en Grecia cerca del 1200 a.c., no había un solo calendario que tuviera un servicio universal y no fue sino hasta el 500 a.C. (después de la muerte de Solón) que el calendario solar se adoptó como modelo. Manetón, un historiador egipcio del siglo III a.C. de quien los modernos egiptólogos compilan sus historias cronológicas, explicó que sus ancestros pensaban en términos de años lunares. Él vivió durante los tiempos de Ptolomeo, cuando la cultura griega dominaba Egipto y la mayoría de las antiguas instituciones se reemplazaron con las helénicas, incluyendo el calendario solar. "El año que utilizo, sin embargo, es uno lunar", Manetón dijo, "consistiendo, esto es, en treinta días". Lo que ahora llamamos un 'mes', anteriormente los egipcios lo utilizaban para designar un año. El total [de algunos grupos anteriores de reyes que él describe] asciende a once mil años. No obstante, estos periodos son lunares o meses".[16]

Lo mismo aplica a las fechas de Platón. Si su fecha de "hace nueve mil años" se convierte en los años lunares que utilizaron los sacerdotes que conservaron el relato de la Atlántida, la verdadera fecha de la guerra atlante y de la destrucción empieza en el año 1250 a.c. Esta no es una revisión ideada para que la evidencia encaje en alguna teoría preconcebida. Caroli señala, "Irónicamente, hasta la cronología 'tradicional' apoya una fecha cerca del 1200 a.c., a pesar del mismo Platón. Él puso el final de la Guerra atlante-ateniense justo antes del ascenso al poder de Teseo. La leyenda dice que él murió a no más de una década de la Guerra Troyana, después de ocupar el trono por largo tiempo. Su reino habría empezado alrededor del 1220 al 1250 a.c.".[17]

La evidencia adicional apoya esta línea de tiempo. La edad precesional de las Pléyades empezaba cerca del 2200 a.c. y terminó en el 1100 a.c. Parece probable que esta precesión coincida con el amenazador acercamiento de Encke-Oljato a finales del siglo III a.c. y culminara durante la catástrofe que llegó a su cúspide en el siglo XII a.c. En los mitos y ceremonias humanas alrededor del mundo, a las Pléyades se les relacionó con inundaciones catastróficas o desastres naturales de magnitudes transformativas. Sin duda la constelación recibió su nombre en algún momento durante estos eventos, conectando a sus estrellas como "Atlántides" o "Atlantises" en el mito a la Atlántida.

Por supuesto, la más importante correlación a la fecha del año 1250 a.C. en los relatos de Platón, es el holocausto de dimensiones mundiales que con seguridad empezó justo entonces. Como Velikovsky concluyó, "en el momento cuando la Atlántida sucumbió en el océano, la gente de Grecia fue destruida: la catástrofe fue universal".[18] La sola existencia de ese desastre es en sí misma suficiente como para colocar a la inundación atlante dentro del correcto contexto de la documentada historia de Platón. Pero su fecha de mediados del siglo XIII a.C. está más que confirmada por eventos humanos por todo el mundo. Un solo año en algún momento cerca del 1200 a.C. fue la fecha más importante en la historia de la civilización, una bien definida delineación de un universal cambio, frecuentemente básico, no experimentado desde entonces.

En Egipto, Ramsés III registró la destrucción de la Atlántida en el año 1198 a.C. en las paredes del Templo de la Victoria, que erigió para celebrar su triunfo ante los Pueblos del Mar. Pero también él fue el último de los grandes faraones y, con su asesinato, Egipto cayó en un declive desde el cual nunca se recuperaría. Cerca del 1200 a.C. toda la Edad de Bronce del Cercano Oriente se detuvo, al mismo momento en que se abandonaron las gigantescas minas de cobre de la Península Superior de Michigan, con una prontitud tal, que parece como si los mineros, quienes dejaron sus herramientas y contenedores en el lugar, fueran a regresar al día siguiente a trabajar.

En la misma época el Imperio Hitita, que dominó Asia Menor, desapareció, de la misma forma en que las grandes ciudades del Levante y Asiria declinaron y Troya cayó. La civilización de la Grecia Micénica fue derrocada. Una enorme migración de celtas fue dirigida a través de Francia y Bélgica desde su patria poblada de árboles en el sur de Alemania, sus bosques se transformaron en un océano de fuego. En Britania, el desarrollo de Stonehenge cesó repentinamente. La Gente de Espadas la "Gente del Mar" de Ramsés III, invadieron las Baleares, junto con Cerdeña, Córcega, Mallorca y muchas otras islas mediterráneas. Cuando luchaban a través de África del Norte, se les conoció como los Garamantes.

Los montículos Serpiente que simbolizan el cataclismo, estaban simultáneamente surgiendo en el Valle de Ohio y cerca de las costas de Loch Nell. Poverty Point surgió en la esquina noreste de Louisiana. La ciudad más antigua en Norteamérica, es una reproducción de la misma Atlántida, construida en alternados anillos concéntricos de tierra y agua, entrecruzados por canales. Súbitamente, con el surgimiento de los olmecas, la civilización de Mesoamérica se aceleró. La Nueva Ceremonia del Fuego, que mantuvieron los Aztecas descendientes de los olmecas, empezó en el año 1197 a.C. (Contando hacia atrás desde la última Ceremonia conocida del Fuego, en 1507 y utilizando los ciclos Aztecas de siete y seis años de los periodos de 52 años, que ellos emplearon en 364 y 312 años, respectivamente, llegamos a una fecha justo a un año de diferencia de la que otorga Ramsés III para la destrucción de la Atlántida.) En Sudamérica, apareció la seminal Cultura Andina de Sechin-Chavín, que exhibió estilos de construcción monumental similares a aquellos encontrados en

Marruecos (Lixus) y Egipto. La Shang, la dinastía más antigua de China y de inmenso poder y riqueza, colapsó de repente bajo el diluvio de tormentas de ceniza que causó estragos a la tierra, en la cima de un reinado de 644 años. Todos estos enormes cambios transformadores ocurrieron en el transcurso de pocos años del 1200 a.C.

La catástrofe forjada por Enck-Oljato se esparció por un periodo de ochenta años. Empezó con la caída de Troya en el 1240 a.c., llegó a lo más alto durante la destrucción de la Atlántida en 1198 a.c. y culminó en el 1159 a.c. con la erupción masiva del Hekla, un volcán en el Atlántico Norte. El disparo iniciador del cataclismo aparece brevemente en la Eneida (Libro 2:680–698), cuando Eneas reúne a su familia para escapar de la capital troyana en llamas. Cuando estaban a punto de salir, el largo y fino cabello de su hijo empezó a sobresalir de la cabeza del niño, alrededor del cual "una pequeña lengua de fuego que parecía derramar una luz intensa e inofensiva al tacto, lamía los suaves mechones". Es difícil que esta extraña iluminación se coloque sobre rizos pequeños, "cuando, con un repentino trueno, una estrella disparada desde el cielo rastrea una cola en llamas en medio de una inundación de luz. La vimos incendiarse sobre el palacio y chocar en el bosque de la Montaña Ida. Por dondequiera apestaba a azufre quemado".[19]

El incidente, considerado como un presagio que confirmó la ruina de Troya fue, de otro modo, un incidente muy pequeño en la épica de Virgilio. Sin embargo, parece haber sucedido en realidad. Algunas veces los meteoritos rompen la barrera del sonido, creando sonidos fuertes y se sabe que en ocasiones generan electricidad estática (la que podría haber provocado que los rizos de cabello se erizaran y resplandecieran) durante los pasos a baja altitud, en particular aquellos meteoros que sobreviven a su desplome atravesando la atmósfera para impactarse en la Tierra. Parece asombroso que un romano del siglo I hubiera sabido sobre un fenómeno como éste, a no ser que haya contado con un reporte que describiera los eventos verdaderos. Más convincente para esta investigación, es la sola mención de un acontecimiento meteórico que ocurría al mismo tiempo en el que Encke-Oljato estaba dejando llover su llameante destrucción sobre Anatolia, que indica la posibilidad de que el incidente haya sucedido.

La Atlántida fue destruida dentro de un periodo muy corto de años antes o después del 1200 a.c. Los textos de la pared del Templo de la Victoria de Ramsés III, son la única fuente conocida para especificar una fecha. Desafortunadamente, los egiptólogos modernos no pueden estar de acuerdo con una exacta cronología dinástica y todavía discuten el año de coronación de Ramsés (el mismo en que ocurrió la destrucción), colocándolo del 1198 al 1171 a.c. Dando una evidencia sustentable de muchas otras fuentes citadas, parece que la fecha más temprana es la más adecuada. La abundancia de material (los datos astronómicos en conjunción con la persistencia de tradiciones culturales) también permiten que se determine el mes y hasta el último día de la Atlántida.

SANGRE DE TORO PARA LA SANGRE HUMANA

Como se dijo anteriormente, dos lluvias del meteoro Táuride acompañan al cometa Encke y aparecen cerca de nuestro planeta en dos diferentes momentos del año. La lluvia de verano alcanza su mayor intensidad el 30 de junio, el mismo día en que un asteroide explotó sobre Siberia en 1908. La segunda tiene lugar en el otoño, del 3 al 15 de noviembre. En el momento en que la Atlántida fue destruida, la longitud de esta lluvia Alfa era mayor y duraba desde finales de octubre hasta principios de noviembre. Parece que los meteoros Táurides vienen de una pequeña área de la constelación de Tauro, el toro, de ahí su nombre.

En el *Critias*, Platón describe un importante e inusual sacrificio animal que llevaban a cabo los más altos sacerdotes imperiales de la Atlántida.[20] Cada año quinto y sexto los gobernantes de los diez reinos descritos, que eran también los altos sacerdotes de la religión atlante, se reunían en el Templo de Poseidón localizado en el centro mismo de la Atlántida. Rodeaban una columna que emitía una luz radiante con oricalco, el brillante cobre del más alto grado, que era la base de la prosperidad atlante. Los primeros reyes de la isla habían escrito las Leyes de Poseidón en esta columna. En la presencia de este objeto sagrado, los regentes discutían asuntos nacionales y legales. Antes de instituir nuevas políticas o dar juicios, oraban a Poseidón solicitando ayuda haciendo un apropiado sacrificio, entonces se retiraban a un corral contiguo donde se involucraban en una cacería ritual, entre los finos toros criados para este propósito. (El toro era el animal sagrado de Poseidón.)

Utilizando sólo garrotes y sogas para conmemorar a sus ancestros que cazaban con medios primitivos, agarraban una de las magníficas bestias, la metían en el templo y le cortaban la garganta encima de la columna de oricalco, permitiendo que la sangre fluyera hacia abajo sobre las leyes inscritas. Entonces el animal muerto era consagrado en fuego, mientras que un tazón con vino se mezclaba con un coágulo de sangre del toro. La columna y las premisas generales se purificaban, cada uno de los diez reyes sacerdotales llenaba una copa de oro de vino del tazón y vaciaban una libación en el fuego, diciendo un juramento para emitir un juicio, de acuerdo con los venerables y eternos principios enumerados en la columna.

En el zodiaco, que se dice Atlas lo fundó, el toro es Tauro, así que es posible que hubiera una conexión entre este sacrificio ritual y la corriente del meteoro Táuride, que amenazó a la Tierra por siglos antes del gran cataclismo. Mucho antes de que el cometa se convirtiera en mortal, en el siglo XIII a.C., una atemorizada humanidad habría observado en el cielo a Encke, con sus lluvias bianuales de por lo menos una ocasional destrucción, como un grande y creciente objeto. Los atlantes pueden haber buscado evitar una inminente catástrofe natural a través de la influencia supernatural de la compasiva magia. Al sacrificar y luego dedicar a las llamas sacramentales el símbolo viviente de la constelación que los amenazaba con fuego, tenían la esperanza de evitar sus dañinas consecuencias, las que deben de haber parecido más patentes cada vez que el cometa pasaba más cerca de la tierra y sus lluvias Táurides traían un creciente número de meteoros.

Las tan nombradas líneas punteadas de la Gran Pirámide de Gizeh se alinearon con la estrella Alkyone en la constelación de Tauro, al medio día del equinoccio de primavera del año 2141 a.C. Es posible que no sea coincidencia que la última Edad de Tauro durara del 4500 al 2300 a.C. El año anterior es el probable candidato para el establecimiento de la Atlántida. Los astrónomos creen que los meteoros Táuride, que en un principio pertenecían a una sola corriente, se dividieron en dos diferentes lluvias cerca del año 2700 a.C., después del choque con un gran cuerpo mientras Encke se encontraba en el espacio de Júpiter. Puede ser que desde la Tierra no se haya notado la división, sino hasta algún momento después de ese encuentro.

Veinticinco años antes de que Clube y Napier publicaran estos hallazgos sobre las lluvias del meteoro Táuride, los mitólogos Gertrude y James Jobes concluyeron, confiando en la evidencia interna de una leyenda cherokee de la inundación, que "la caída de una estrella se puede conectar con una historia del Diluvio; posiblemente la caída de un meteoro Táuride haya resonado aquí".[21]

EL DIA DE MUERTOS

Mientras que la corriente Beta, o verano, del meteoro Táuride fue igualmente capaz de provocar la destrucción de la Atlántida, existen significativas razones para asignar ese evento a la lluvia. El Día de Muertos, celebrado por todo el mundo, tiene lugar durante la lluvia de meteoros del otoño. El Samhain celta fue un festival de fuego, durante el cual los espíritus de los muertos regresaban a la Tierra del 30 de octubre al 4 de noviembre. Halloween, el 31 de octubre, desciende directamente del Samhain. Según Caroli, "Era un momento en el año en el que el mundo de los muertos estaba más cerca de los vivos, con cruzamientos entre los dos planos. Varios teóricos creen que Halloween y otros festivales similares recuerdan antiguas catástrofes".[22] Todas las Islas Británicas celebraban Samhain, donde noviembre era conocido como "el mes sangriento". Fue en tales tradiciones prehistóricas que se instituyó el Día de Todas las Almas Católicas Romanas el 2 de noviembre (el 3, si el segundo día cae en domingo). Los sacerdotes vestían ropajes negros y decían tres misas de réquiem, porque el oficio del día es el de la muerte.

En la India, la Durga hindú era una celebración de la muerte que se llevaba a cabo los primeros días de noviembre; en un antiguo calendario Brahmán en Trivalere se le llama Kartica, el mes de las Pléyades. Un festival anual efectuado durante los primeros tres días de noviembre por los aborígenes de Australia, que pintan sus cuerpos con figuras de esqueletos, se supone que es en honor de las Pléyades. A través de gran parte de la Polinesia, es tradición que los isleños recen a los espíritus de la muerte a principios de noviembre, una práctica ya encontrada en el lugar por los primeros misioneros cristianos.

Los Días de Muertos celebrados a principios de noviembre, estuvieron entre los festivales Aztecas más importantes y al parecer se han fechado en los tiempos de los mayas o hasta de los olmecas, en el siglo XIII a.c. Como se mencionó con anterioridad, los aztecas empezaban sus ceremonias con la salida helíaca de las Pléyades. Atemoztli, o "Aguas que caen", se llevaba a cabo el 16 de noviembre, cuando se conmemoraba el final del Quinto Sol o "Era", que la inundación mundial había traído. El origen atlante de este festival se afirma con Tlaloc, el dios que lo presidió, representado en el arte del templo como un hombre barbado que carga la cruz del cielo en sus hombros, un Atlas Mesoamericano. Ciertamente, Atlatoc fue una variante del nombre de Tlaloc. Y más que una correspondencia filológica existente entre el Atemoztli azteca y Atemet, la diosa egipcia Hathor, en su carácter de Reina del Mar; el arte sagrado la representa usando una corona en forma de pez, lo que da el carácter oceánico de la diosa (en su forma de Sekhmet) quien destruyó a Netero, la versión egipcia de la Atlántida.

Por todo Yucatán y Petén, los mayas cuelgan pequeños paquetes de pastel en las ramas de la ceiba sagrada, en especial donde se encontró al árbol entre los claros del bosque o en el cruce de caminos. Estas ofrendas se hacían del más fino maíz que estaba disponible y se dedicaba a los espíritus de la muerte, como lo indicaba su nombre, *hanal pixan* "el alimento de las almas". Durante los tres primeros días de noviembre, el hanal pixan decoraba este muy sagrado árbol, un recuerdo viviente de la Gran Inundación. Los incas realizaban el Ayamarca, o efectuar la ceremonia del cuerpo, cada 2 de noviembre. Al hacer esto, pretendían establecer una unión directa entre sus parientes muertos y el Ayar, gente ancestral que falleció en una gran inundación. Se cree que sólo unos cuantos sobrevivieron al escapar a Sudamérica, donde engendraron la raza Inca.

La presencia de las Pléyades también señalaba el principio de la más importante celebración antigua de Hawai, el festival anual Makahiki. Es en honor del arribo de Lono, el "dios" de piel blanca y cabello blondo, que recientemente había escapado de un diluvio catastrófico en Kealakekua, en el distrito de Kona en la Gran Isla de Hawai. A Lono se le asocia con todo tipo de eventos celestiales cataclísmicos, junto con devastadores terremotos e inundaciones.

En el final occidental del Pacífico, celebrantes todavía participan en el Loi Krathong. En la noche de luna llena (como lo indica el nombre del festival), empezando noviembre, lanzan al Golfo de Tailandia barcos modelo que llevan velas encendidas. Son pequeñas naves diseñadas en honor de la diosa del mar, que tienen forma de loto, hechas de hojas de plátano que llevan flores, incienso y una moneda para los espíritus de sus ancestros que perecieron en la Gran Inundación.

Los antiguos lazos culturales entre Tailandia y Japón son leves. Pero por tradición, los japoneses han celebrado el Bon, la Fiesta de los Muertos, en una forma prácticamente idéntica a la de Loi Krathong, desde los tiempos prehistóricos. Ponen a la deriva flotillas de faroles encendidos para guiar a los ancestrales espíritus por el mar. Las ceremonias duran varias noches consecutivas e incluyen el Bon Odori, bailes hipnóticos al aire libre, que con frecuencia ocurren en los cementerios. El budismo se apropió parcialmente de esta festividad en su más temprana lucha con las nativas tradiciones Shinto y así es probable que la fecha anual de su celebración fuera cambiada a mediados del séptimo mes lunar; ahora se lleva a cabo cerca del 14 de agosto.

Pero otra ceremonia japonesa de la muerte, tiene lugar en efecto, desde la última semana de octubre a los primeros días de noviembre —el Tsunokiri, o ritual de cornamenta cortante, en el santuario Kasuga Taisha, en Nara. Un sacerdote laza ciervos sagrados y con cuidado les corta la cornamenta la que a través de su recurrente piel velluda, significa vida.

Este animal también simboliza al sol, así que el cortar su cornamenta involucra la pérdida de poder del sol, esto es, la oscuridad.

La relación entre el principio de noviembre y un día de muertos no es sólo un fenómeno mundial, sino también uno muy antiguo. Los asirios conducían elaborados rituales en honor de la muerte, durante Arahsamna, su mes que incluía el final de octubre y el principio de noviembre. Ellos creían que era en ese momento que el dios sol y el de las Pléyades, entraban en la tierra de la muerte para gobernar el bajo mundo. El año nuevo de los antiguos persas empezaba después del 1ro. de noviembre, lo conocían como Mordad, el mes sagrado para el Ángel de la Muerte. Mordad derivaba del anterior Marduk de los babilonios. Lo veneraban como el Señor de la Profundidad, quien provocó la Gran Inundación, y noviembre le pertenecía.

El Antiguo Testamento, en los capítulos 7 y 8 del Génesis, reporta que el Diluvio que destrozó al mundo, empezó en el décimo séptimo día del segundo mes, terminando en el vigésimo séptimo día del mismo mes del siguiente año. En el antiguo calendario hebreo, al Segundo Mes se le conocía como Cheshvan, que equivalía al final de octubre y el comienzo de noviembre. Estos días ocurren a principios de noviembre. La tradición judía no bíblica relata que Noé estimaba la aparición de las Pléyades al amanecer del décimo séptimo día del Cheshvan, como un augurio significando el comienzo de la inundación.

La versión egipcia del Diluvio sucedió durante el Aethyr, un nombre asociado con el Alkyone griego, porque en el Valle del Nilo se le consideraba a este mes como "la brillante estación de las Pléyades". El Aethyr, igual que el Arashamna asirio, corresponde a finales de octubre y principios de noviembre. El nombre tiene varias connotaciones importantes en el mito egipcio, confirmada su importancia durante un largo periodo de tiempo. En la historia de Osiris, el hombre-dios que logró una nueva vida a través de los misterios de Isis, su esposa, fue encerrado en un ataúd tirado al mar en el décimo séptimo día de Aethyr, que corresponde al 2 de noviembre. Desde entonces se le conoce como un día de muertos y de renacimiento. Aethyr es una variante de Hathor, la diosa que, igual que

Atlas, protegía las columnas que soportaban el cielo. Ella también tenía su propio mito de inundación.

El dios sol, enojado con la humanidad, ordenó a Hathor que castigara al mundo. Su ataque fue catastrófico y los otros dioses, temiendo que toda la humanidad pereciera, soltaron un diluvio de cerveza. Cuando ella la bebió, se intoxicó tanto que ya no pudo proceder. Su gran festival se encontraba entre los más populares en el Valle del Nilo y duraba varios días cerca del 1ro. del mes de noviembre. Como el presagio del Halloween, su hijo pequeño, Ihi, se representaba tocando su sistro, un instrumento musical parecido a la maraca, alejando a los espíritus malignos de la muerte, de la celebración de su madre.

Algunas veces, ella misma fue representada en el arte sagrado como una vaca alejándose de una montaña funeral. El anterior nombre con el cual se le conocía parece haber sido At-Hor, Montaña de Horus, una aparente relación filológica con las cosas Atlantes. Su montaña funeral sugiere a la Montaña Atlas que trata con la muerte y las asociaciones de noviembre, con los días de muertos. Los egipcios usaban a Sekhmet, la diosa de cabeza de leona, para describir al llameante cometa que trajo la destrucción a la Atlántida. En realidad, era Hathor en su carácter vengador —las dos deidades fueron aspectos de la misma diosa. A las Pléyades también se les asocia con ella.[23]

La astronomía se combina con el mito histórico para proporcionar la fecha precisa de la catástrofe. La lluvia de meteoro de otoño de Encke corresponde, muy de cerca, si no exactamente, a los festivales de Día de Muertos que por miles de años se llevan a cabo alrededor del mundo. La mayoría de las festividades fueron y son celebradas en los primeros días de noviembre, justo cuanto la corriente de Táuride alcanza su intensidad. Platón reportó que la isla de Atlas se hundió en el mar durante "un solo día y una sola noche". En otras palabras, debe de haber ocurrido durante la mayor parte de un día y la igual porción de la noche, uniendo dos días.

R. G. Haliburton, al escribir en el siglo XIX, se preguntaba "[El Día de Muertos] es ahora, como lo fue anteriormente, observado en o cerca del principio de noviembre por los peruanos, los hindúes, los isleños del

Pacífico, la gente de las Islas Tonga, los australianos, los antiguos persas y egipcios, y las naciones del norte de Europa, y continuaba por tres días entre los japoneses y los antiguos romanos. Este sorprendente hecho provocó de inmediato que pusiera atención en la pregunta, ¿cómo fue esta uniformidad en el tiempo de preservadas prácticas, no sólo en los lejanos y distantes puntos del globo, sino también a través de ese gran lapso de tiempo desde que los peruanos y los indo-europeos originalmente heredaron este primitivo festival de una fuente común?"[24] Esta pregunta se contesta con la evidencia de los mismos festivales. Juntos describen un cataclismo natural que mató a mucha de su gente, algunas de las cuales sobrevivieron para volver a formar civilizaciones en otras tierras. El único evento que está a la altura de este universal Festival de Muertos, es la destrucción de la Atlántida.

Llegar al momento preciso de la catástrofe atlante no es de ningún modo arbitrario. La fecha se corrobora por numerosos, importantes y complementarios testimonios. Aplicando el calendario lunar al relato de Platón, resulta en un periodo que coincide a la perfección con una fecha que Ramsés III inscribió en las paredes de su Templo de la Victoria, para marcar el hundimiento de la patria de los Pueblos del Mar. Asimismo, esa fecha pone en un plano paralelo a un cataclismo global que en ese momento está confirmado por la geología, la contemporánea medida y proximidad del Cometa Encke, el repentino y simultáneo colapso de la civilización en una parte del planeta y el surgimiento de nuevas en otra, y un Día de Muertos celebrado alrededor del mundo en una fecha que corresponde al punto álgido de la lluvia del meteoro Táuride. Esta evidencia de referencias cruzadas, produce en sí misma una fecha creíble e ineludible.

Entonces, parece que la destrucción de la Atlántida tuvo lugar los primeros tres días de noviembre del año 1198 a.C.

SIETE

La vida en la Atlántida

Cerca del margen del océano y de la puesta del sol —en la
orilla del mundo, donde el gigante Atlas sostiene, rotando
sobre sus hombros —el polo del universo insertado con
resplandecientes estrellas—
La Eneida, *Libro IV*

Como se discutió en el capítulo 6, mientras que la descripción física de la Atlántida de Platón es lo suficientemente verdadera, sus valores numéricos son exagerados. No sólo la medida del tiempo de los eventos fue distorsionada, por error de su traductor para recalcular bien los números egipcios al griego —las dimensiones de la ciudad y sus rasgos públicos que se dan en el *Critias* están todos fuera de proporción.

En el *Atlantis Illustrated* (La Atlántida ilustrada) de H. R. Stahel se ha sacado a la luz gráficamente, qué tan irreales son sus cifras.[1] Su dibujos arquitectónicos fueron delineados con una leal concordancia a las especificaciones proporcionadas en los *Diálogos,* y en consecuencia resulta en lo que es a ciencia cierta la más creíble pintura de los rasgos físicos de la capital. Esta fue la primera vez que a los investigadores se les presentó una muy buena noción de la apariencia física de la Atlántida. Sin embargo, el estricto apego de Stahel al texto, demuestra las totalmente inaceptables dimensiones de Platón. Los elefantes arreados para la construcción tenían el tamaño de un grillo, en comparación con la arquitectura de la ciudad que era más grande de lo normal. Sus supervisores humanos eran sólo puntitos al lado de los monumentales palacios y templos. Los muelles subterráneos se veían como hangares del Zeppelín, mientras que la interpretación de Stahel de la pista de carreras, parecía un gran campo de aviación. Claramente, estos rasgos demasiado grandes habrían estado mucho más allá de las capacidades o hasta de las necesidades de cualquier civilización antigua, sin importar qué tan poderosa u opulenta fuera.

Los egipcios utilizaron muchas unidades de medida para la arquitectura, geografía, irrigación, navegación, escultura, etc. A pesar de esto, no se identificó el sistema que usaron para definir las dimensiones de la Atlántida a Solón, cuando supo de su historia en el Templo de Neith, en Sais. Parece que el sistema que ellos aplicaron a la Atlántida estuvo basado en una unidad de medición conocida como el *aroura*, o "lado". Equivalía a 45 centímetros, o a un cuarto del estadio* que utilizó Platón en el *Critias*. Cuando se sustituye el aroura por la medida de Platón, la Atlántida disminuye instantáneamente en medidas, desde la rimbombante fantasía a proporciones de medida igual por completo a las ciudades de la Edad de Bronce de Micenas y Troya. Por ejemplo, cuando Platón describe que un canal de irrigación atlante era equivalente a unos increíbles 39.4 kilómetros de largo, una reducida distancia, utilizando el aroura, son unos 6.4 kilómetros. Aunque aceptable, por lo menos era totalmente posible. Por cierto, su longitud de 6.4 kilómetros es similar a las trincheras sobrevivientes que dejaron los mineros atlantes de cobre en la Isla Royale, en los Grandes Lagos, hace más de tres mil años.

Nadie, entonces ni ahora, habría utilizado un canal de 30 metros de profundidad que menciona Platón; esto, posiblemente más que cualquier otro detalle, prueba que las cifras son obviamente incorrectas. Sin embargo, cuando el mismo canal, que se describe con una longitud innecesaria de 8.2 kilómetros, se vuelve a calcular usando los arouras, se convierte en uno de 2.4 kilómetros de largo por 6 metros de profundidad, y concuerdan muy bien con los límites de la antigua ingeniería. Es

---

*N.T. Medida griega o romana.

probable que los más grandes barcos de la Edad de Bronce, aún llenos hasta el tope con cargas de lingotes de cobre, tuvieran menos de 3 metros. Se puede explicar una profundidad como esa en un canal, por la variación de los niveles de agua que producían las mareas que entraban y salían, las que eran comunes en cualquier isla en el océano Atlántico. Con una profundidad de siete metros, el canal atlante habría acomodado la marea más baja y permitido el acceso al más pesado tráfico de barcos de todos los tiempos.

El uso del aroura también revela algo extraordinario que justifica más su empleo para recalcular apropiadamente las cifras de Platón: si las dimensiones que él da para la ciudadela de la Atlántida se transfirieran a arouras, se igualan al área de la base de la Gran Pirámide, 54.2 metros cuadrados. Esta importante relación acentúa la probabilidad de que los arouras fueran la unidad para reconstruir la isla perdida de Platón y su ciudad capital.

Para estar seguros, la construcción atlante de los canales, las gigantescas paredes, las impresionantes torres, los resplandecientes templos y todo lo demás, fue un poderoso logro equiparado y excediendo, en por lo menos ciertas particularidades, a los logros de los imperialistas troyanos o hititas. Sin duda, las recreaciones encontradas en las páginas de *Atlantis Illustrated* (La Atlántida ilustrada) están cerca en la forma, si no en el tamaño verdadero. Pero la imagen se puede traer a una escala apropiada, al reducir los terriblemente inflados valores numéricos de Platón y así lograr algunos niveles de credibilidad.

Kenneth Caroli compara a la Atlántida con las dimensiones de los trabajos públicos a gran escala, construidos por contemporáneas y complementarias culturas, como las griegas micénicas, las fenicias, las troyanas y el Nuevo Reino de los egipcios. Usando arouras, él calcula que la ciudadela de la Atlántida era un poco más grande de los 52.6 metros cuadrados. La circunferencia de sus paredes con láminas de oricalco era de 3,000 metros, que cubría un área de 14,880 metros cuadrados. Se construyó sobre la corona de la antigua montaña; la elevación de la base de sus paredes era de cerca de 27 metros sobre la línea de agua interna del canal (un total de cerca de 33 metros sobre la cama del canal).

La ciudadela contenía muelles para barcos o diques secos excavados de los bancos de la isla central y techados con rocas del lugar. Estos diques tenían 79.14 por 62.4 metros. Ya que las embarcaciones del periodo apenas tenían 18 metros de largo, con travesaños de 3 ó 5 metros (remos más del doble de ancho), dos barcos por muelle parece probable. Sus mástiles tendrían de 6 a 10.5 metros de alto. Pero si los mástiles fueran desmontables o segmentados, no se necesitarían techos altos. Algunos barcos eran mucho más grandes. *Menechou* y *bair* eran clasificaciones de barcos que se referían a las embarcaciones que navegaban en alta mar, de hasta 30 metros de largo, igual a los espaciosos cargueros de la expedición de Ramsés III a Punt, el último viaje de su tipo después de más de mil años de comercio con ese escurridizo país. Los barcos de guerra que pertenecían a los Pueblos del Mar Atlante con los que peleó, que están representados en las paredes de su Templo de la Victoria al oeste de Tebas, eran sustancialmente más grandes, aunque se desconocen sus medidas exactas.

Un leviatán griego del siglo V a.C., el *Alexandris*, tenía tres mástiles de 126 metros de largo, con un calado de 3.3 metros. Aunque era el barco más grande conocido en el Mundo Antiguo, tenía rivales. Otra embarcación griega de guerra, el *Demetrius*, tenía casi 90 metros de proa a popa. Los transportes fenicios contemporáneos llevaban varios cientos de pasajeros en cada embarcación, en expediciones de colonización que empezaron en Cartagena, luego navegaban por el mar Mediterráneo a través de las Columnas de Melcart (el Estrecho de Gibraltar) y hacia las costas del Atlántico al norte de África, para fundar ciudades tan lejos como Guinea. Más tarde, los navegantes romanos transportaron muchas toneladas de granos desde Egipto, por toda la *Mare nostrum;* la mayoría de la población del imperio dependía de este permanente suministro de su sustento.

Los nativos de la isla de Poseidón hicieron todo con un especial talento para lo mayúsculo, y hasta la misma palabra *Atlante* ha llegado a significar todo lo hecho en una escala monumental. Sin duda que sus barcos mantenían esta propensión a una magnificencia a gran escala, necesitando los largos y profundos canales. Es interesante que esos fueran lo suficientemente amplios para permitir el paso eficiente a una embarcación de las dimensiones del *Alexandris* —es posible que sea una indicación de la medida a la cual se construían los barcos atlantes.

LA ISLA INTERNA DE LA ATLÁNTIDA

Es probable que las paredes en la parte central de la ciudadela no tuvieran más de 9 metros de altura y un grosor de 3 a 6 metros. Las torres de vigía estaban arregladas en intervalos regulares de 30 metros. Cada puerta tendría torres más grandes que aquellas entre las paredes intermedias y un puente hacia la otra zona de la tierra. Estos puentes tenían 3 metros de ancho y 18 metros de largo. Eran de una altura adecuada y tenían muelles con el suficiente espacio para que pasara un barco por debajo. También, cada puente incluía un acueducto para suministrar a la ciudadela y dispersar el agua de los manantiales de agua caliente y fría de la isla, hacia los lugares donde se necesitara. Estos manantiales de agua dulce eran comunes por toda la ciudad y por el campo que la rodeaba.

Dentro de las rojizas paredes chapeadas con oricalco de la ciudadela, se localizaban el palacio, el Templo de Poseidón, las barracas para los guardaespaldas imperiales y el bosquecillo de Poseidón, donde sus toros sagrados vagaban. El templo tenía 45 metros de largo (un aroura) por 22.50 metros de un lado al otro. Tenía una "altura proporcionada". El techo formaba un domo similar al de la contemporánea (1300 a.C.) *tholos* o "colmena" Tumba de Agamenón en Micenas. También conocida como el Tesoro de Atreus, el techo es un domo puntiagudo de bloques que sobresalen por encima o bloques de ménsula, con una base y altura de 15 metros. La configuración y dimensiones del *tholos* griego parecen aproximarse muy de cerca al templo atlante de Poseidón. Su exterior estaba cubierto de plata con pináculos dorados, un techo de friso y almenas de oro. La fachada mostraba una sencilla monumentalidad, una sobria limpieza de extensa línea que denotaba el poder imperial. Las ventanas, en lo alto de las paredes, eran largas aberturas que permitían el paso de suficiente luz para crear el santificado ambiente interno de un espacio sagrado.

Dentro del recinto había varios patios en columnata. Cerca, pero separado, se encontraba un santuario dedicado a Kleito, la mortal, primitiva isleña que yacía con Poseidón para engendrar la semi-divina realeza atlante. Las columnas dentro del templo estaban chapeadas con oricalco, al igual que así todo el interior. Dos filas de cinco columnas, cada una erguida a cada lado del pasillo procesional, representaban a las casas imperiales. Dispuestos cerca de las paredes, pequeños santuarios mostraban estatuas doradas de los diez monarcas, que se encontraban junto a las representaciones, igualmente espléndidas, de sus reinas. Estos fueron los emperadores fundadores de la lista de Platón. Las columnas y estatuas pueden haber simbolizado cada día de la semana de un calendario sacramental. Si es así, sugieren el mando de diez días utilizado por los egipcios. El exterior de oro y plata del templo también implica un calendario lunar-solar, conocido igualmente en el Valle del Nilo. En el mito griego, Atlas se representaba como el inventor del primero de estos calendario. Es probable, la presencia de tanto oricalco servía para venerar a Venus o a Sothis/Sirio.

El techo y las secciones de las paredes del templo estaban decoradas con paneles de marfil tallado. Su uso extensivo, como lo describe Platón, sugiere la abundancia de elefantes que él decía que habitaban la isla. Aunque anteriormente de piedra, muchas columnas estaban hechas de madera (las montañas atlantes; según opinión común, eran ricas en madera para la construcción); ambas estaban cubiertas con brillantes metales preciosos. El elevado altar se encontraba directamente ante el coloso de Poseidón. Era enorme, ideado ornamentalmente y tenía espacios para armarios construidos dentro de él, para las túnicas azules ceremoniales que usaban los consultados reyes, al igual que las tabletas doradas de la ley. Los textos se escribían con fuertes estiletes en el lenguaje de los atlantes, que parecía una curiosa combinación de signos astrológicos, caracteres parecidos a la runa*, más parecido al estilo cuneiforme sumerio,

---

*N.T. nombre de los caracteres de escritura de los antiguos alfabetos escandinavos.

a las letras lineares egeas que a los jeroglíficos egipcios o a los escritos curvilineares arábigos.

Cerca de la Columna de la Ley se encontraba un hueco de fuego para quemar las ofrendas y un tragaluz que lo acompañaba, a través del cual se permitía que el humo se elevara al cielo. La casa de Poseidón era un edificio público, a diferencia del santuario de Kleito, que puede haber sido un templo-caverna bajo la tierra, como lo eran muchos lugares donde se veneraba a las diosas en otras partes del mundo. Si en realidad no estaba situado dentro de una cueva, es probable que se simulara el efecto. Kleito puede haber sido una deidad de la Madre Tierra.

El palacio del emperador era grande y a través del curso de las generaciones fue embellecido con buen gusto. Construido de roca volcánica roja, blanca y negra que era tan abundante por toda la isla, su interior era un laberinto de corredores con patios adyacentes de varios tamaños. El edificio tenía varios pisos, elevado en varios niveles de terrazas sobre la montaña en la cual estaba situado. Dentro del palacio había numerosas bodegas de almacenaje y cuartos privados, sus cámaras interiores estaban adornadas con pinturas en la pared, como las grandes y coloridas escenas que creaban los etruscos, egipcios y cretenses. Los motivos más comunes eran variaciones de llamas, olas, laberintos y cestas tejidas con patrones piramidales. Los voladizos o "falsos" arcos eran típicos de la arquitectura atlante. Otro tema arquitectónico era la inclinación u oblicuidad en paredes, puertas y ventanas.

La Atlántida gozaba de un buen clima, así que los estilos de sus edificaciones seguían los conocidos modelos mediterráneos. Sin embargo, Platón insinúa que, aunque la capital se encontraba en un lugar cálido y frondoso, aún experimentaba vientos lo suficientemente fríos como para necesitar de calientes baños cubiertos, los abundantes manantiales naturales de la isla proporcionaban el agua caliente. Los templos de agua, donde se llevaban a cabo rituales de baño y purificaciones, se construían cerca de los manantiales y algunas veces directamente sobre ellos. La mayoría de los restos de la ciudadela consistían en arboledas dedicadas a Poseidón. Árboles sagrados —fresno, roble, álamo, cedro y sicomoro— se movían junto con palmeras y cítricos, cuyas naranjas eran las famosas "manzanas de oro" que se confiaban a Hespérides (una de las hijas de Atlas) en la mitología griega.

HACIA UNA ATLÁNTIDA CREÍBLE

Más allá de la ciudadela, el más secreto canal defensivo tenía 22.5 metros de ancho y una profundidad de 6 metros. La primera isla-anillo tenía 225 metros de lado a lado. Tenía una pared externa y una interna decoradas con pulidas hojas de estaño, que cegaban la vista a la luz del sol. Este anillo representaba los cuarteles generales y las barracas privilegiadas de los guardaespaldas imperiales y sus oficiales. El camino real unía la ciudadela con un puente. Desde ahí pasaba por una puerta decorada con estaño, hacia otro puente sobre la siguiente corriente de agua. Bajo la superficie de la isla había un túnel techado por piedra natural, permitiendo a los barcos pasar a través del profundo canal defensivo. La segunda tenía cerca de 90 metros de ancho, con una circunferencia de 2,812.50 metros y rodeada por una pared de deslumbrante bronce.

El canal de los barcos que corría por debajo del segundo anillo de tierra estaba cubierto por un techo artificial, en lugar de uno natural o formado de tierra. Las embarcaciones eran remolcadas a través de estos túneles, un proceso que requería de arrecifes para los mozos que realizaban esta función. Para las embarcaciones más grandes, el poder de los elefantes ayudaba a la travesía eficiente. El anillo de tierra exterior más grande contaba con jardines públicos, gimnasios, estadios y numerosas estatuas de los dioses. También aquí había varias tiendas que ofrecían refrigerios para las enormes multitudes de espectadores que asistían a las carreras. Los asientos se otorgaban de acuerdo al privilegio y estatus: pabellones y asientos para la nobleza, aristócratas y oficiales militares; terraplenes de tierra cubiertos de hierba para los menos privilegiados. Esta isla anillo tenía 135 metros de ancho y una circunferencia de 1,406 metros, y servía como una de las más grandes pistas de carreras del mundo antiguo.

El canal del mar tenía 2,430 metros de largo: la gigantesca puerta principal hacia la ciudadela estaba a casi 3.2 kilómetros del océano. Este canal estaba bordeado por las bodegas y establos del mercado. Todo el anillo de tierra exterior estaba lleno de visitantes de día y de noche. Aquí era donde vivía la gente común. Había diversos mineros, orfebres, artesanos, comerciantes, obreros, pescadores, trabajadores del muelle, burócratas de bajo nivel, taberneros, marineros y soldados de bajo rango asignados para cuidar contra los ladrones, pordioseros, carteristas, alborotadores, extranjeros sospechosos, borrachos y prostitutas, ampliamente generalizados en los puertos de mar.

La ciudad tenía casi 6.4 kilómetros de lado a lado. Su pared exterior, construida en bandas tricolores de tefrita, piedra pómez y lava, corría por 18,288 metros, más de 16 kilómetros. Su parapeto era lo suficientemente ancho para conducir un carruaje por su parte superior. Estaba resguardada por soldados acuartelados dentro del grosor de la misma pared, junto con sus caballos de guerra. Las butacas y los lugares para los carruajes también se construían adentro. Mientras que esta pared externa era verdaderamente espectacular, de ninguna manera sobrepasaba las habilidades de los antiguos ingenieros para levantarla. Las fortificaciones exteriores, sólo tenían un poco más de la mitad de la extensión de las paredes de ocho metros de grosor que se sabía circundaban por 32 kilómetros al Cartago de África del Norte.[2] Todo junto, el área de la capital atlante dentro de la pared exterior era aproximadamente de 5,080 acres cuadrados.

Fuera de la ciudad imperial, una gran llanura se extendía por 12.5 kilómetros cuadrados. Se entrecruzaba en un patrón a cuadros de numerosos canales de irrigación, suministrados por los ríos de la montaña. Una cantidad total de población atlante, que se calcula por arriba de los quinientos a seiscientos mil, es una cifra verdadera, en particular durante la cima de su prosperidad. De estos, las fuerzas armadas abarcaban unos 30,000 infantes, marineros y marines de acuerdo a lo estimado por Platón.

La extensiva red de irrigación puede haber consistido de hasta mil seis- cientos kilómetros de canales; el verdor de la llanura fue más el resultado del trabajo del hombre que el de la naturaleza. El número de los canales significa que en sus orígenes parte de la llanura estaba seca, aunque lo que dice Platón sobre los pantanos y ciénegas indica algunas grandes áreas que requerían ser regadas. Pero la tierra volcánica era fértil y productiva, suficiente para haber mantenido a una gran población.

Atlas abarcaba más o menos 15,540 kilómetros cuadrados, una cifra acorde con una fracción sumergida en el océano Atlántico medio conocida como las Montañas Oceánicas Herradura, que se encuentran enfrente del Estrecho de Gibraltar, las Columnas de Hércules de Platón. Aunque era difícil que fuera un continente, era lo suficientemente grande y fértil como para nutrir a una próspera nación en el curso de muchas generaciones y soportar a la magnífica capital de un poder mundial.[3]

Aún así, los oceanógrafos dudan en aceptar que el mar sea capaz de tragar una masa de tierra de 15,540 kilómetros cuadrados "en un solo día y una sola noche". Para estar seguros, son pocos los precedentes de un diluvio como ese y en realidad, fuera de los parámetros geológicos normales de la volátil Cordillera del Atlántico medio. Pero el cataclismo del 1198 a.C., tuvo una muy poderosa influencia, su magnitud fue lo suficientemente potente para empujar esos parámetros más allá de sus limites habituales. Como se mencionó en el capítulo anterior, justo en este momento, los físicos Franzen y Larsson encontraron que el desecho de un cometa tan grande como un asteroide, chocó en el océano oriental, la misma ubicación de la Atlántida. Bajo una acometida celestial como esa, la ya inestable Cordillera del Atlántico medio estaba torturada al extremo por la violencia geológica, excesiva hasta para esta explosiva región del piso del océano. De tal modo que, golpeada por material cometario parecido a una descarga nuclear, la total longitud de la Montaña del Mar Herradura, en la cual la civilización de la Atlántida estaba tan precaria-mente situaba en lo alto, colapsó en las profundidades.

La Atlántida sirvió de lugar para la ciudad capital de un imperio que medía su extensión, no en tierra, sino a través de la superficie del océano. En consecuencia, su poder no tuvo igual hasta el advenimiento del Imperio Británico. Primeros dueños de los mares, los atlantes sabían que podían viajar más rápido y tener acceso más fácil a distantes riquezas, que cualquier empresa imperial sin salida al mar. La isla y la ciudad eran una en la Atlántida. Sólo era el lugar de inicio, el punto político central de una civilización que dominó mucho de los continentes y a todos los pueblos entre ellos, por lo menos por un periodo de mil años. Aunque la Atlántida nunca fue un continente, fue más —empuñó un poder transcontinental desde las Américas hasta el Asia Menor.

PONIENDO UNA CARA A LOS ATLANTES

Pero, ¿qué pasa con los atlantes mismos? ¿Cómo eran físicamente? ¿Cuáles fueron sus orígenes? ¿Qué idioma hablaban? ¿Sobrevivió alguien a la destrucción de su civilización? Si es así, ¿aún existen sus descendientes? Estas preguntas son más difíciles de contestar que aquellas sobre geología y arqueología. Los humanos son más efímeros que un volcán sumergido o una pared ciclópea. Pero, aún aquí, la evidencia no está totalmente ausente.

Un punto de referencia pueden ser los guanches, nativos de las Islas Canarias que descubrieron los españoles a principios del siglo XV. Los guanches eran blancos, de ojos claros y cabello ondulado. Muchos eran rubios. Eran altos y robustos, de complexión fuerte. Pero parece que se casaban entre miembros de la misma familia. Los restos de esqueletos que se exhiben en el Museo de Santa Cruz en Tenerife, muestran numerosas deformidades físicas que con frecuencia se asocian con la endogamia. Es posible que hayan sido un pueblo en decline genético, debido a su aislamiento geográfico, aún antes de que fueran exterminados por los españoles. Ellos construyeron pirámides con escalones y templos concéntricos, momificaban a sus muertos, conservaban tradiciones de una gran-isla hundida de la cual llegaron sus ancestros y reverenciaban a Atlas.[4]

Con seguridad los guanches fueron atlantes, quizá la última población sobreviviente. Su descripción racial concuerda con los relatos de los atlantes en otras partes del mundo, como las historias de la Serpiente Emplumada, que los mayas y los aztecas conocían como un hombre alto, de piel blanca y barba amarilla que cruzó el océano Atlántico para fundar la civilización de Mesoamérica. En Sudamérica se le conocía como Espuma de Olas de Mar, una poética metáfora de la ola de la proa de su embarcación y se le recuerda como pelirrojo. En Norteamérica, prácticamente todas las tribus indígenas tienen un recuerdo similar del Hermano Blanco, que llegó después de la Gran Inundación; los Winnebago lo conocían como Cuerno Rojo por el color de su cabello.[5] La mayoría de los mitos tradicionales de portadores de la cultura, o los supervivientes atlantes los describen de cabello rojo.

Varias descripciones de los atlantes sobrevivieron el milenio. La más importante se puede encontrar en los retratos de individuos Meshwesh capturados por el faraón Ramsés III, después de vencerlos en el Delta del Nilo. Estos retratos son verdaderos perfiles grabados en las paredes del Medinet Habú, al oeste de Tebas. Usando cascos de pelo de caballo y collares de los prisioneros, los atlantes sin barba tienen rasgos afilados, son aguileños con bocas definidas, cabezas un poco ovales y un leve sesgo hacia arriba en los ojos. Parece que fueron más altos que los egipcios y se veían más como europeos occidentales, su cabello ondulado en comparación a los mechones lacios de los egipcios, su físico en forma pero robustos.

Estas mismas características se pueden ver en las piezas de terracota de una morgue etrusca, que representa a un esposo y una esposa. Aunque es probable que este trabajo se haya hecho cerca de cinco siglos después de la destrucción de la Atlántida, testifica la supervivencia de la raza atlante en Italia occidental. Fue aquí, según Platón, que los atlantes extendieron su poder y la civilización etrusca ciertamente poseyó muchas características de la Atlántida. Con sus legendarios orígenes como resultado de la Guerra de Troya (La Guerra Atlante-Ateniense de Platón), al mando de una talasocracia que se dice se expandió más allá de las Columnas de Hércules, hasta las Azores, además del parecido físico a la Gente del Mar, ilustrado en el Medinet Habú, los etruscos conservaron una identidad atlante hasta su asimilación por los romanos, en algún momento antes del siglo II d.C.

Otra obra maestra de terracota, una estatua que retrata a una mujer atlante de obvia importancia, conocida como la Dama de Elche, se encontró en 1897 en un sitio arqueológico cerca del Río Vinalopo, en la provincia de Alicante al sureste de España, en un pueblo conocido como Ilici por los romanos. Pero la Dama antecede por muchos siglos a sus conquistadores ibéricos. Ella tiene los mismos singulares rasgos faciales de la pareja etrusca y del capturado Meshwesh. Es extraordinario que todas las cuatro representaciones que sobreviven del tipo atlante, hayan sido encontradas en esos lugares, más directamente influenciados por guerreros y colonizadores de la Atlántida; en particular, las islas del Atlántico habitadas por los guanches; el Egipto de Ramsés III, escena de la Guerra atlante-ateniense; Etruria ocupado por los atlantes, según el *Critias;* y la costa sudoriental de España, donde según Platón, el dominio atlante lo ejercía el rey Eumelos.

LA FISONOMÍA ATLANTE

Las características raciales atlantes, como se retrataron en el trabajo de arte sobreviviente y la tradición oral, corresponden a aquellas de un pueblo que vivió por muchos siglos en una templada isla. Las condiciones de aire resultarían en la evolución de un pliegue casi epicántico, visto en algunas representaciones de sus ojos (los que, otra vez de acuerdo a varias tradiciones, eran azules o grises). Su complexión supuestamente robusta, habría sido causada por exponerse a la humedad y abundante luz de sol. Los atlantes eran muy altos para su tiempo. De verdad, cuando aparecen entre los relativamente diminutos nativos de Sudamérica, se les consideraba gigantes. Con frecuencia, los españoles destacaron la estatura de los guanches descendientes de la Atlántida. ¡Mientras peleaban con los invasores en combate, una mujer guerrera guanche tomó a un oficial español en sus brazos y huyó del campo de batalla con él! Fue por algo que los griegos recordaban a los atlantes como "Titanes".

Su robusta apariencia física parece haber sido heredada de los ancestros de Cro-Magnon. Los atlantes fueron un pueblo muy antiguo, que pertenecía a un pre-aria, hasta a la raza pre-caucásica. En la historia del homínido, los humanos emigraron desde su génesis africano, respondiendo a los cambios ambientales, mientras que con el tiempo iban evolucionando en los Cro-Magnon de las islas del Atlántico, entonces se movieron hacia el norte de Europa y más lejos, hacia las estepas de Rusia central, las patrias de los pueblos nórdicos, caucásicos e indo-europeos de hoy. Los atlantes se separaron desde el principio de este movimiento en masa, que dejó a África detrás en el pasado evolutivo de Europa.

Mucho más significativo que su general apariencia física, los atlantes fueron un pueblo de una sabiduría incomparable, expresada en sus logros tecnológicos. El alcance de su negocio de la extracción de cobre, en la Península Superior de Michigan no tuvo igual, sino hasta mediados del siglo XVIII. Exploraron y cartografiaron el mundo, por lo menos cinco mil años antes del hombre del Renacimiento Europeo. Lo más impresionante de todo es que construyeron un monumento que aún está en pie en Egipto, sobre la Llanura de Gizeh.

Los atlantes fueron un pueblo sociable y vigoroso, que disfrutaba de los deportes y los espectáculos. Después de todo, un completo anillo de tierra atlante se usaba como una pista de carreras. Fueron hábiles y audaces navegantes. Pero más que aislarlos, el mar los impulsó hacia la expansión de su cultura a través del dominio económico y militar. Fueron agresivos imperialistas, jubilosos guerreros que se deleitaban con la conquista. Todo sobre ellos era más grande de lo normal, desde su estatura física y arquitectura monumental hasta sus gigantescas operaciones de minería e imperio transcontinental. Pero también eran susceptibles al lujo extravagante y a los excesos de materialismo, posiblemente como resultado de su fabulosa riqueza que les llegó a través de su descubrimiento y monopolio del comercio internacional del cobre.

Conforme crecía su población hasta formar una sola sociedad y luego un estado civilizado, los atlantes desarrollaron esa personalidad nacional un poco introvertida, peculiar de los isleños y miraban al mundo exterior con recelo y a la defensiva. La actitud insular contribuyó a un sentimiento de superioridad, alimentado por las habilidades de que se jactaban como navegantes y magnates del cobre. Junto con la gran riqueza llegó una gran paranoia, ya que la arrogancia atlante y el miedo alargó las listas de enemigos —verdaderos, potenciales e imaginarios. Esto contribuyó a las enormes fortificaciones de murallas de la Atlántida y a las incesantes actividades y políticas expansionistas de sus fuerzas armadas. Durante la mayoría de su historia, el genio atlante se dirigió hacia los valores espirituales, como se enumeraba en sus diversos cultos de misterio, basados en la observación de la ley natural. Sólo después de que su floreciente población empezara a desajustar un apropiado equilibrio con el medio ambiente de la isla, fue que los atlantes empezaron a declinar en un vulgar egocentrismo.

LA EVOLUCIÓN Y LENGUAJE ATLANTE

Los orígenes atlantes se pueden rastrear, retrocediendo a la historia de la temprana evolución de la humanidad en el continente cercano. *Atlanthropis* es un nombre de género que el antropólogo francés Camille Arambourg asignó al *Homo erectus* encontrado en Terrifine, Argelia. También se le llama *Homo erectus muritanicus, Atlanthropis* muestra un ligero desarrollo de tipo, (considerado "superfluo" por algunos eruditos) a lo largo de las costas del Atlántico de África del Norte, pero puede representar, sin embargo, el suficiente cambio para indicar que las poblaciones del *Homo erectus* de la costa, fueron cazadores que siguieron a las migraciones de manadas de animales a través de los puentes de tierra, a las islas del Atlántico. Ahí, la abundancia de caza y un clima atemperado propiciaron los siguientes pasos de la evolución hasta convertirse en Cro-Magnones (recuerde la abundancia de restos de elefantes, que se han encontrado en más de cuarenta lugares diferentes por todos los puentes de tierra sumergidos, desde el norte de África hasta el océano Atlántico). Muchos hallazgos Cro-magnon refuerzan esta hipótesis por todas las Islas Canarias. De hecho, el Dr. Edward Hooten experto de Harvard, en los habitantes de las Islas Canarias, demostró que poseían numerosos rasgos Cro-Magnon.[6]

El lenguaje guanche fue, al menos parcialmente, indo-europeo, aunque distinto a cualquier otra lengua aria conocida. Tenía sorprendentes afinidades con el griego, el gótico y el antiguo alto alemán (incluyendo el *zonfra*, zona; el *fayacan, veiha* o sacerdote; y el *magada, Madg* o criada, respectivamente).[7] Pero el lenguaje de las Islas Canarias contenía demasiados elementos que no eran arios, algunos aparentemente relacionados con el éuskaro, el lenguaje vasco y hasta con lenguas egipcias antiguas que nunca ha sido posible traducir completamente. En otras palabras, el guanche se hizo de influencias de muy diferentes fuentes y, por lo tanto, es típico de un pueblo que tenía tratos con una amplia gama de extranjeros. El lenguaje atlante debe de haber sufrido un desarrollo similar, por lo menos en sus días imperiales. De hecho, los isleños de las Canarias pueden haber hablado la misma lengua que se escuchaba en la perdida Atlántida. Dramáticamente, sólo varias docenas de sus palabras han llegado hasta nosotros.

No se puede verificar fehacientemente si en algún lugar del mundo alguna raza original atlante aún sobrevive o no. Con seguridad los guanches fueron atlantes. Pero desde su extinción, es difícil unir algún grupo de población moderna a la Atlántida con una certeza igual. Un grupo de esos pueden ser los Vascuenses de las montañas de los Pirineos. Su lenguaje no es indo-europeo ni está relacionado con ninguna otra lengua moderna. Es interesante que el éuskaro comparta alguna afinidad con el Finno-Urgic Patumnili (que se hablaba en la antigua Troya), el etrusco, el guanche y el náhuatl, que hablaban los aztecas. A estas lenguas, extintas desde hace mucho, no se les entiende a la perfección. Pero el hecho de que el éuskaro tenga una relación con las lenguas de cuatro pueblos descendientes de la Atlántida, es más significativo.

Es posible que la palabra más conveniente para nuestra investigación sea *Atalya,* el nombre de un antiguo montículo ceremonial en Biarritz en el país vasco. También es el nombre de una montaña sagrada en el Valle de México, venerada por los aztecas. Del mismo modo, es un lugar en el sur de Portugal, que representa túmulos o tumbas en forma de cúpula, de la Edad de Bronce, que datan del periodo tardío del florecimiento atlante, del siglo XIII a.C. La Atalya de Gran Canaria es una montaña cuyo valle se inclina abruptamente hacia el mar, en una escena directamente sacada del *Critias* de Platón. Está claro que Atalya tiene el mismo significado en éuskaro, náhuatl, portugués y guanche; concretamente, la descripción de una eminencia sagrada, ya sea un montículo o una montaña. Parece derivarse de "Atlántida", hija de la cima sagrada. Es probable que el significado de Atalya de los vascuences, aztecas, ibéricos y guanches fuera conmemorar, en palabra y en configuración, a la original Montaña Atlas. ¿Qué conexión imaginable podría haber existido entre pueblos tan desiguales y ampliamente separados?

Los vascuences comparten más uniones con los ahora extintos isleños de las Canarias. Los guanches practicaban un culto a la cabra, que prácticamente era único. Pero, los antiguos vascuences, también, empleaban sus arcaicos rituales en los tiempos romanos.[8] Del mismo modo ellos mostraban ocasionales rasgos craneales Cro-Magnon, similares a los restos de cráneos que quedan entre los isleños de las Canarias. A pesar de lo aislada que está de otras lenguas, el éuskaro ha influenciado a otros idiomas enormemente separados por el tiempo y la distancia. Por ejemplo, nuestra palabra "bronce" no es indo-europea, sino que se deriva del vasco *broncea*. Esto podría ser un descubrimiento muy importante (señalado por Ignatius Donnelly hace más de cien años[9]), porque, si en verdad el éuskaro desciende de la lengua atlante, entonces nuestra palabra es la misma que hablaban en la Atlántida. Después de todo, los atlantes fueron sus primeros fabricantes y exportadores, responsables y dominadores de la Edad de Bronce, que terminó abruptamente con su desaparición.

Existen precedentes del uso moderno de las palabras de una civilización por mucho tiempo desaparecida, por una cultura completamente diferente. Por ejemplo, los etruscos fueron un pueblo pre-romano que se extinguió por el siglo I a.C. Pero la lengua inglesa usa varias de sus palabras como parte de su vocabulario. "Ceremonia" deriva de la ciudad etrusca de Cere, famosa por sus muchos festivales. "Histrionismo" es otra palabra etrusca que tiene el mismo significado en inglés. Todos estos y otros ejemplos son de los más notables, porque para los eruditos modernos esta lengua es indescifrable casi por completo. Sin duda, un número de palabras pronunciadas por nuestros ancestros en la Atlántida aún se hablan en las lenguas de todas aquellas islas que tocaron.

En el otro lado del mundo, el uso del quechua, el idioma de los incas, los antecede por un número desconocido de siglos. Aún lo hablan unos cinco millones de habitantes de las tierras altas del Perú. La palabra quechua para "llovizna" es *garua*. En éuskaro, *garua* significa "rocío". Aún más convincente, al noroeste de la antigua capital inca, en el Cuzco, se levanta una montaña sagrada en los Andes. A la cima y al valle de su ladera sureña se les conoce como Atalaia. Los incas, igual que los guanches, hablaban de los portadores de la cultura de cabello blondo. Espuma de Mar sólo es uno, que arribó después de alguna catástrofe natural en el océano Atlántico.

Los vascuences tienen su propio mito de la ciudad hundida. Todavía recuerdan el nombre Amaiur, a quien más tarde los teólogos cristianos equipararon con el bíblico Tubalcain, nieto de Noé. Este héroe vascuence del diluvio condujo a su amigo Aintzine-koak ("Aquellos que llegaron antes") a la Bahía de Vizcaya. Eran los sobrevivientes de la destrucción de un reino oceánico, la Isla Verde, que fue tragada por el mar. Al final, Amaiur y sus amigos se volvieron a establecer en los Pirineos, donde se convirtieron en los progenitores de los vascuences. En vista de la afinidad del éuskaro con la lengua pre-colombina en América Central, un nombre alternativo para la Isla Verde es provocativo. También se recuerda como el Montículo de Maia.[10] Además, en la mitología griega, Maia fue la más antigua y querida de las Pléyades.

La lingüística, la arqueología y el mito comparativos pintan un retrato de la vida real de los atlantes, a pesar de que treinta y dos siglos separan su tiempo del nuestro. Ellos fueron altos, robustos, de cabeza oval, bien formados y de ojos claros, dando un ocasional color rojizo en su cabello. Fueron los descendientes mestizos de los cazadores Cro-magnon, que cruzaron los puentes de tierra que unieron a África del Norte hacia las islas del Atlántico hace veinte mil años. Con el tiempo, su lenguaje al igual que su sangre, se contaminaron con las influencias extranjeras que abarcaron su imperio. Al final, aquellos que no fallecieron en el gran cataclismo, fueron asimilados por los pueblos nativos de anteriores colonias. Sólo dos grupos de población pueden haber sobrevivido en tiempos modernos —los isleños de las Canarias, condenados a la ruina y los indomables vascuences, a través de cuyas venas, la sangre de la Atlántida puede aún fluir.

OCHO

El descubrimiento de la Atlántida

Para lograr algo que de verdad valga la pena, en la investigación algunas veces es necesario ir en contra de las opiniones de nuestros compañeros.

Sir Fred Hoyle

Si la ciudad de Chicago fuera golpeada por cuatro bombas de doscientos megatones y otras tres detonaran en el Lago Michigan, anegando toda el área metropolitana, ¿qué evidencia física de la civilización en el norte de Illinois existiría aún a más de tres mil años? Esta es la magnitud del problema que enfrenta cualquiera que busca la Atlántida.

Los críticos se burlan diciendo que un lugar como ese nunca existió, pero su conclusión es prejuiciosa, por el simple hecho de que nunca se ha llevado a cabo ninguna expedición científica de la hundida capital. Los motivos para no haberlo hecho eran válidos. Se ha adoptado mucha vergonzosa tontería sobre el tema, por muchos falsos eruditos demasiado entusiasmados (en pro y en contra), decididos desacreditadores, ocultistas soñadores y trastornados de todo tipo, que cualquier profesional que sugería que la isla de Platón debería buscarse, jamás habría sido tomado en serio por sus colegas. ¿Y dónde deberían empezar a buscar? Un autor asegura que la Atlántida yace bajo el Polo Sur, otro dice que en realidad estaba en la Creta minoica. Otros insisten que está cubierta por sólo 5.7 metros de agua en las Bahamas o a sólo 660 metros cerca de Cuba. La describen como un enorme continente que se vanagloriaba de una super-civilización, antes de que se hundiera en un momento geológico hace 11,600 años. No es de asombrarse que serios y entrenados investigadores cuyas vidas están dedicadas a las disciplinas prácticas de arqueología, geología u oceanografía rechacen ni siquiera considerar un cuento de hadas tan absurdo como ese.

Sin embargo, con la investigación de este libro, la Atlántida salta del reino de la fantasía en el cual había estado cautivo por tanto tiempo y se coloca, como es debido, dentro del contexto de la historia y de las ciencias de la tierra. Ahora que existe una muy buena noción de cómo, cuándo y dónde se destruyó, todo lo que queda es buscarla. Felizmente, una tarea como esa está por fin a nuestro alcance. Los científicos modernos han enviado al espacio pruebas al confín del sistema solar. Es seguro que la misma tec-nología sea capaz de probar el espacio *interno* de nuestro propio planeta. La búsqueda se concentra en las civilizaciones de otros mundos, mientras que la madre tierra de una cultura terrenal espera su descubrimiento en *este* mundo. De hecho, la ciudad perdida de Ubar, consignada por más de mil años al reino de la leyenda árabe, se encontró al estudiar las imágenes desde un sondeo orbitante del Landsat a finales de la década de 1990.

Somos una generación extremadamente privilegiada. La Pregunta Atlántida se ha debatido desde que Platón escribió sus *Diálogos* hace dos mil cuatrocientos años. Pero sólo ahora contamos con los medios para colocar al argumento en un lado o en el otro. El legendario trasatlántico *Titanic,* que yacía en completa oscuridad bajo kilómetros del océano por siete décadas, se localizó y fotografió completamente, por dentro y por fuera, en 1986. Hasta el momento de su descubrimiento, la esperanza de encontrarlo parecía infundada. Justo dos años después, otro legendario barco, el *Bismarck,* se descubrió bajo las mismas desalentadoras condi-ciones. Si estos relativamente pequeños objetivos bajo el agua pueden detectarse en la oscura inmensidad del fondo del océano, localizar una ciudad debería ser menos formidable, pero mucho más significativo.

Ciertamente, el descubrimiento de los restos atlantes no es tan improbable, cuando recordamos que las ciudades romanas de Pompeya y Herculano fueron enterradas bajo una similar lava endurecedora y se convirtieron en fábula por diecisiete siglos.

Por lo general, a la Troya de Homero se le consideró casi un mito, hasta que el arqueólogo aficionado, de origen germano-americano excavó en la tierra de Turquía. En los años iniciales del siglo XXI, la búsqueda para la Atlántida se compara con la de Troya, al final del siglo XIX. En ese momento, la abrumadora mayoría de profesionales rebajaron la épica de Homero a pura ficción. Sólo unos cuantos eruditos, la mayoría de ellos aficionados, estaban convencidos de que la *Iliada* era históricamente correcta, si no en todos los detalles, con certeza en tono y espíritu. Uno de estos supuestos arqueólogos fue capaz de probar que la capital de Troya era un lugar verdadero. El mundo espera al Schliemann de hoy, quien descubrirá la Atlántida y probará que los escépticos estaban equivocados, una vez más.

La comparación entre Troya con la Atlántida es adecuada en más formas que en la arqueológica. Ambas culturas florecieron durante el mismo tiempo en cualquier final, geográficamente hablando, del Mundo de la Edad de Bronce. Después de Ilios, el centro de la civilización Micénica salió a la luz, seguida por las capitales de los minoicos y los hititas. En los años siguientes, otras ruinas de la "Edad Heroica" fueron descubiertas en Italia y en el Cercano Oriente. La Atlántida es sólo la última de estas ciudades perdidas que falta de encontrar.

LAS PROBABILIDADES CONTRA EL DESCUBRIMIENTO

Esto no implica que el descubrimiento de la Atlántica será fácil. No son realistas las románticas versiones de más o menos bien conservados templos, palacios y columnas decoradas con algas marinas, esperando pacientemente a sus descubridores en la oscuridad color esmeralda de las profundidades del mar. La isla sufrió una catástrofe geológica equivalente a un ataque nuclear. Se desconoce lo que debe de haber sobrevivido a un evento como ese y al paso de los siglos. El volcán Atlas puede haber hecho erupción de forma lateral, igual que el Monte Santa Elena, permitiendo que el mar inundara su descubierto interior. La implosión resultante, combinada con el repentino peso de una masiva invasión de agua de mar, prácticamente arrastró a toda la isla hasta el fondo del mar. Si la explosión lateral ocurrió muy por debajo del nivel del mar y reventó el fondo de la isla, la parte que se encontraba sobre la superficie, de pronto habría sido socavada y colapsada en el océano.

Cedric Leonard, uno de los mejores atlantólogos, sugirió que la isla desapareció no debido a algún evento volcánico, sino en un terremoto, lo que acerca su investigación al relato de Platón.[1] En el *Timeo* o el *Critias* no se hace mención de un volcán; una convulsión sísmica se da como la causa de la destrucción. Leonard supone que Atlas fue un fragmento continental compuesto de sial, (una mezcla de silicón y aluminio relativamente ligera y blanda) ese revestimiento más pesado, de rocas basálticas de sima (silicón y magnesio). Un excepcionalmente poderoso terremoto submarino podría haber sumergido la base de sima, desplazando de forma abrupta el nivel del sial en el cual se localizaba la Atlántida en el mar.

En realidad algo así sucedió el 7 de junio de 1692, cuando Port Royal en Jamaica se deslizó bajo el Caribe junto con dos mil víctimas. Los buzos todavía recogen objetos caseros de este desastre, así que las oportunidades de recuperar material que siga la pista de la Atlántida pueden ser buenas, si se hundió en una forma similar. Una erupción volcánica es mucho más destructiva; si ese fuera el mecanismo geológico, el rescate de artefactos atlantes sería menos probable; en particular, si fueron enterrados bajo cientos de metros de silt, o peor, encajonados en lava solidificada. Sin embargo, sin importar los obstáculos imprevisibles, vale la pena el esfuerzo de intentarlo. Después de todo, el lugar fue una gran ciudad y por lo menos debería haber algunas oportunidades para localizar sus restos físicos.

Existen buenas razones geológicas para empezar una expedición submarina en el Ampere o Las Montañas Marinas Josefina, apenas a 402 kilómetros justo al oeste de Gibraltar. Pero también existe una tentadora evidencia arqueológica en su vecindad general. Los habitantes guanche de las Islas Canarias, con sus tradiciones de una patria ancestral perdida bajo las olas, han sido citados entre los últimos descendientes directos de la Atlántida. Cerca de la costa oriental de Tenerife, su isla más grande, los buzos encontraron bloques de piedra cortados, puestos a propósito en una plaza de ochenta y tres metros cuadrados, con grandes escalones que descienden hacia lo que parece haber sido un puerto o un complejo portuario. P. Cappellano, líder de la búsqueda submarina de 1981, reportó que el pavimento estaba tallado con grabados parecidos a los ejemplos que dejaron los guanches, en las paredes de sus cuevas. Fuera de la costa de Marruecos y a la misma profundidad, quince metros, se fotografió un trabajo de piedra parecido.[2] Aunque ningún hallazgo ha recibido una atención oficial, sin embargo, los dos son verdaderos y sugieren fuertemente un área objetivo para los investigadores en busca de la civilización sumergida. Acentuando estos lugares bajo el agua se encuentran las docenas de sitios que rodean Ampere y Josefina, que arrojan restos de elefantes, confirmando la descripción de Platón, de la existencia de estas criaturas en la Atlántida.

El descubrimiento de la Atlántida afectará la imaginación de la raza humana, no menos poderosamente que la llegada a la Tierra de seres inteligentes de otro planeta. El reconocimiento de su existencia sacudirá nuestra inconsciencia colectiva, hasta lo más profundo de su ser. De repente, los antiguos mitos de todo el mundo surgirán a la vida en todos los colores de memoria, como el recuerdo de un lugar verdadero, un acontecimiento real. Causará un mayor cambio en la consciencia humana. Entonces entenderemos, hasta el fondo de nuestra alma, que nosotros, como una especie, una vez rozamos las alturas de la grandeza civilizada, pecamos en contra de las mismas fuerzas que nos trajeron a la vida y, al hacer esto, llamamos a una destrucción global que hizo estragos en nuestra civilización desde la faz de la Tierra.

La Atlántida está esperando en las oscuras profundidades del océano, igual que lo ha hecho en los últimos treinta y dos siglos. ¡Qué historia le contará a quien la encuentre!

NUEVE

La historia de la Atlántida contada en una sentada

La isla está cubierta de bosques y una diosa vive ahí, la hija del
maligno Atlas, que conoce el mar en todas sus profundidades y
con sus propios hombros soporta las grandes columnas
que mantienen separados a la Tierra y al cielo.

Odisea, *Libro I*

Hace unos cien millones de años, un fragmento continental en el océano Atlántico, siguiendo los puentes de tierra hacia las masas de tierra del oriente, nació de la gradual separación de los continentes euro-africano y americano. Por los siguientes ochenta millones de años, este fragmento poco a poco se hundió bajo el nivel del mar y se despedazó, exponiendo una gran isla, más pequeña en área que el moderno Portugal. Estaba conectada al norte de África por medio de delgados puentes de tierra, por debajo del actual Tánger y al sur de Europa, en el Cabo Saint Vicent de Portugal. Es probable que hace medio millón de años, los primeros hombres, siguiendo las migraciones de las manadas de animales, cruzaron estos puentes hacia la isla del Atlántico.

Durante el curso de los siguientes milenios, la masa de tierra del tamaño de Portugal, por incrementos geológicos, resbaló bajo el océano, dejando atrás un número de territorios oceánicos mucho más pequeños, uno de los cuales, situado al final del puente de tierra que venía desde África del norte, atrajo a los más numerosos asentamientos humanos. Su medio ambiente templado y la fértil tierra volcánica nutrió a una creciente población y estimuló el desarrollo social. Cuando, por los siguientes siglos, la densidad poblacional y la cooperación de la comunidad alcanzaron un cierto e indefinible nivel de interacción, empezó a surgir una sociedad civilizada de artes y letras, ciencia y gobierno. Aunque estaba a punto de aparecer la primera civilización de la Tierra, la última del decreciente suelo unido a las masas de tierra de África y Europa desapareció bajo las olas, aislando las poblaciones humanas en verdaderas islas.

Mucho antes de eso, los isleños se habían vuelto hábiles constructores de barcos y audaces marineros. Desde el principio, la suya fue una sociedad marítima. Por la necesidad de una navegación segura, se desarrolló la astronomía. Por motivos similares surgieron otras ciencias, desde entonces algunas de ellas se perdieron y es posible que nunca se redescubrirán porque para el 4000 a.C., ya habían hecho un mapa del mundo. Se llamaron a sí mismos atlantes en honor a su isla y su dios nacional, Atlas a quien, como fundador de la astronomía y la astrología, se le imaginaba como un Titán barbado que soportaba la esfera del zodiaco sobre sus hombros. También se le personalizaba como un temible y dominante volcán que dominaba la isla. Conforme se expandieron por el mundo, los atlantes colonizaron territorios favorecidos, creando el primer imperio. Las riquezas coloniales canalizadas hacia Atlas proporcionaron a sus habitantes una tremenda riqueza material. Transformaron su ciudad en una espléndida capital imperial. Su inusual diseño concéntrico de alternados anillos de tierra y agua, se determinó por un típico temprano asentamiento neolítico que yace abajo.

En el 3000 a.C., los atlantes descubrieron los depósitos de cobre más ricos de la tierra, en la Península Superior de Michigan. Iniciaron una colosal operación minera, extrayendo enormes cantidades de mineral y transportándolo a Atlas, que se convirtió en el depósito metalúrgico del mundo occidental. Llegando hasta el Delta del Nilo, a los comerciantes atlantes de cobre se les recordaba como los Mesentiu o Arponeros.

En Grecia fueron los Pelasgos "Pueblos del Mar". Entre los indígenas Menomonie de la Península Superior, eran los "Hombres Marinos". A donde fueran, de su cultura superior se expandían nuevas civilizaciones. Proporcionaron el cobre de alto grado, que hizo posible el Cercano Oriente y la Edad de Bronce europea. En la cima de su poder, su imperio se extendía desde los Grandes Lagos, Yucatán y Colombia en las Américas al norte de África, Iberia y las Islas Británicas en el cercano Atlántico, a través del Mediterráneo hasta Italia y, por una alianza familiar real, hasta las costas de Asia Menor. A principios del siglo XIII a.c., su política imperial empezó a alarmar a otros poderes en el Egeo y en el Cercano Oriente. Una serie de choques militares con los egipcios, los griegos micénicos y los hititas escalaron en una total confrontación, cuando la Atlántida mandó una armada para ayudar a los sitiados troyanos. Con su derrota, la marina atlante volteó hacia el sur para invadir el Delta del Nilo. Al principio tuvieron éxito, pero con el tiempo sus marinos fueron repudiados por defender las fuerzas egipcias.

Aunque los reyes de la Atlántida estaban preparando un renovado asalto contra Egipto, un gran cometa hizo aproximaciones cada vez más cercanas a la Tierra con el paso de los años. Empezando alrededor del 1240 a.c., inició una lluvia de desecho meteórico con una creciente ferocidad, provocando fuegos, terremotos y vulcanismo, con consecuencias catastróficas. El cometa y su asesina corriente meteórica llegó a su más cercana proximidad con la Tierra y alcanzó la cima de su destrucción alrededor del final del siglo XII a.C. Justo entonces, otro cometa estaba casi rozando nuestro planeta, el hoy conocido como Halley. A la luz de día del 1 al 4 de noviembre del año 1198 a.C., uno o más grandes meteoritos o asteroides se desplomaron en el océano para penetrar el suelo marino. La colisión inició una reacción catastrófica en cadena, de violencia geológica por todo lo largo de la Cordillera del Atlántico medio. Destruida por agitaciones sísmicas y volcánicas, la isla de la Atlántida colapsó bajo las olas "en un solo día y una sola noche" de fuego y tormenta.

La mayoría de los habitantes perecieron. Pero unos cuantos supervivientes, muchos que pertenecían a la élite sacerdotal, la milicia y la aristocracia que tuvieron acceso a un suficiente número de barcos, buscaron como refugio a las anteriores colonias del desaparecido Imperio Atlante. Algunos navegaron a las Américas, donde ellos y sus descendientes conmemoraban la tragedia de su hundida patria, en el Gran Montículo Serpiente en Ohio y en el lago cráter de Guatavita en Colombia.

A los supervivientes no siempre se les dio la bienvenida como portadores de la cultura. Asaltando de regreso al Mediterráneo oriental, lanzaron su planeada invasión sobre Egipto. Al perder todo fuera de los Estrechos de Gibraltar, los atlantes y sus aliados libios buscaron hacerse cargo del Valle del Nilo. Pero en la persona de Ramsés III, fueron confrontados por el primer líder de la época. Durante la sucesión de engranes en el complejo sistema de río de su país, sus arqueros asestaron fuertes bajas a los invasores. Retiraron a sus apaleadas fuerzas navales y circundaron por Palestina, en un esfuerzo por reiniciar el ataque contra Egipto por el este.

Pero en este lugar las armadas del faraón rechazaron con eficacia su desembarque, y la confederación de los Pueblos del Mar fue destruida. Sufriendo la total aniquilación desde sus combinadas derrotas en Troya, Egipto y el Levante, los atlantes dejaron de existir como un pueblo. Sus últimos veinte mil hombres, rendidos veteranos de estas desastrosas campañas, fueron hechos prisioneros por los victoriosos egipcios, cuyos escribas documentaron los interrogatorios a los invasores. Ellos hablaban de sus fracasados intentos militares y de la pérdida de su patria oceánica, por el fuego que cayó del cielo y un abrumador diluvio.

Estos relatos fueron escritos en las paredes del Templo de la Victoria de Ramsés III, al oeste de Tebas y en las tabletas conservadas en el Templo de la Diosa Neith, en Sais, en el Delta del Nilo. Fue de aquí, en algún momento cerca del año 550 a.C., donde Solón, el gran legislador ateniense, tradujo la historia de la Atlántida. Al regresar a Grecia, la registró en todos sus detalles para una épica que intentó escribir. Murió antes de empezar su proyecto, pero le dieron su transcripción a Platón. Él anotó el relato durante el principio del siglo IV a.C., en sus *Diálogos*, a los que desde entonces se les ha considerado como la principal fuente de la historia.

En los templos griegos, asirios, cartagineses, romanos y egipcios se conservaron desconocidas, pero aparentemente substanciales cantidades de documentos adicionales pertenecientes a la Atlántida; el más grande y singular depositario estaba en el Gran Ateneo de Alejandría. Cuando ésta y todas las demás bibliotecas "paganas" fueron quemadas antes del término del siglo V, la mayoría de las fuentes materiales que describían a la Atlántida se perdieron. Los teólogos cristianos condenaron la historia como una forma de herejía, porque ellos creían que iba en contra de la historia bíblica. La Atlántida fue olvidada prácticamente durante los siguientes ochocientos años.

Pero con la aparición del Renacimiento y los viajes de descubrimiento a través del océano Atlántico, la historia de Platón ha revivido. Como señaló la famosa arqueóloga norteamericana Ellen Whishaw, algunos de los hombres que se unieron a Colón como su tripulación, lo hicieron con la esperanza de encontrar descendientes vivos de la perdida Atlántida.[1] No se desilusionaron cuando escucharon de boca de los nativos americanos las numerosas leyendas de la inundación. Sin embargo, no fue sino hasta el final del siglo XIX, que estas tradiciones se combinaron con otras de alrededor del mundo, junto con la geología contemporánea, en la primera seria investigación dedicada a entender el tema como un fenómeno histórico. El autor norteamericano Ignatius Donnelly fue el fundador de la atlantología, el estudio científico de todas las cosas pertenecientes a la Atlántida.

En 1969 se encontraron las primeras ruinas de una posible civilización atlante fuera de la costa del norte de Bimini, una isla en las Bahamas. Sólo fue hasta finales del siglo XX que la tecnología submarina alcanzó la sofisticación necesaria, para hacer posible una seria investigación de la ciudad sumergida. La historia futura registrará en el siguiente siglo, si se usaron esos métodos de forma apropiada para el descubrimiento de la Atlántida.

EPÍLOGO

Los propios Atlantes

¡Mira! La muerte misma levantó un trono en una extraña
ciudad que lejos yace sola dentro del oscuro Oeste,
donde lo bueno y lo malo y lo peor y lo mejor
se han ido a su eterno descanso.
Edgar Allan Poe, La Ciudad en el Mar

Un tema común corre por todos los mitos del mundo, describiendo la Gran Inundación. Desde el relato de uno de los más grandes pensadores griegos antiguos, hasta la tradición oral de los cantantes polinesios en el sur del Pacífico, una memoria universal recuerda que la gente de antes del Diluvio fue, de alguna manera responsable de, y ciertamente merecedora de la catástrofe que los abrumó. Debido a su avidez de riqueza y poder abusaron de la tierra, desequilibrando el balance de la naturaleza, lo que causó una cataclismo a nivel mundial.

En vista de la naturaleza celestial de la destrucción, es difícil imaginar cómo los seres humanos podrían haber sido de alguna manera los responsables de eso. Aun, la gente de una gran civilización que pudo construir una proeza tecnológica y de ingeniería como la Gran Pirámide, sin duda creó otras maravillas en una similar o de hasta más espléndida escala que no podemos concebir. La Gran Pirámide de Gizeh es el único tal ejemplo que queda. Es posible que los atlantes, en verdad, operaron una tecnología de la cual nada se sabe. Arrastrados por la codicia, su poder se volvió incontrolable. De alguna manera intentaron forzar los principios fundamentales del universo. Con arrogancia, nos engañamos si conceptuamos nuestra sociedad como una muy superior a todos los logros humanos que se han dado con anterioridad. Nuestro tiempo no tiene la exclusiva para personas de sabiduría y esfuerzo.

Los indígenas Menomonie de la Región Superior de los Grandes Lagos, creen que los Hombres Marinos violaron a la Madre Tierra al excavar en su piel y robar sus huesos de cobre. Fue debido a esta horrible violación que ella los castigó con una terrible inundación. La tradición Menomonie se hacía eco en las "lecturas de vida" de Edgar Cayce, quien dijo que los atlantes trastornaron el mecanismo geológico de la Tierra, a través de sus masivas excavaciones.

En 1995 y 1996, a pesar de las protestas por todo el mundo, el gobierno francés detonó más de 160 explosiones nucleares en el Pacífico del Sur. Esas, así llamadas pruebas, fueron totalmente superfluas, si sólo porque la Unión Soviética, la única superpotencia capaz de atacar el Occidente, ya se había podrido años antes. Por otra parte, se llevaban más de 50 años produciendo bombas atómicas, así que uno se pregunta qué más "pruebas" podrían haber necesitado.

Las pruebas de bombas en Mururoa y en los Atolones Fangataufa, resultaron en una pérdida de área subterránea, que filtró cientos de kilogramos de plutonio y otros productos altamente radioactivos de fisión nuclear. Ahora el interior de Mururoa es un enorme e irregular depósito de un alto nivel de radioactividad. El famoso oceanógrafo francés, Jacques Cousteau dijo, "¡El estrato volcánico de un atolón, saturado por completo con agua, es la peor selección!"[1] Las explosiones diezmaron la vida en el mar, dañando la cadena alimenticia, quizás permanentemente, agravando el envenenamiento de los peces al eliminar organismos tóxicos que viven en los arrecifes de coral. Después de una avería por la cual un artefacto nuclear se atoró a la mitad de la salida de su columna de prueba, una explosión voló más de 99 millones trescientos noventa y dos mil metros cúbicos de coral. Ya que los franceses no tienen una aparente necesidad de detonar pruebas atómicas, lo deben de haber hecho por el prestigio nacional. Su abuso del planeta refleja con inquietud el orgullo desmedido de los atlantes y sus excavaciones a gran escala, que supuestamente contribuyeron al cataclismo mundial.

Es obvio que, de ningún modo, los franceses son los únicos en violar los cimientos naturales que trajeron la vida a la humanidad. Padecen una enfermedad que prolifera por todo el mundo industrial. En algún otro lado en el Pacífico, los pilotos de la Fuerza Aérea de los Estados Unidos, por años han efectuado un entrenamiento regular de bombardeo, que corre en contra de una antigua isla sagrada conocida por los nativos como "el lugar de los Dioses". No es la tarea de este libro hacer un catálogo de la deshumanización del hombre hacia la naturaleza. El tema es muy conocido. Por todo eso, se ha hecho algo, poco pero valioso, para remediar nuestros pecados en contra del planeta. En muchos países, sobre todo en aquellos que son los más ofensores, no se ha hecho absolutamente nada.

En marzo de 1996, en unos cuantos periódicos apareció un pequeño artículo que reportaba los resultados de una conferencia internacional de climatólogos, geólogos, biólogos y otros científicos de la tierra, que duró dos semanas. La reunión tuvo lugar en Ginebra bajo los auspicios del World Wildlife Fund (WWF) [Fondo Mundial Para la Vida Salvaje], llegaron a la conclusión de que nuestro planeta está siendo testigo de la más grande extinción en masa de la vida animal, en sesenta y cinco millones de años. Nunca, desde la desaparición de los dinosaurios, la tierra ha perdido tantos bosques, todo en el espacio de un solo siglo. Por lo menos cincuenta mil especies de plantas y animales mueren cada año, en su mayoría por la degradación forestal. Los peores ofensores son en Norteamérica y Rusia, seguidos muy de cerca por Malasia y Brasil. El portavoz de la WWF Jean-Paul Jeanrenaud se lamentó, "es la supervivencia del planeta la que está en juego aquí".[2] Pero su declaración no encendió comentarios entre los editores, ni entre los lectores, más interesados en la economía, la política, los deportes y el entretenimiento. Ningún gobierno (ciertamente ninguna de esas naciones citadas por los científicos) hizo el mínimo esfuerzo para modificar sus políticas. "La cordura alza la voz en las calles y ningún hombre la aprecia".

En agosto, sólo unos cuantos meses después de la advertencia de Jeanrenaud, los naturalistas norteamericanos reportaron que grandes enjambres de mariposas habían emigrado al noroeste del Pacífico, cientos de miles se dirigieron hacia el norte de su hábitat natural. Se han visto forzadas a hacer esto, desde sus tierras de reproducción al sur, debido a las altas temperaturas que ha traído la contaminación industrial, que ha matado a millones de criaturas.

En la Atlántida, los pájaros desaparecieron antes de la catástrofe. Las equivalencias modernas nos dejan helados.

Un año antes del terrible y desatendido pronunciamiento de la WWF, una conferencia similar de científicos profesionales, anunció que el concepto de advertencia global de industria-inducida ya no era una teoría, sino un hecho demostrable.[3] Advirtieron que si las temperaturas mundiales continúan elevándose en la proporción descubierta a través de los pasados cien años, durante el siglo XXI las consecuencias aparecerán en formas muchos más obvias. Entre ellas se encontrará el parcial derretimiento del Hielo Ártico. Hasta un pequeño aumento adicional en la temperatura, podría abrir las puertas a la suficiente agua desde los casquetes polares de hielo para enterrarlo todo, excepto las cordilleras de las más elevadas montañas, bajo un neo-Panthalassa, un océano del tamaño del planeta. La más grande ironía en la historia humana podría ser una inundación mundial provocada por nuestra ambición de alta tecnología; una repetición del Gran Diluvio que abrumó a la super-civilización atlante.

Pero no confundamos efectos con causas. El asalto ecológico sobre la Tierra no es más que el resultado, el efecto. Desciende de la forma de comportarse y de pensar totalmente antinatural, en la que la mayoría de la humanidad ha caído. Nuestras emociones y actitudes se han alejado tanto del concepto de Tierra y Gente, que son la principal causa de nuestras deplorables acciones como una especie. Admitimos que el medio ambiente natural sea explotado y abusado, porque *nos* permitimos ser explotados y abusados.

De forma particular, hombres y mujeres de buena voluntad se

sacrificarán para llevar a cabo el cambio necesario, en especial para reconstruir la sociedad humana firmemente basada en el reconocimiento de los principios de la ley natural. Pero parece que nada puede curar a los humanos de su neurosis autodestructiva, de esforzarse en vano en realizarse uno mismo a través del materialismo. La naturaleza puede resistir hasta la peor violación por muchos años. Ella da a los transgresores de sus mandatos, generosas oportunidades para corregir su comportamiento. Pero esas posibilidades no son infinitas y cuando ella al fin se decide por el castigo, éste es irrevocable y abrumador. No hay un ejemplo mejor en toda la historia de la humanidad, que el de la Atlántida. Una vez que globalmente se valore su terrible significado como un supremo tema de lección, los humanos pueden empezar a evitar las demasiadas décadas de no haber valorado a la naturaleza.

En la actualidad algunos creen que un gran número de almas de la vieja Atlántida están reencarnando, de ahí, el creciente interés de hoy en todas las cosas atlantes. Más importante es la especulación metafísica, estas almas están regresando para impedir que se repita el cataclismo que con anterioridad destruyó a su gloriosa civilización y casi a todo el mundo. Se supone que otros están reencarnando ahora para reconstruir el cataclismo, sólo que esta vez en una verdadera escala mundial. Ya sea que decidamos tomar en cuenta esas opiniones o no, parece ser verdad que el mundo se está acercando con rapidez a un punto en un tiempo, muy similar a los días inmediatamente anteriores a la destrucción de la Atlántida. De igual modo, nuestra civilización tiene proporciones globales, sus habitantes bebieron en una desordenada orgía de vulgar materialismo, sus sociedades se desgarran en la suturas internas con miedo, crimen y decadencia; los individuos se sienten impotentes.

La gente se pregunta "¿dónde terminará todo?". Para encontrar una respuesta, debemos voltear hacia la Atlántida.

Notas

Introducción

1. L. Sprague de Camp, *Lost Continents* [Continentes perdidos] (Nueva York: Dover, 1970).
2. Richard Cremo, *The Hidden History of the Human Race* [La historia escondida de la raza humana] (Londres: Govardhand Hill, 1994).
3. Citado en Francis Hitching, *Before Civilization* [Antes de la civilización] (Nueva York: Holt, Rinehart & Winston, 1991), 132.
4. James G. Bramwell, *Lost Atlantis* [Atlántida perdida] (Nueva York: Harper, 1938), 7.

Capítulo II: ¿Dónde está la Atlántida?

1. E. Orowan, "The Origin of the Oceanic Ridges" [El origen de las cordilleras oceánicas] *Scientific American* 224, no. 7 (1969): 34–51.
2. Robert Bolt, *Geological Hazards* [Peligros geológicos] (Nueva York: Springer Verlag, 1975), 153.
3. F. M. Bullard, *Volcanos in History, in Theory and in Eruption* [Volcanes en la historia, en teoría y en erupción] (Austin: University of Texas Press, 1966), 55–73.
4. Sigurdur Thorarinsson, *Surtsey: The New Island in the North Atlantic* [Surtsey: La nueva isla en el Norte del Atlántico] (Nueva York: Viking Press, 1967), 16, 17.
5. William Wertenbacker, *The Floor of the Sea* [El piso del mar] (Boston: Little, Brown, 1974), 113–76.
6. "Concrete Evidence for Atlantis?" [¿Evidencia concreta de la Atlántida?] *Earth & Planetary Science Letters* 26, no. 8 (marzo de 1975).
7. Wilhelm Schreiber, *Vanished Cities* [Ciudades desaparecidas] (Nueva York: Viking Press, 1970), 125.
8. Richard Perry, *The Unknown Ocean* [El desconocido océano] (Nueva York: Taplinger, 1972), 103–54.

9. Maurice Ewing, "New Discoveries in the Mid-Atlantic Ridge" [Nuevos descubrimientos en la cordillera del Atlántico Medio], *National Geographic* 38, no. 8 (1949): 24.

10. Dorothy B. Vitaliano, "Atlantis from the Geologic Point of View" [La Atlántida desde el punto de vista geológico], en *Atlantis: Fact or Fiction* [La Atlántida: Hechos o ficción], editado por Edwin S. Ramage (Bloomington: Indiana University Press, 1978), 141–42.

11. Rene Malaise, "Ocean Bottom Investigations and their Bearings on Geology" [Investigaciones del fondo del océano y sus conexiones con la geología], *Geolologiska Foreningens I, Forthandlingar* 17, no. 4 (1957): 6–10.

12. Ibid., 22

13. Dr. Kenneth Landes fue citado en *Atlantis, Impressions from the Depths of the Ocean* [Atlántida, impresiones desde las profundidades del océano] (Nueva York: Van Nos Reinhold, 1984), 27.

14. Kenneth J. Hsu, "When the Mediterranean Dried Up" [Cuando el Mediterráneo se secó], *Scientific American* 227 (1972): 26–36.

15. H. Williamsand A. R. McBirney, *Volcanology* [Vulcanología] (San Francisco: Freeman-Cooper, 1979), 33–51.

16. Ewing, "New Discoveries", 40.

17. Preston Sturat, *Animal Behaviorism* [Comportamiento animal] (Cambridge, Mass.: Harvard University Press, 1979), 253–55.

18. Trudie Richardson, *South American Insects* [Insectos Sudamericanos] (Carbondale, Ill.: Southern Illinois University Press, 1962), 148.

19. Michael Burke, *Mysteries of the Sargasso Sea* [Misterios del Mar Sargasso] (Chicago: Regnery, 1975), 55–80.

20. A. N. Strahler, *The Principles of Physical Geology* [Los principios de la geología física] (Nueva York: Harper & Row, 1977), 44–76.

21. Mary Settegast, *Plato Prehistorian* [Platón prehistoriador] (Nueva York: Lindisfarne Press, 1990), 154.

22. J. V. Luce, *The End of Atlantis* [El final de la Atlántida] (Londres: Thames & Hudson, 1969), 11–103.

23. Vitaliano, "Atlantis from the Geologic Point of View", 144–46.

24. Kenneth Caroli, comunicación personal, verano de 1995.

25. James Mavor, *Voyage to Atlantis* [Viaje a la Atlántida] (Rochester, Vt.: Park Street Press, 1990), 24–38.

26. Caroli, comunicación personal.

27. Andrew Collins, "Has Atlantis Been Found?" [¿Se ha encontrado la Atlántida?], *Ancient American* 6, no. 38 (2001): 14.

28. Frank C. Whitmore et al., "Elephant Teeth from the Atlantic Continental Shelf" [Dientes de elefante de la corteza continental del Atlántico] *Science* 156 (1967): 1477–81.

29. Charles Pellegrino, *Unearthing Atlantis* [Revelando la Atlántida] (Nueva York: Random House, 1991), 19–44.

30. Jurgen Spanuth, *Atlantis of the North* [La Atlántida del norte] (Nueva York: Van Nostrand Reinhold Co., 1979), 155.
31. Bolt, *Geological Hazards,* 126.
32. R. W. Hutchinson, *Prehistoric Crete* [Creta prehistórica] (Londres: Penguin Books, 1968), 23.
33. Desmond Lee, "Appendix on Atlantis" [Anexo sobre la Atlántida], en Platón *Timaeus and Critias* [Timeo y Critias] (Londres: Penguin Classics, 1977), 147–49, 159, 164.
34. Caroli, comunicación personal.
35. Ibid.
36. Ibid.
37. Robert Drews, *The End of the Bronze Age* [El final de la Edad de Bronce] (Princeton, N.J.: Princeton University Press, 1993), 8–18.
38. A. Kanta, *The Late Minoan III Period in Crete: A Survey of Sites, Pottery, and Their Distribution* [El periodo Cretense Tardío III: Una inspección de los lugares, alfarería y su distribución] (Göteborg, Sweden: Anstrom, 1980), 326 (traducido por Rolf Sigurdson, Maxwell Publishing Co., Nueva York, 1983).
39. Philip Betancourt, *The History of the Pottery Minoan* [La historia de la alfarería cretense] (Princeton, N.J.: Princeton University Press, 1985), 159.
40. James Walter Graham, *The Palaces of Crete* [Los palacios de Creta] (Princeton, N.J.: Princeton University Press, 1962), 152.
41. Caroli, comunicación personal.
42. David Zink, *The Stones of Atlantis* [Las piedras de la Atlántida] (Princeton, N.J.: Prentice-Hall, 1990), 28–48.
43. William Donato, "Bimini and the Atlantis Controversy: What the Evidence Says" [La controversia entre Bimini y la Atlántida: Qué dice la evidencia], *The Ancient American* 1, no. 3 (1993): 4–13.
44. Douglas G. Richards, "Archaeological Anomalies in the Bahamas" [Anomalías arqueológicas en las Bahamas], *Journal of Scientific Exploration* 2, no. 2 (1988): 181–201.
45. Caroli, comunicación personal.
46. Zink, *The Stones of Atlantis,* 143.
47. Fritz Herzmeyer, *Greco-Roman Science and Scientists* [Ciencia y científicos Greco-Romanos] (Berkeley, Calif.: University of California Press, 1967), 114.
48. In "De Generatione Corruptione" [De la generación corrupta], citada en *The Basic Works of Aristotle* [Los trabajos básicos de Aristóteles] de Richard McKeon (Nueva York: Random House, 1941), 212.
49. Gerhard Herm, *The Phoenicians* [Los Fenicios] (Nueva York: William Morrow & Co., 1962), 54.
50. Herzmeyer, *Greco-Roman Science and Scientists,* 65.
51. Ibid., 77.
52. Ibid., 78.
53. Ibid., 77.

54. Abraham Salafi, *Islamic Light in the Dark Ages* [La luz Islámica en las Edades Oscuras] (Nueva York: Revere Press, 1986), 39.

55. Thorarinsson, *Surtsey*, 154.

56. J. W. Judd, "The Eruption of Krakatoa and Subsequent Phenomena" [La erupción del Krakatoa y el subsiguiente fenómeno], en *Report of the Krakatoa Committee of the Royal Society*, editado por G. J. Symons (Londres: Treubner, 1888).

57. Svante Arrhenius, *The Earth and the Universe* [La tierra y el universo] (Londres: Wellington, 1927), 197.

58. Caroli, comunicación personal.

59. Bruce C. Heezen, et al., "Flat-Topped Atlantis, Cruiser and Great Meteor Seamounts" [Atlántida Plana sin Relieves, Crucero y Montañas Marinas del Gran Meteoro] *Bulletin of the Geological Society of America* 7, no. 3 (1967): 21.

60. Emily D'Aulaire y Per Ola D'Aulaire, "Return to Krakatoa" [Regreso a Krakatoa], *Reader's Digest* 51, no. 3 (1979): 119–123.

61. Platón, *Timaeus and Critias* [Timeo y Critias], trad. Desmond Lee (Londres: Penguin Classics, 1977), 146–53.

Capítulo III: La Reina de las Leyendas

1. Augustus Le Plongeon, *Queen Moo and the Egyptian Sphinx* [La reina Moo y la esfinge Egipcia], 2da. ed. (Nueva York: publicación propia, 1900), xiv, xv.

2. Fray Diego de Landa, *Yucatan Before and After the Conquest* [Yucatán antes y después de la Conquista], Mark Sharpe, trad. (Nueva York: Dover, 1976), 10–210.

3. Robert Graves, *The Greek Myths* [Los mitos Griegos], vol. 2 (Nueva York: Brazilier, 1961), 28.

4. Francis Wilcoxen, *Plato's Laws* [Las leyes de Platón] (Boston: Arthur House Publishers, 1889), 223.

5. Ibid., 225.

6. Robert Drews, *The End of the Bronze Age* [El final de la Edad de Bronce] (Rutgers, N.J.: Princeton University Press, 1993), 10.

7. Platón, *Timaeus and Critias* [Timeo y Critias], trad. Desmond Lee (Londres: Penguin Classics, 1977), 112.

8. Wilcoxen, *Plato's Laws*, 228.

9. Ibid., 227.

10. Ibid., 229.

11. Frank Joseph, *Atlantis in Wisconsin* [La Atlántida en Wisconsin] (Lakeville, Minn.: Galde Press, 1995), capítulos 2, 3, y 4.

12. Wilcoxen, *Plato's Laws*, 228.

13. Edward Andrews, *Sacred Crocodile* [El cocodrilo sagrado] (Nueva York: Huntington Publishers, 1990), 126.

14. Hans Brander, trad., *The Geographica of Diodorus Siculis* [La geográfica de Diódoro Sículo] (Cambridge, Mass.: Harvard University Press, 1889), 237.

15. T. W. Rolleston, *Celtic* [Celta] (Nueva York: Avenel Books, 1986), 136.

16. Mi agradecimiento a Robyn Sherard, Asistente Administrativo, Meteor Crater Enterprises, Inc., Flagstaff, Ariz., por los datos del cráter del meteoro.
17. John A. Wood, "Long Playing Records" [Discos de larga duración], *Natural History Magazine* 22 (1981): 60.
18. Roberta Willington, *A History of the Navaho* [Una historia de los Navajos] (Norman, Okla.: University of Oklahoma Press, 1953), 22.
19. G. T. Emmons, *Canadian History and Prehistory* [Historia y prehistoria Canadiense] (Vancouver, B.C.: Raverston Publishers, 1942), 97–101.

Capítulo IV; El Fuego del Cielo

1. Albert Kozinsky, "Statistical Analysis of Universal Flood Legends" [Análisis estadístico de las leyendas universales de la inundación], *Science Review* 12, no. 3 (1973): 112.
2. Richard Andree, citado en Lloyd Harbister, *Odds Against Everything* [Probabilidades contra todo] (Los Ángeles: Rutgers House, 1959), 22.
3. C. A. Burland, *The Gods of Mexico* [Los dioses de México] (Londres: Eyre & Spottiswoode, 1970), 138.
4. R. Van Over, *Sun Songs, Creation Myths from around the World* [Canciones del sol, mitos de la creación de alrededor del mundo] (Nueva York: New American Library, 1980), 33–41.
5. Pierre Grimal, *Larousse World Mythology* [Mitología del mundo de Larousse] (Nueva York: Putnam & Sons, 1958), 127–32.
6. Lewis Sence, *The Myths of the North American Indians* [Los mitos de los indígenas de Norteamérica] (Nueva York: Dover Publications, 1989 reimpreso de la primera edición de 1926), 99–105.
7. Rudolf Meisters, *South American Mythology* [Mitología de Sudamérica] (Londres: Thames & Hudson, 1966), 88.
8. Zelia Nuttall, *The Fundamental Principles of Old and New World Civilizations* [Los principios fundamentales de las civilizaciones del antiguo y nuevo mundo] (Cambridge, Mass.: Peabody Museum, Harvard University, vol. II), 139.
9. Ivan Lissner, *The Silent Past* [El pasado silencioso] (Nueva York: G.P. Putnam, 1962), 177.
10. Ibid., 100.
11. Ignatius Donnelly, *Ragnarok: The Age of Fire & Gravel* [Ragnarok: La edad de fuego y grava] (1883; reimpreso, Nueva York: Steiner Books, 1976), 168.
12. Immanuel Velikovsky, *Worlds in Collision* [Mundos en colisión] (Nueva York: Dell Publishers, 1951).
13. Otto Muck, *The Secret of Atlantis* [El secreto de la Atlántida] (Nueva York: New York Times Press, 1978).
14. Sharon Begley, "The Science of Doom" [La ciencia de la fatalidad], *Newsweek,* 23 de noviembre de 1992, p. 60.
15. Edgerton Sykes, *Man across the Atlantic* [El hombre a través del Atlántico] (Londres: Robertson Press, 1958).

16. Platón, *Timaeus and Critias* [Timeo y Critias], trad. Desmond Lee (Londres: Penguin Classics, 1977), 113.
17. Ovidio, *Metamorphoses* [Metamorfosis], trad. H. Gunther (Nueva York: Harster Press, 1927), 41.
18. Platón, *Timaeus and Critias*, 142.
19. Robert Graves, *The Greek Myths* [Los mitos Griegos], vol. 2 (Nueva York: Brazilier, 1961), 28.
20. Velikovsky, *Worlds in Collision*, 117.
21. Johann von Goethe, *All mein Gedenken* (Berlin: Brandenburg Verlag, 1929), 48.
22. Platón, *Timaeus and Critias*, 143.
23. *Quintus of Smyrna's Little Iliad* [La pequeña Iliada de Quintus de Smyrna], trad. Westbrook Murphy (Nueva York: Macmillan, 1960), 248.
24. Westbrook Murphy, trad., *The Complete Hesiod* [El Hesiodo completo] (Nueva York: Macmillan, 1958), 357.
25. R. Cedric Leonard, *The Quest for Atlantis* [La búsqueda de la Atlántida] (Nueva York: Manor Books, 1979), 111–12.
26. René Guénon, *Fundamental Symbols: The Universal Language of Sacred Science* [Símbolos fundamentales: El lenguaje universal de la ciencia sagrada] (Cambridge, England: Quinta Essentia, 1995), 80, 81.
27. Ovidio, *Metamorphoses*, 44.
28. Frank Taylor, *The World of the Greeks and Romans* [El mundo de los Griegos y Romanos] (Nueva York: Doubleday, 1959), 62.
29. Ibid., 191.
30. Murphy, *Complete Hesiod*, 354.
31. Victor Clube y Bill Napier, *The Cosmic Serpent* [La serpiente cósmica] (Londres: Faber, 1982), 71.
32. Dr. Richard Englehardt, citado en Clube y Napier, *The Cosmic Serpent*, 152.
33. Donnelly, *Ragnarok*, 202.
34. Ovidio, *Metamorphoses*, 111.
35. Theodore H. Gasten, *Myth, Legend and Custom in the Old Testament* [Mito, leyenda y costumbres en el Antiguo Testamento] (Nueva York: Harper & Row, 1969), 112–31.
36. Alfred M. Renfrew, *The Flood* [El Diluvio] (St. Louis, Mo.: Concordia Publishing, 1951), 132–48.
37. Robert Graves y Raphael Patai, *Hebrew Myths, the Book of Genesis* [Mitos Hebreos, el Libro del Génesis] (Nueva York: Greenwich House, 1964), capítulo 20.
38. Werner Keller, *The Bible as History* [La Biblia como historia] (Londres: Hodder & Stoughton, 1965), 132.
39. Fulton J. Sheen, "Life is Worth Living" [Vale la pena vivir] emitido por la NBC Televisión, 17 de julio de 1957.
40. Kenneth Caroli, correspondencia personal.
41. La versión de la Biblia citada aquí, fue traducida por Robert Conkey y publicada en Londres por Congreaves Publishers, 1895.

42. H. R. Ellis Davidson, *Mythology of the Norse* [Mitología de los Escandinavos] (Nueva York: Harper Collins, 1969), capítulos 12 y 14.

43. Donnelly, *Ragnarok*, 146.

44. Steven Reichal, *Gods of Northern Europe* [Dioses del norte de Europa] (Nueva York: Grosset & Dunlap, 1963), 202–5.

45. Leonne de Cambrey, *Lapland Legends* [Leyendas de Laponia] (Londres: Hastings Publishers, 1926), 187.

46. Spence, *Myths of the North American Indians*, 315–21.

47. John Boatman, *My Elders Taught Me: Aspects of Great Lakes American Indians Philosophy* [Mis antepasados me enseñaron: Aspectos de la filosofía de los Indígenas Norteamericanos de los Grandes Lagos] (Rochester, Md.: University Press of American Indian, 1992), 128–29.

48. August Le Plongeon, *Queen Moo and the Egyptian Sphinx* [La reina Moo y la esfinge Egipcia], 2da ed. (Nueva York: publicación propia, 1900), lix, 1.

49. Benny J. Peiser, Trevor Palmer, y Mark E. Bailey, eds., *Natural Catastrophes During Bronze Age Civilisations: Archaeological, Geological, Astronomical and Cultural Perspectives* [Catástrofes naturales durante las civilizaciones de la Edad de Bronce: Perspectivas arqueológicas, geológicas, astronómicas y culturales] (Oxford, England: Archaeopress, 1998), 151.

50. Ibid., 148, 151.

51. Ibid., 151.

52. Paul Rutgers, *Apache Law and Myth* [Ley y mito Apache] (Reno, Nev.: University of Nevada Press, 1975), 119–28.

53. Gertrude Jobes y James Jobes, *Outer Space: Myths, Name Meanings, Calendars* [Espacio interastral: Mitos, significado de nombres, calendarios] (Londres: Scarecrow Press, 1964), 185.

54. Donnelly, *Ragnarok*, 255.

55. Frank Waters, *Book of the Hopi* [Libro de los Hopi] (con notas, Santa Fe, N. Mex.: Rathers Press, 1970), 177.

56. Arthur Schopenhauer, *Parerga und Paralipomena*, vol. 2, no. 303, traducción del alemán, del autor.

57. Van Over, *Sun Songs*, 326.

58. Nigel Davies, *The Ancient Kingdoms of Mexico* [Los antiguos reinos de México] (Londres: Penguin Books, 1982), 386.

59. Grimal, *Larousse World Mythology*, 521.

60. Génesis 8:20; 9:17.

61. Sylvanus Morley, *The Ancient Maya* [Los antiguos Mayas] (San Francisco, Calif.: Stanford University Press, 1946), 176.

62. Nuttall, *Fundamental Principles*, 269.

63. Dennis Tedlock, trad., *Popol Vuh* (Nueva York: Simon and Schuster, 1985), 164.

64. Charles Gallenkamp, *Maya* (Londres: Frederick Muller, 1960), 36.

65. Hans Helfritz, *Mexican Cities of the Gods* [Ciudades Mexicanas de los dioses] (Nueva York: Praeger, 1968), 162.

66. Meisters, *South American Mythology*, 134–39.
67. Albert Mackenzie, *The Encyclopedia of South American Myths and Legends* [La enciclopedia de mitos y leyendas de Sudamérica] (Londres: Albert Hall Publishers, Ltd., 1926), 228.
68. Ibid.
69. Ibid., 227.
70. Ibid., 110.
71. Jonas Wolk, *Oral Histories of Polynesia* [Historias orales de la Polinesia] (Nueva York: New York University Press, 1955), 107.
72. Ibid.
73. Ibid., 78.
74. Abraham Fornander, *Migration Tales of the Hawaiian Islands* [Cuentos de migración de las islas Hawaianas] (Londres: Castlewood Publishers, Ltd., 1922), 89.
75. Richard Hochland, *Australia and Its Aborigines* [Australia y sus Aborígenes] (San Antonio, Tex.: Marvel Craft Publishers, Inc., 1965), 44.
76. Lisa De La Ponte, *Asian Origins in Myth and Folk Tale* [Orígenes Asiáticos en el mito y el cuento tradicional] (Chicago: Regnery Press, Inc., 1977), 56.
77. Ibid., 69.
78. Profesor Nobuhiro Yoshida, *Japanese Myths and Fairy Tales* [Mitos Japoneses y cuentos de hadas] (Amherst, Wisc.: Ancient American Press, 2000), 23.
79. Ibid., 22.
80. Lien Chou Sei, *Ancient Tales of My Chinese Motherland* [Cuentos antiguos de mi natal China] (Nueva York: Doubleday & Company, 1969), 331.
81. W. S. Blackett, *A Lost History of America* [Una historia perdida de América] (Londres: Trubner & Company, 1883), 145.
82. Jessica Ions, *Egyptian Mythology* [La mitología Egipcia] (Nueva York: Doubleday and Company, 1962), 33.
83. Grimal, *Larousse World Mythology*, 94.
84. Derrick Peterson, *Ancient India: Its Records and Folk Memories* [India antigua: Sus registros y recuerdos populares] (Nueva York: G. P. Putnam & Sons, 1974), 174.
85. Ibid., 261.
86. Ibid., 257.
87. Ibid., 413.
88. Xena Rashnapuhr, *The Persian Dialogue with Heaven* [El diálogo Persa con el Cielo] (Londres: Harcross Publishers, Ltd., 1939), 361.
89. Robert M. Glastone, *Sub-Saharan Myth and Folk Tale* [El mito Sub-Sahara y el cuento popular] (San Francisco: Afrocentric Press, 1999), 274.
90. Anthony Mercatante, *Who's Who In Egyptian Mythology* [Quién es quién en la mitología Egipcia] (Nueva York: Clarkson N. Potter, 1978), 155–58.
91. Correspondencia personal con Kenneth Caroli, 9 de marzo de 2001.
92. Mercatante, *Who's Who*, 155–158.

Capítulo V: ¿Cómo se destruyó la Atlántida?

1. William F. Murname, *United with Eternity, a Concise Guide to the Monuments of Medinet Habu* [Unidos con la eternidad, una concisa guía de los monumentos de Medinet Habú] (Chicago: The Oriental Institute of Chicago Press, 1980), 44.

2. F. W. Edgerton y J. Wilson, *Historical Records of Ramses-IIIrd.* [Registros históricos de Ramsés III] (Chicago: University of Chicago Press, 1964), 22–26.

3. Jurgen Spanuth, *Atlantis of the North* [La Atlántida del norte] (Nueva York: Van Nostrand Reinhold Co., 1979), 131–45.

4. J. H. Breasted, *Ancient Records: Egypt* [Registros antiguos: Egipto], vol. 1 (Chicago: University of Chicago Press, 1927).

5. Robert Graves, *The Greek Myths* [Los mitos Griegos], vol. 2 (Nueva York: George Brazilier, Inc., 1959), 29.

6. Sir Leonard Wooley, *A Forgotten Kingdom* [Un reino olvidado] (Harmondsworth, U.K.: Penguin, 1926), 156–64.

7. Robert Drews, *The End of the Bronze Age* [El final de la Edad de Bronce] (Princeton, N.J.: Princeton University Press, 1993), 55.

8. Josef Wiesner, *Fahren und Reiten* (Arqueología Homérica I F) (Goettingen: Vandenhoeck und Ruprecht, 1968), 136.

9. Drews, *End of the Bronze Age,* 58.

10. Spanuth, *Atlantis of the North,* 135.

11. Edgerton and Wilson, *Historical Records,* 173.

12. Kenneth Caroli, correspondencia con el autor, verano de 1995.

13. Edgerton and Wilson, *Historical Records,* 155.

14. Ibid., 159.

15. R. Hewitt, *From Earthquake, Fire and Flood* [Del terremoto, fuego e inundación] (Londres: Scientific Book Club, 1958), 117.

16. Caroli, correspondencia con el autor, 1995.

17. M. I. Budyko, "On the Causes of Climate Variations" [Sobre las Causas de las Variaciones del Clima], Sverig Meteorological-Hydrological Institute, Estocolmo (Suecia) y Cambridge (MD), Series B, vol. 3, no. 28: 6 al 13, marzo de 1949.

18. Lowell Ponte, *The Cooling* [El enfriamiento] (Princeton, N.J.: Prentice-Hall, 1976), 202.

19. Robert Claiborne, *Climate, Man and History* [Clima, hombre e historia] (Nueva York: Angus and Robertson, 1970), 174–91.

20. *Science,* abril, 1959, vol. 42, no. 9, 39.

21. Ponte, *Cooling,* 263.

22. Caroli, correspondencia con el autor, 1995.

23. Ibid.

24. Joseph Robert Jochmans, Litt.D., "Cosmic Blitzers and Planet Busters" [Bombardero cósmico y destructor de planetas], en *Journeys into Meta-Creation,* P.O. Box-10703, Rock Hill, S.C. 29731-0703, 1996, 188.

25. Henriette Mertz, *Atlantis, Dwelling Place of the Gods* [La Atlántida, lugar de morada de los dioses] (Chicago: Swallow Press, 1976), 169–77.

26. Ibid., 184.
27. G. A. Zielinski, y otros, "Record of Volcanism since 7000 B.C., from the GISP2 Greenland Ice Core and Implications for the Volcano-Climate System" [Registro del vulcanismo desde 7000 a.c. del hielo central GISP2 de Groelandia y las implicaciones para el sistema vulcano–climático], *Science* 264, no. 5 (13 de mayo de 1994): 948.
28. James Churchward, *The Cosmic Forces of Mu* [Las fuerzas cósmicas de Mu] (Albuquerque: BE Books, 1988), 254.
29. Drews, *End of the Bronze Age,* 66.
30. Caroli, correspondencia con el autor, 1995.
31. Hewitt, *From Earthquake,* 342.
32. Budyko, *On the Causes,* 13.
33. Edgerton and Wilson, *Historical Records,* 126.
34. Ibid.
35. Ibid.
36. Michael Astour, "New Evidence on the Last Days of Ugarit" [Nueva evidencia sobre los últimos días de Ugarit], *AJA 69* (julio de 1965): 253–58.
37. Caroli, correspondencia con el autor, 1995.
38. Gian Ruffolo, *Assyria, Land of Gods and Men* [Asiria, tierra de dioses y hombres] (Nueva York: Harper & Row, 1955), 105.
39. Ibid., 43.
40. Ibid., 119.
41. Ibid., 120.
42. Jochmans, *Cosmic Blitzers,* 51.
43. Otto Muck, *The Secret of Atlantis* [El secreto de la Atlántida] (Nueva York: The New York Times Press, 1978), 201.
44. *National Geographic* Magazine, vol. 79, no. 7, 10 de agosto de 1972, p. 50.
45. Sharon Begley, "The Science of Doom", *Newsweek,* vol. 46, no. 3, 23 de noviembre de 1992, p. 56.
46. Ibid., 59.
47. Ibid., 60.
48. Ibid., 58.
49. Ibid.
50. Victor Clube y Bill Napier, *The Cosmic Serpent* [La serpiente cósmica] (Londres: Faber, 1982), 144.
51. Desborough citado en *Natural Catastrophes During Bronze Age Civilizations: Archaeological, Geological, Astronomical and Cultural Perspectives* [Catástrofes naturales durante las civilizaciones de la Edad de Bronce: Perspectivas arqueológicas, geológicas, astronómicas y culturales], editada por Benny J. Peiser, Trevor Palmer, y Mark E. Bailey (Oxford, England: Archaeo Press, 1998), 337.
52. Ibid., 426.
53. Ibid., 314.

54. George Catlin, *The Okipa Ceremony* [La ceremonia Okipa] (Norman, Okla.: University of Oklahoma, 1958), 39.
55. Ibid., 30.
56. Alexander Karnofski, *Serpent Worship* [Adoración a la serpiente] (Toronto: Tutor Press, 1980), 93.
57. Frank Waters, *The Book of the Hopi* [El libro de los Hopi] (Nueva York: Viking Press, 1963), 97.
58. Ibid.
59. Ronald M. Douglas, *Scottish Lore & Folklore* [Instrucción y tradiciones Escocesas] (Nueva York: Beckman House, 1982), 94.
60. Ibid., 95.
61. Fritz Schachermeyr, *Griechische Fruehgeschichte* (Viena: Oesterreiche Akademie der Wissenschaft, 1984), 102.
62. Jack Stone, *Tunguska, The Siberian A-Bomb of 1908?* [Tunguska, ¿la Bomba A Siberiana de 1908?] (Nueva York: Star Books, 1977), 153.

Capítulo VI: ¿Cuándo se destruyó la Atlántida?

1. *Scripps' Letter,* vol. 27, no. 9, 1995, Scripps Institute of Oceanography, Universidad de California, San Diego.
2. Elizabeth Wyse and Barry Winkleman, editorial de los directores, *Past Worlds, the Times' Atlas of Archaeology* [Mundos pasados, atlas de arqueología de los Times] (Nueva York: Avenel, 1995), 72–75.
3. Norman P. Ross, ed., *The Epic of Man* [La épica del hombre] (Nueva York: Time, Inc.), 30–41.
4. Kenneth Caroli, correspondencia con el autor, abril de 2000.
5. Ibid., julio 2001.
6. Immanuel Velikovsky, *Worlds in Collision* [Mundos en colisión] (Nueva York: Dell Publishers, 1951), 42.
7. L. Taylor Hansen, *The Ancient Atlantic* [El antiguo Atlántico] (Amherst, Wisc.: Amherst Press, 1969), 382.
8. Velikovsky, *Worlds in Collision,* 44.
9. *Stern Magazine,* vol. 22, no. 3, 12 junio de 1952, p. 6.
10. Veronica Ions, *Egyptian Mythology* [Mitología Egipcia] (Londres: Hamlyn, 1963), 31.
11. Plutarco, *Lives* [Vidas], trad. John Dryden (Nueva York: Modern Library, 1932), 154, 155.
12. Richard Feyodorovitch, *Greek and Roman Sourcebook* [Libro de consulta de Griegos y Romanos] (Chicago: Raster Press, 1954), 328.
13. James Bailey, *The God-Kings and the Titans* [Los Dioses-Reyes y los Titanes] (Nueva York: St. Martin's Press, 1973), 122–26.
14. Victor Clube y Bill Napier, *The Cosmic Serpent* [La serpiente cósmica] (Londres: Faber, 1982), 153.

15. Profesor H. A. T. Reiche, "The Language of Archaic Astronomy: A Clue to the Atlantis Myth? [El lenguaje de la astronomía Arcaica: ¿Una clave para el mito de la Atlántida?], *Technology Review* 2, no. 5 (diciembre de 1977): 85.

16. Feyodorovitch, *Greek and Roman Sourcebook*, 296.

17. Caroli, correspondencia personal, 12 de octubre de 2001.

18. Velikovsky, *Worlds in Collision*, 142.

19. Virgilio, *Aenid* [Eneida], trad. Hubert Fox (Londres: Antiquarian Publishers, 1910), 44, 45.

20. Platón, *Timaeus and Critias* [Timeo y Critias], trad. Desmond Lee (Londres: Penguin Classics, 1977), 134.

21. Gertrude y James Jobes, *Outer Space: Myths, Name Meanings, Calendars* [El espacio interastral: Mitos, significado de los nombres, calendarios] (Londres: Scarecrow Press, 1964), 185.

22. Caroli, correspondencia personal, 2001.

23. R. G. Haliburton, "Festival of the Ancestors: Ethnological Researches Bearing on the Year of the Pleiades" [Festival de los ancestros: Investigaciones etnológicas conectadas con el año de las Pléyades], citado por Augustus Le Plongeon en *Queen Moo and the Egyptian Sphinx* [La reina Moo y la esfinge Egipcia] (Nueva York: publicación propia, 1900), 111.

24. Ibid.

Capítulo VII: La vida en la Atlántida

1. H. R. Stahel, *Atlantis Illustrated* [La Atlántida ilustrada] (Nueva York: Grosset & Dunlap, 1982).

2. Kenneth Caroli, comunicación personal.

3. Gilbert Charles-Picard, *Daily Life in Ancient Carthage* [Vida diaria en la antigua Cártago] (Nueva York: Macmillan, 1961), 19.

4. Eileen Yeoward, *The Canary Islands* [Las Islas Canarias] (Devon, England: Arthur H. Stockwell, Ltd., 1975), 44.

5. Frank Waters, *The Book of the Hopi* [El libro de los Hopi] (Nueva York: Viking Press, 1963), 156.

6. E. P. Hooten, *The Ancient Inhabitants of the Canary Islands* [Los antiguos habitantes de las Islas Canarias] (Cambridge, Mass.: Harvard University Press, 1915).

7. Dietrich Woelfel, *Die Kanarischen Inseln: Die Westafrikanischen Hochkulturen und das Mittelmeer* (Bamberg: G. Bauriedl, 1950), 117.

8. M. O. Howey, *The Cults of the Dog* [Los cultos del perro] (Londres: Ashington, 1972), 44–45.

9. Ignatius Donnelly, *Atlantis: The Antediluvian World* [Atlántida: el mundo antediluviano] (Nueva York: Harper, 1882).

10. A. Tovar, *The Basque Language* [La lengua Vascuense] (Nueva York: Macmillan, 1957), 271.

Capítulo VIII: El descubrimiento de la Atlántida

1. R. Cedric Leonard, *The Quest for Atlantis* [La búsqueda de la Atlántida] (Nueva York: Manor Books, 1979), 174–76.
2. Charles Berlitz, *Atlantis: The Eighth Continent* [Atlántida: El octavo continente] (Nueva York: Ballantine Books, 1984), 93.

Capítulo IX: La historia de la Atlántida contada en una sentada

1. Elena Maria Whishaw, *Atlantis in Spain* [Atlántida en España] (1929; reimpreso Kempton, Ill.: Adventures Unlimited Press, 1994), 62.

Epílogo: Los propios Atlantes

1. Stanley Hopkins, "WWF Conference in Geneva" [Conferencia de WWF en Ginebra], *Saint Paul (Minnesota) Pioneer Press,* 12 de marzo de 1996.
2. Robert Dales, "Global Warming News" ["Noticias sobre el calentar del mundo"], *Chicago Tribune,* 2 de febrero de 1995.
3. Patrick O'Connell, "World Geophysical Symposium Meets in Switzerland" [Reuniones del simpósium mundial en Suiza], *The Chicago Tribune,* 20 de abril de 1994.

Índice

OTROS LIBROS DE
INNER TRADITIONS EN ESPAÑOL

Catastrofobia
La verdad detrás de los cambios de la tierra en el arribo de la era de luz
por Barbara Hand Clow

El Calendario Maya y la Transformación de la Conciencia
por Carl Johan Calleman, Ph.D.

Numerología
Con Tantra, Ayurveda, y Astrología
por Harish Johari

Los chakras
Centros energéticos de la transformación
por Harish Johari

Santería Cubana
El Sendero de la Noche
por Raul J. Canizares

Transfiguraciones
por Alex Grey

Psiconavegación
Técnicas para viajar más allá del tiempo
por John Perkins

Transmutación
Técnicas chamánicas para la transformación global y personal
por John Perkins

Inner Traditions • Bear & Company
P.O. Box 388
Rochester, VT 05767 USA
1-800-246-8648
www.InnerTraditions.com

O contacte a su libería local